U0910863

广东省雷州文化研究基地学术文库（第一辑）

# 清初流人陈之遴研究

QINGCHULIURENCHENZHILINYANJIU

刘刚◎著

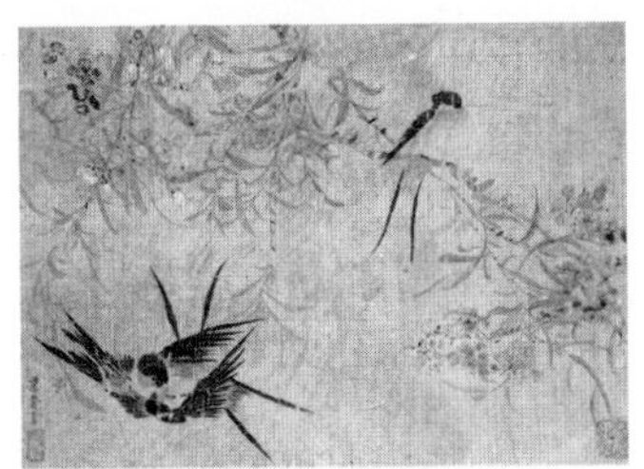

中国社会科学出版社

**图书在版编目(CIP)数据**

清初流人陈之遴研究/刘刚著. —北京：中国社会科学出版社，2014.10

ISBN 978-7-5161-4173-1

Ⅰ.①清… Ⅱ.①刘… Ⅲ.①陈之遴(1605～1666)—人物研究 Ⅳ.①K827=49

中国版本图书馆 CIP 数据核字(2014)第 073486 号

出 版 人 赵剑英
责任编辑 郭晓鸿
特约编辑 郭晓伟
责任校对 王立峰
责任印制 戴 宽

出 版 中国社会科学出版社
社 址 北京鼓楼西大街甲 158 号(邮编 100720)
网 址 http://www.csspw.cn
中文域名:中国社科网 010-64070619
发 行 部 010-84083685
门 市 部 010-84029450
经 销 新华书店及其他书店

印 刷 北京君升印刷有限公司
装 订 廊坊市广阳区广增装订厂
版 次 2014 年 10 月第 1 版
印 次 2014 年 10 月第 1 次印刷

开 本 710×1000 1/16
印 张 22
插 页 2
字 数 363 千字
定 价 66.00 元

凡购买中国社会科学出版社图书,如有质量问题请与本社联系调换
电话:010-64009791

# 目 录

# 序　一

李德山

清朝的统治者在东北地区流放了一批罪犯，这批罪犯，史称东北流人。从总体上看，清代的东北流人多为江南文士，种种原因获罪后流徙到东北，他们在此不废诗文，运笔记录了他们真实的流人生活经历和清初东北的风俗文化。这些流人诗文生动而深刻地展现了东北地区的自然风貌和人文景观，对今天的东北史研究来说，具有重要的史料价值。流人们到达东北后，多数人一扫颓气，迅速融入东北社会，他们或者组建诗社，或者开设私塾，为比较封闭的东北地区带来了一种新的气息，对东北地区近现代以来的文化起到了一定的启蒙作用。

陈之遴就是这诸多流人中比较有代表性的一位。他是崇祯进士，曾仕于南明弘光政权，降清后官至礼、户二部尚书和弘文院大学士。顺治十三年（1656）缘事以原官发盛京居住，召回后再于顺治十五年因罪下狱，十六年流徙盛京。康熙五年（1666）卒于戍所，在东北苦寒之地整整生活了7年。陈之遴的生平遭际，刻上了鲜明的时代烙印。他流传的著述《浮云集》，收录的赋、诗、词有770余首，相当一部分创作于流寓东北时期。所以，陈之遴其人，是研究明清鼎革之际知识分子及贰臣命运的典型史材；陈之遴其诗，则是研究清初东北历史与文化的重要文献。

刘刚君以敏锐的学术眼光审视到了这一点，这就是本书得以告成的原因。刘刚君2001年考入东北师范大学古籍整理研究所，在我的指导下攻读中国古典文献学专业硕士研究生。2004年毕业后，携妻子共赴广东海洋大学任教。虽然远离了亲人和师友，但刘刚君追求学术的夙心始终不变。几经努力，终于又回到了我身边，攻读历史文献学博士学位。现在，博士论文已经完成。此书，即是其博士论文中的一部分。刘刚君是一位学术潜质优异，耐得住寂寞而一心向学的青年学者。在完成了繁重的教学工作之余，又完成了本书和博士学位论文的撰写，其中的甘苦，刘刚君肯定有深刻的体会。作为老师，我则甚感欣慰。

本书中，刘刚君主要运用现代历史解释学的理论与方法，对陈之遴其人其诗进行了深入的探究。历史人物及其作品的研究，是历史学研究中的一个陈旧性课题，以往的研究多陷于某种固定的程式，最终的结论也不免沦为对某种思想、某种现象的图解。由此可见，在这一领域的研究想要出新是很困难的。刘刚君则勇于探索，将研究对象还原到特定的历史场景之中，根据研究对象的本体意识、心境和行为，并围绕那个特定时代的社会文化背景，作出了合乎当时情境的判断。这种新尝试的研究效果如何，当然应该由专家去评判。在我，赞赏的是他勇于开拓的精神。

本书之中，留下了一位青年学子赤诚的汗水和为师者们的期望。毫无疑问，刘刚君行进在学术的正路之上，蹒跚于正路就是大有前途的一步。

李德山于东北师范大学古籍整理研究所

2014 年 5 月 22 日

# 序　二

李兴盛

顺治十八年（1661）的一个冬夜，在风雪弥漫的盛京城（今沈阳市）内一间茅屋内，冰霜满壁，青灯如豆，已流放于此近三年的前大学士陈之遴黯然枯坐，听着狂风呼啸，大雪敲窗，以及边防驻军中传来的苍凉的鼓声，回想起自己57年来大起大落、坎坷不平的人生经历，不由得感慨万千，从而吟出了：

风雪孤城戍鼓迟，平生心事一灯知。
相韩家世羞先烈，入洛声名误盛时。
万卷读残今若此，百年过半欲何为？
近来入梦多尘境，白石青松岂易期。

——《冬夜》

在这里，他认为自己“平生心事”，除了这盏青灯之外再无人知，因此发出了“一灯知”的叹息。可是他没有料到，350年后的今天，却产生了真正了解他的知己，这就是刘刚及其所著《清初流人陈之遴研究》。

陈之遴出身于明代浙江海宁望族，考取崇祯十年（1637）一甲榜眼，任翰林院编修。两年后，其父顺天巡抚陈祖苞因边事衔冤入狱饮鸩而卒，之遴受到牵连，被褫职禁锢，永不叙用。崇祯十七年（1644）南明弘光王朝建立时，始复原官。清顺治四年（1647）降清，两次官至尚书与大学士，又两次缘事被流徙盛京，而第二次流徙，是全家远戍，七年后卒于成所。陈氏工诗文，有《浮云集》等著述传世。其诗文，尤其是塞外之作，是研究清初东北自然风光、民风土俗、社会生活、流人行实与心态的重要历史文献。但由于被邓之诚先生指责为“其人不足道”的贰臣身份，一直处于不为人知的境地，只是近几十年来才引起某些学者的关注，而刘刚就是这些学者的典型。

刘刚沉潜好学，近年在东北师范大学攻读博士学位之时，确立论文选题为清初东北流人诗歌与文献研究，并曾经风尘仆仆亲临敝舍，向我请教。我本人认为其研究富有开拓性，能够有创新与突破，因此给予肯定与鼓励。《清初流人陈之遴研究》就是其学位论文的子课题。

近日刘刚将书稿寄来，请我撰序。通读之后，觉得这是一部别出心裁的开拓之作。

首先，本书是将陈之遴同时作为贰臣与流人并重研究的开拓之作。考陈之遴是明清易代这一特殊历史时期具有贰臣与流人双重身份的官员与文人，而且又是“有别于那个时代非流人意义的贰臣和非贰臣意义的流人”，可见对于其研究应该采取贰臣与流人并重兼备的方式，方能还原历史上真实的陈之遴。但是前此相关学者对陈之遴之研究，有的仅从贰臣角度出发，有的仅从流人角度出发。至于我本人，30余年来，在谢国桢先生鼓励、支持与指点之下，一直从事流人问题研究，对我国历代流人这种特殊的社会群体作了全方位、多层次、理论化的系统研究与完整论述，撰写并出版了我国第一部区域性流人通史《东北流人史》、我国第一部流人通史《中国流人史》等著述。这两部书稿（包括2008年出版的《增订东北流人史》）对陈之遴都曾作过简介，并附于“方拱乾”一节之后。去年出版的《中国流人史》增订本（已由原书100余万字增至200余万字），特将陈之遴事迹辟为专节，由原文的2000字扩写至1万余字，重点介绍了陈之遴诗作及其与陆庆曾、潘子见、李希与、释函可、苗君稷等流人之交游，可见对陈氏之研究虽持重视态度，但也仅仅是从流人角度进行解读的。总之，前此尚无一人真正将陈氏既作为贰臣同时又作为流人进行并重研究。有之，当自刘刚此作始。

此作从陈氏贰臣角度，探讨了其与明朝及南明政权之间的互动关系；

从其流人角度，考察了其在清朝屡获超擢的历史背景和个人政绩，及其与重要党争之关系。又通过其《浮云集》考察了陈氏仕清前后与流放前后在交游、心态、政治伦理观念、价值观念、政治行为等方面的三种生命体验，即其流徙辽东生涯的生命体验，其兴亡之感与亡国之悲，其仕途之悔。

其次，此作在占有大量史料的基础上，又采取了史、诗互证的研究方法。该作共分四章，前三章是文献中的陈之遴，第四章是《浮云集》中的陈之遴。前者以大量文献史料介绍了陈氏在明、南明、清三代的生平与心态，是“史”的研究；后者以陈氏的诗作探讨了其生平与心路历程，是“诗”的研究。通过“史”与“诗”相结合的研究，历史与文学相印证的研究，真正解读了陈氏在不同时期、不同境遇下的生命体验。而且在对陈氏心路历程进行研究时，做到了剖析全面周到，洞若观火，细致透彻，入木三分，使人叹服。倘若陈氏地下有知，亦当首肯，欣然曰：“知我者，其惟刘君乎?”

总之，刘刚此作，于陈氏其人其诗研究中，力排众说，独辟蹊径，不论在内容方面，还是研究方法方面，都别出心裁，写出新意。该作之出版，不仅有益于清史、清诗之研究，而且会将流人文化之研究引向深入。

目前，流人史、流人文化之研究，正方兴未艾，流人学这种新体系也在我国著名学者来新夏教授大力支持下得以创建与发展。鼓其余勇，再立新功，如果再广为搜求陈氏交游史料，另撰一部更为翔实的专著《陈之遴传》，刘君其有意乎?

此作付梓在即，余喜其成，尽管手中尚有数部书稿正在撰写或修订，但仍抽暇写下此序。

李兴盛于风雪隆冬的哈尔滨

2013 年 12 月 5 日

# 前　言

清代东北流人的大规模出现及其生存状况和社会活动作为一种历史现象，从 20 世纪初开始便被清史研究者所注意，近 20 年来清代东北流人、流人文化、流人文学在文史学科的重要性日益凸显。东北流人研究窗口的打开让文史学界获得了一个观察历史和文学的新视域，并由此产生了一股内生动力，以致今天中国古代流寓文人与文学研究已经点燃了将来足以燎原的星星之火。在这一背景下，本书将研究目光锁定在了陈之遴身上。

## 一　陈之遴简介

陈之遴（1605—1666），字彦升，号素庵，家出明朝数代簪缨的浙江海宁渤海陈氏。崇祯十年（1637）丁丑科榜眼，崇祯十二年（1639）父亲顺天巡抚陈祖苞因边事蒙冤入狱后饮鸩而卒，其自身也因父案而遭禁锢，崇祯十七年（1644）于南明弘光政权复原官。顺治二年（1645）清兵入南京时参加迎降仪式后逃归海宁，同年上书投诚。顺治四年（1647）始仕清，遂成为贰臣。仕清后自四品翰林院侍读学士起步，屡获超擢，数年间由礼部侍郎、礼部尚书而飙升至内翰林弘文院大学士。顺治十年（1653）由弘文院大学士落职为户部尚书，顺治十二年（1655）再次升任弘文院大学士。顺治十三年（1656）缘事以原官发盛京居住，当年召还回京“入旗”。顺治十五年（1658）因罪下狱，被处家产籍没，父母兄弟妻子举家流徙盛京。顺治十六年（1659）至盛京，七年后卒于戍所，晚景悲凉。

陈之遴幼有才名，擅长诗文、书法、命理之学，一生所著与所辑文献颇丰。从文献著录和传世情况看，陈之遴著有《旋吉堂集》、《浮云集》、《浮云续集》、《百一稿》、《素庵外纪》、《陈素庵稿》、《感恩录》、《命理要言》、《命理要旨》等，并辑印过《滴天髓辑要》。陈之遴在乾隆时被打入贰臣之列，修《四库全书》时《浮云集》又“狂吠处甚多，拟全毁”[①]，故此后其著述连同其本人便犹如遭到“雪藏”。陈之遴的著述在乾嘉之后多已散佚，今日仅剩《浮云集》、《陈素庵稿》、《命理要言》和《滴天髓辑要》，为世人所常见的则只有《浮云集》。

## 二 关于陈之遴的研究

文学研究者对陈之遴的关注始自对冠绝明清的一代女词人徐灿的研究，陈之遴原配早逝，继室徐灿陪他走完了一生的时光。现代学者自黄裳《拙政园诗余跋》开始便试图根据陈之遴的生平履历解读徐灿的诗词[②]，此风开启之后便一直蔓延到今日。有关徐灿的研究成果可谓连篇累牍，陈之遴的行年情况是这些研究徐灿成果的根基所在，然而这些研究对陈之遴的了解往往只是局限在《贰臣传》中那篇不足千字的《陈之遴传》，一个本应处在中心地带的人物就这样成了一个被捎带研究的边缘人。在陈之遴研究方面，黄裳《拙政园诗余跋》还开启了一种风气，那就是一旦身为贰臣，便一定是亡国之悲淡薄，其文字也就“不足观”了。在摸排清楚陈之遴行年之后再细读《浮云集》文本，就会发现此念非矣。黄裳精于清代版刻，于各类清代文献多有目验，在捎带研究陈之遴时他从大量自己经眼过的清代笔记和私史中检得数条关于陈之遴的记载，也很重视《清实录》等史料，可惜研究徐灿的学者在关注陈之遴时对此鲜有继承。在20世纪80年代中期，钱仲联纂《清诗纪事》时搜辑了清代和民国时期数种诗学及目录学文献中对陈之遴诗歌的评价内容。在专门研究《浮云集》诗歌风格和陈之遴清诗史地位的学者中，在史料的发现方面至今未见能突破《清诗纪事》中所载诸条者。

陈之遴在文学研究者笔下走进中心地带始于马大勇《清初庙堂诗歌集群研究》[③]，此书所长在于对陈之遴诗歌的内容和风格的评价，但由于陈之

---

① 雷梦痕：《清代各省禁书汇考》，书目文献出版社1989年版，第138页。
② 黄裳：《来燕榭读书记》，辽宁教育出版社2001年版，第221—224页。
③ 马大勇：《清初庙堂诗歌集群研究》，吉林人民出版社2007年版，第112—114页。

遴在这部书中处于“附论”的地位，有关文字的粗疏也就可想而知。如“九逵冠盖真如戏，七尺须眉怪尚男”一句，见于《浮云集》卷七《感旧》，作于陈之遴顺治十五年（1658）四月下狱后，写的是过去父亲下狱自己上下奔走，现在自己下狱儿子上下奔走，皆不见门生故旧前来搭救的人生如戏和炎凉。此书则称其“大抵作于居留东北的最后十年”，“写贰臣心事，有足悲者”，又称“此二句《浮云集》中未见”。陈之遴流徙盛京满打满算不过八年，何来“最后十年”之说？又陈之遴共有六子，此书则称“素庵有子四人”。同期同类群体研究成果还有白一瑾《清初贰臣士人心态与文学研究》[①]，白一瑾看到了“陈之遴并非对明朝毫无感情”，提出对陈之遴而言“与故国之相思伴随的，也多少有些对于自身失节仕清的隐约的愧意”，而在其“‘悔往’的内容中，是否有对当年仕清的悔恨，不得而知”，这都是相当中肯的结论。但此书毕竟是群体研究，也未把陈之遴作为群体中的核心来对待，故同样出现了马大勇那样的失考之处，白一瑾对《浮云集》卷三《杂诗》的解读即为一例。该诗作于陈之遴仕清后初入翰林院任职时，写的是他目睹了记忆中的翰林院“故房”在农民军进宫后的残颓而生发的亡国之悲。此诗较长，前四句“猗彼初生葵，敷华迨朝阳。君子昔采择，御轮盛龙光”，所写为陈之遴崇祯十年（1637）中榜眼后入翰林院之事。白一瑾则认为此诗作于顺治十三年（1656）陈之遴被以原官发盛京居住时，并通过这四句诗得出结论：陈之遴“是以极为真挚的感激涕零乃至士为知己者死的心境，投身于清政权中的”。显然，这是对陈之遴的误读。以上两书凡此种种，是为群体研究的通弊，不可过求。

文学研究者对陈之遴的专门关注还有刘丽《陈之遴其人其诗》这篇论文[②]，她的贡献在于开始平和地看待贰臣陈之遴的亡国之悲，所失则是由于缺乏对陈之遴生平事迹的深入考察和对古诗词语义系统的理解，从而在诗歌系年和解读方面出现了一些有待商榷之处。如《浮云集》卷五《冬日

① 白一瑾：《清初贰臣士人心态与文学研究》，天津人民出版社2010年版，第391—394页。

② 刘丽：《陈之遴其人其诗》，《甘肃社会科学》2008年第1期。

书怀同汉槎作》“长空横断雁，故国杳双鱼。谁道颠连久，方今患难初。名污轻性命，身废怨诗书。他日重携手，应连万死余”一诗，此诗作于顺治十五年（1658）陈之遴等人在狱中度过的冬至日，此时二人都已得知自己将要流徙东北。诗意如下：两人下狱都已超过半年，故其对吴兆骞言“谁道颠连久，方今患难初”。和即将开始的边塞流徙生涯遥遥无期的痛苦相比，这半年多时间所遭受的困顿连“患难”都算不上。真正的患难在后面，二人半年多来在狱中经受了这点小挫折就因为名污而轻性命，因为身废而怨诗书，现在想来真是可笑。时过境迁二人若能再次相见，那一定是在历经无数次九死一生的磨难之后。可以看出，诗题和诗中各联皆是站在二人并列的视角，同时叙述二人之事，同时记录二人之“怀”。吴兆骞并无仕清之举，故“名污”非谓贰臣之污，则“名污”、“身废”为互文之语，皆指沦为流犯一事，别无他意。而此文却称“此诗从文字看是描写自己在戍所的孤凄生活，抒发对科举入仕带来灾难后果的感慨……细品‘名污’二字……可见陈之遴内心深处对仕清应有自责、内疚之情”，不仅系年有失，而且隔着贰臣这层纱帘对陈之遴进行了过度解读。此文对卷八《冬夜》“相韩家世羞先烈，入洛声名误盛时”的解读也存在这种情况，不再赘述。

台湾大学中文系 2009 年饶芷瑄的一篇硕士学位论文将陈之遴研究带入了一个新境地[①]。饶芷瑄的论文正文字数超过 25 万字，首次综合运用官修史书、大内档案、方志家谱、笔记杂史及亲友之诗文集等研究陈之遴的生平，并以此解读《浮云集》文本。该论文使我们不禁讶异于一名硕士研究生对明清史料的检索本领之大和阅读面之广，因为占有了大量的史料，所以文中首次发现和面对了有关陈之遴生平的一些问题：崇祯十二年（1639）陈祖苞死后产生的陈之遴“弑父”说、回海宁乡居时遭遇的家资被掠和父祖之柩被毁这一变故；崇祯十七年（1644）出仕弘光政权时与潞王徙湖州的关系、为父亲正名的努力；顺治二年（1645）的降清过程；顺治四年（1647）仕清后陈之遴所涉及的与党争冲突有关的火神庙案、阿拉

① 饶芷瑄：《陈之遴、徐灿夫妇生平及其诗词研究》，（台北）台湾大学硕士学位论文，2009 年。

善参劾案、李应试案、任珍案、陈名夏案，以及陈之遴的政治建树；陈之遴顺治十三年（1656）、顺治十五年（1658）两次流徙盛京的一些情况等等。所惜则是陈之遴生平没有成为饶芷瑄关注的重点，因而她在面对大量史料时匆匆而过，仅是对陈之遴的生平进行了蜻蜓点水式的简要梳理和轮廓勾勒，这也导致在对《浮云集》诗歌的系年和解读方面出现了马大勇和刘丽所面临的那些问题，论文写作时的青春年少也成为她在体验陈之遴诗歌时一个不可逾越的障碍。饶芷瑄对《浮云集》文本的研究表现出一个明显的倾向，她是通过陈之遴来研究《浮云集》，而非通过《浮云集》来研究陈之遴，这与我们对《浮云集》文本的研究指向恰好相反。

相对于文学研究领域，史学研究领域对陈之遴生平的研究就显得更加审慎、扎实和牢靠。史学界初次留意到陈之遴是谢国桢在其《清初东北流人考》中[①]，接下来是邓之诚，再往后便是林永匡、李兴盛、张玉兴这一代学者的专门研究。谢国桢是现代史学界首次梳理陈之遴生平者，垦荒之作难免疏漏，却字字有据。邓之诚《清诗纪事初编》所考陈之遴生平大致不出《清史稿·陈之遴传》，论诗颇为中的，然而其所谓"其人不足道"则未免有失武断[②]。《贰臣传》对陈之遴降清前的经历并无记载，对降清后的有关事迹也文字简略，类似今日之简历。《清代人物传稿·陈之遴传》由林永匡在20世纪80年代上半叶完成[③]，虽亦脱自于《贰臣传》，但依据《清世祖实录》、《明清史料》丙编所存题本、揭帖等对陈之遴降清后的经历进行了重新梳理，据陈之遴《浮云集》中的一首词和自序考证了其生卒年，据明末清初徐树丕《识小录》、谈迁《国榷》对陈之遴降清前的事迹也略有所考。林永匡所作传记虽然翔实，但限于当时的学术条件和体例限制，还是留下了不少待正待补之处。同样是在20世纪80年代中后期，张玉兴《清代东北流人诗选注》[④]、李兴盛《东北流人史》[⑤] 都对陈之遴的

① 谢国桢：《明末清初的学风》，人民出版社1982年版，第133—134页。

② 邓之诚：《清诗纪事初编》下册，中华书局1965年版，第776页。

③ 何龄修、张捷夫：《清代人物传稿》上编第二卷，中华书局1986年版，第325—329页。

④ 张玉兴：《清代东北流人诗选注》，辽沈书社1988年版，第118页。

⑤ 李兴盛：《东北流人史》，黑龙江人民出版社1990年版，第146—147页。

生平略有所考，张玉兴在《清代东北流人诗选注》中也对《浮云集》中涉及辽东风物和境遇的一些诗歌进行了注解。李兴盛退休十余年来仍致力于东北流人的研究和流人文献的整理工作，近年来又整理出版了校点本《浮云集》[①]。

## 三 本书的研究内容和主要观点

因参与了明末清初具有宏大背景的政治和社会活动，陈之遴便具备了明清易代这一特殊历史关节点上贰臣和流人的全部显著特征，而其人生的数次剧烈跌宕及其心理和行为应对又使其有别于那个时代非流人意义的贰臣和非贰臣意义的流人。本书基于陈之遴贰臣和流人这两个特殊身份，考察个人力量在历史事件中的“争”与“不争”以及个人心态、观念和行为在社会变迁中的“变”与“不变”。

因其“贰臣”身份，书中探讨了陈之遴与明朝及南明政权之间的互动关系，这一目标是通过考证和辨析有关海宁渤海陈氏家族地位、“杨嗣昌夺情”事件、与黄道周等人的交游、陈祖苞案始末和陈之遴“鸩父”真相，以及与南明弘光政权及潞王的关系和降清始末等历史细节来实现的。

海宁渤海陈氏的家族地位在陈祖苞一代已经确立，陈之遴以明朝榜眼和清朝相国对家族地位起到了巩固和阐扬作用。初入仕路的陈之遴在崇祯朝廷谨慎得畏首畏尾，在座师黄道周论“杨嗣昌夺情”事件自始至终不发一言，这在明朝的政治生态中就有悖伦理。但在“杨嗣昌夺情”事件中的表现并没成为黄道周和陈之遴之间的障碍，陈之遴被禁锢后，二人以正常的师生关系往来。在崇祯朝的时局下，陈之遴在仕路的谨慎并未换来平安。清兵破墙子口入关后，在杨嗣昌的主导下，无辜的陈祖苞以“城陷罪”含冤入狱并被处弃市，陈之遴为之涂炭求告仍无济于事，最终陈祖苞狱中悲愤自鸩以自明，陈之遴也以犯属而遭禁锢。陈之遴在父亲之死中起

① 陈之遴、徐灿：《浮云集·拙政园诗余·拙政园诗集》，李兴盛校点，黑龙江大学出版社2010年版。

到了携药入狱的协助作用，所以乡居的黄道周去信责怪他“弑父”，坊间传开后天下遂信以为真，陈之遴遂得“枭獍之心，狗彘之行”[1]之评。遭禁锢乡居期间的陈之遴始终难断仕念，就难免对崇祯朝廷和政局有所怨望。陈祖苞被不明真相的乡人看作是边塞失疆的奸臣，崇祯身亡后海宁乱民愤激之下将其焚棺毁骨，所以陈之遴出仕弘光政权后致力于为父亲恢复名誉，又因潞王掌握了他的一些把柄，便上谏将潞王徙到了湖州。陈之遴对缺乏亡国气象却又布满党争的弘光政权十分失望，自己又陷入向礼部贿请典试福建的丑闻和危机，于是情急之下决定“谋遁”。但尚未来得及行动清兵便破南京，陈之遴参加完南京的迎降仪式后逃归海宁，并为清兵入海宁发挥过作用。薙发之命到达海宁后，邑人谋义，又推陈之遴主其事，陈之遴拒绝后陷入两难境地，于是赴杭州张存仁处投诚。陈之遴投诚时适逢清廷出台了区别接纳不同类型明朝官员的新政策，所以入京朝见时又心绪复杂地度过了近半年的考验观察期。

因其流人身份，书中以陈之遴仕清后的仕路起伏为着眼点，考察了其在清朝屡获超擢的历史背景和个人政绩、顺治朝的重要党争案件与陈之遴的关系，尤其是理清了治清史和清诗者常提及但并不详知的黄膘李三案始末、重议任珍案的性质和吴良辅案及顺治皇帝晚期的一些问题，梳理了顺治朝内监势力在中央权力分布图中的异军突起过程，发现了“南党”汉臣内部成员之间由于地位的频繁变动而导致的纠结心理和行为方面的微妙变化。

陈之遴在多尔衮主政时屡获擢拔得益于当时“经纶方始，治理需人”的背景和正在发育中的汉臣南北党之争。在顺治清除多尔衮残余势力的过程中，同样曾依附于多尔衮的南党陈之遴不仅幸免于难反而未两年由侍郎升任大学士，这既得益于多尔衮主政时期北党势力的庞大，也得益于顺治在亲政之初需要通过扶植汉臣来消解满臣对自己的政治控制这一因素。顺治在处理积弊多年的关系国计民生的重大社会事务时，陈之遴总能在短时

---

[1] 林时对：《荷牐丛谈》卷三，《台湾文献史料丛刊》第8辑，第154册，（台北）大通书局1987年版，第97页。

间内拿出切中时弊而行之有效的方案。这不仅有助于陈之遴的职务飙升，而且当其处在政治旋涡中时，顺治也不能不顾及其职务能力和职务贡献对自己和朝廷的重要性。结党也让陈之遴先后陷入了一系列涉及清廷中央权力分配的政治案件，如张煊参陈名夏案、阿拉善劾陈之遴案、黄膘李三案、重议任珍案、陈名夏被绞案、朱世德案、吴良辅案等。陈之遴除了在第一个案件中是配角之外，从第二个案件开始就成为顺治、满洲贵族或北党汉臣的核心打击对象或处在政治风波的“震中”地带。陈之遴在黄膘李三案后由大学士降为户部尚书，重议任珍案后削宫衔、罚俸，朱世德案后发盛京居住，吴良辅案后被举家长流盛京。重议任珍案是黄膘李三案引起警觉后，顺治深经过思熟虑安排的一次对南党汉臣的势力、报效度及满汉臣势力均衡性的检验。顺治亲政后长期的过度疲劳和紧张严重透支了身体和心理，内监和高僧的职业特点能给他带来一些安宁和快乐，所以他在后期对吴良辅等内监及高僧们产生了一种近于“宠”和“佞”的具有依赖性的“深情”。也因为顺治的身体和心理出现了严重的问题，其在朱世德案和吴良辅案中对陈之遴的处理在很大程度上是情绪宣泄和随性暴怒的结果。我们对顺治时期朝臣结党问题的通常认识是南党和北党应该是两块铁板，但陈之遴和陈名夏等人的结党行为表明无论在南党形成的过程中还是在其获得势力之后，由于利益的分配、地位的变动、心理的失衡等因素，南党内部不同成员之间也会有一些动作，甚至不乏落井下石者。党争的本质是不同利益群体对朝廷中央权力分配的争夺，顺治对党争的打压则是要维持中央权力分布的平衡。顺治亲政初期中央权力大致分布于以下几个板块：皇帝、议政王大臣、满臣、南党汉臣、北党汉臣。但在顺治十四年(1657)时，在清朝中央权力的分布图上内监力量已经异军突起，这股新兴势力大有后来居上之势，这使得无路可走的陈之遴走上了因贿结权监吴良辅而举家流徙辽东的不归路。

在考察陈之遴“行为”的“争”与“不争”时主要依据的是传统明清史料，在考察陈之遴“体验”的“变”与“不变”时则主要依据《浮云集》。书中通过对《浮云集》进行诗歌系年和文本细读，考察了陈之遴仕清前后和流放前后在交游、心态、政治伦理观念、价值观念、政治行为和诗歌内容、情感等方面的变化和固守。在考察的过程中，本书着重关注了陈之遴的三种生命体验：一是贰臣流人辽东流徙生涯的生命体验；二是贰臣流人的兴亡之感和亡国之悲；三是贰臣流人的仕路之悔。

陈之遴在盛京的生命体验包含着一个对流放地的排斥和融入过程，在这个过程中他一直处在因流徙前后气候、风物、生命体验、生活方式的对比而产生的落差所带来的愁苦中，同时又充满对朝中异党、同党、顺治皇帝的怨愤和对自己过往人生的追悔，令人生悲的是他直至垂暮也没有找到解脱流徙之痛的有效路径。陈之遴在流放地对京城和家乡的思念以及盼归之心当然可以理解，但不可理解的是“万卷读残”的他在放归无望的暮年时竟然还在“耿耿壮怀销未尽，欲挥长铗拨层阴”，并由此因暮光易逝而陷入了对时间的惊慌和恐惧，因平生“壮心”未厌而陷入了对人生的自我否定，最终使自己陷入不可自拔的焦灼，承受年衰时促与心志磨灭的煎熬。

通常认为，陈之遴缺乏兴亡之感或没有亡国之悲。《浮云集》中体现兴亡之感和亡国之悲的诗歌固然不多，但我们发现陈之遴的兴亡之感和亡国之悲有三个特点：一是随着生命阅历的变化，其兴亡之感和亡国之悲存在一个渐进的过程，从冷眼旁观的无，到极度悲凉的有和极为浓烈的悲，最后到把自己与明朝视为命运共同体。二是其兴亡之感和亡国之悲呈现出“虽少但深”的特征，与清初遗民诗相比，陈之遴诗歌中的悲凉并不逊色甚至有超越之处。三是其兴亡之感和亡国之悲呈现出“虽少但久”的特征，直到生命的最后一个时期，陈之遴在盛京戍所仍在反思明亡并为之感慨惋惜。这也正是贰臣流人兴亡之感和亡国之悲的复杂之处。

再看陈之遴的仕路之悔。陈之遴在仕清初期曾经后悔过“叛明仕清”，但这种追悔被他用对选择科考仕宦这条人生出路的追悔掩盖住了。陈之遴在牵连进吴良辅案下狱期间自感“冤枉”，所以此时他对仕路的追悔是“贤女错嫁无情郎”般的“仕清”之悔，无关“叛国投敌”这一政治伦理。流徙辽东后陈之遴一直没有表现出对“叛明仕清”的后悔，这一时期他是发自内心地追悔了一生对仕路的选择和坚持，因为随着他在清朝仕路的延展，仕清和仕明一样早已成了他的一种生活方式，对他而言，仕清和仕明之间也就不再有事关政治伦理的分野。

从陈之遴身上即可足见“贰臣心曲”所包含的兴亡之感、亡国之悲和仕路之悔的个体化差异是多么复杂，当我们试图用“清初贰臣的群体特征”去观察个体时确实应该慎之又慎。

## 四　本书的研究观念、方法及体会

本书共四章，第一章研究陈之遴的明朝生平，第二章和第三章研究陈之遴的清代生平，前三章研究的是明清史料中的陈之遴，第四章研究的是《浮云集》中的陈之遴。前三章重在“史”的研究，第四章重在“诗”的研究，在一定程度上前后构成了史、诗互证的关系。史、诗互证的前提是史为信史，诗为信诗。所谓信诗是指诗歌最大限度地体现了作者的生命体验。和信史的相对性一样，信诗的可采信度也只能是相对而言，交游诗的逢场作戏自不必言，即便是感怀、感旧等独处诗也未必就是作者的真实体验，因为当生命体验落实为文字时，就如同我们向别人讲述自己的梦境，里面难免会有一些掩饰、夸张和文人的矫情。所以，我们只能以对待信史的态度来对待信诗。以史证诗的前提是对史实的细考，以诗证史的前提是对古诗词语义系统的准确把握和文本细读，二者之间的连通器则是诗歌系年的精确性。本书在进行《浮云集》诗歌系年时，一是根据有明显时间标志的诗题或诗句进行推算；二是通过将诗意和陈之遴行年事迹相结合进行推算；三是根据《浮云集》中诗歌的排列顺序进行推定。这也只能做到系年结果部分精确、部分大致“精确”，而有的诗歌则根本无法系年。

需要说明的是，前三章属史学研究，第四章属文学研究。文学创作要直指人心，文学研究则要或有助于作者直指人心，或有助于读者深入人心。文学研究的前一个指向的表现是对作品风格和技巧等方面的把握，后一个指向的表现则是对作品写作背景和作者生命体验的把握。从文学的最终目的来看，文学研究的后一个指向的意义显得更为重要。本书是带着这样的文学观念进行了第四章的研究，关注的是陈之遴不同时期不同境遇下的生命体验。

另外，中国古代诗歌自唐代开始就已经形成了相对固定的语义系统。

出于阅读期待的需要，汉语中的同一个词和典故往往可以被解读出不同的信息，但在古诗的语义系统中词和典故在很大程度上是被程式化了的，因而在解读古诗时除了追求尽量精确的系年和详尽的诗人生平信息，充分认可、遵循和接受古诗的语义系统也十分必要。否则，在以诗证史时同样容易陷入对诗人体验和历史事件的误读误判。如《浮云集》卷八《冬夜》：

风雪孤城戍鼓迟，平生心事一灯知。相韩家世羞先烈，入洛声名误盛时。

万卷读残今若此，百年过半欲何为。近来入梦多尘境，白石青松岂易期。

结合陈之遴的生平、《浮云集》系年及与《冬夜》同时所作的其他诗歌，可知此诗表现的是陈之遴在戍所产生的盛年已过无所作为的焦虑。但对“相韩家世羞先烈，入洛声名误盛时”可有两种解读：（一）“相韩家世羞先烈”谓有张良一样“五代相韩”的家世和地位，却未能作出无愧于父祖的功业。“入洛声名误盛时”谓有陆机一样名动京师的才华却未能成就人生，结果耽误了自己的盛年。在这种解读中，“羞先烈”和“误盛时”在句法上构成“使动”结构的对仗。这种解读的结论是“相韩家世羞先烈，入洛声名误盛时”表达的是在功业上无所作为的惭愧和有才华却空误盛年的后悔。（二）“羞先烈”不是指对自己功业的不认可，而是指自己出身这样的家世却作了贰臣让先人蒙羞。“入洛声名”不是指“陆机入洛，噪起才名”和“二陆入洛，三张减价”这样的才气，而是取陆机身仕异朝成为贰臣之义。“盛时”不指个体的盛年，而指朝廷的盛世。在这种解读中，“羞先烈”是“使动”结构，“误盛时”是“被动”结构。这种解读的最终指向是陈之遴在为自己身仕异朝的贰臣行为而后悔。如果不抱有“贰臣之悔”这一预先期待，根据古诗惯常的语义系统实在很难进入第二种解读。

## 五　关于本书研究和写作的几点说明

关于本书的行文有四点需说明：一是书中所引《浮云集》为《四库全

书存目丛书》影印华东师范大学图书馆藏旋吉堂刻本，这个本子的目录页虽不能完全确定是刻于康熙间，但其正文部分用的是康熙间初刻本的底版，是目前所见传世各本中最接近于康熙间初刻本原貌的本子。《浮云集》又有民国时张乃熊铅印校勘本，华东师范大学本明显有误之处在行文时迳据张乃熊校勘记改正。为行文方便，书中所引《浮云集》诗文一律随文标明卷数，不再以脚注方式详列版本、页码等情况。二是书中所引现代影印本古籍有时无法辨识原书书心的卷数和页码，在这种情况下只标注现代影印本的页码。三是书中所有引文所涉及的版本信息都在书末的“参考文献”中，正文中对所引编著类文献一般只标注作者（编者）、书名、卷数或页码，对所引论文类文献则仍然详细标注出处。四是书中为行文方便而对所有前辈学者省称先生迳呼大名，此举非谓不敬还望见谅。

最后，本书的研究和写作前后历时一年有余，学术水平本已不高，又因出版日期的催迫草草成器而未经打磨，书中各种舛误自是不能尽数，还请读者谅解和指教，以待来日修改。

# 第一章 “我昔少年二十许，绣袍紫马榆关驰”

## ——贰臣流人陈之遴明朝生平研究

陈之遴家出明朝后期数代簪缨的海宁渤海陈氏，其在崇祯朝出仕前满腔爱国热忱和少年意气，入仕后却处处畏手畏脚谨慎自保。在崇祯朝的政治环境中，即便陈之遴以牺牲门生和座师之间的政治伦理为代价，也难以在朝廷立足。其出仕不足二年，便因父案牵连遭永不叙用。此后陈之遴归乡闲住长达五年，其间从未断绝仕念，崇祯十七年（1644）八月弘光政权复其翰林院编修原官后再次出仕。与崇祯朝初次出仕时的政治处境相比，其在弘光政权中同样危机四伏。在崇祯朝和弘光政权的遭遇改变了陈之遴的政治伦理标准和价值观念，其在明清兴替的关口在现实情势的推逼之下很自然地走向了投诚仕清之路。

## 第一节 陈之遴对海宁渤海陈氏家族地位的贡献

在考察陈之遴与海宁渤海陈氏家族地位的关系之前，且看关于其生卒年及妻室子嗣的相关情况。

### 一 关于陈之遴生卒年的再考证

今人较早提及陈之遴生卒年者，盖有二人：一为林永匡，一为张玉兴。

林永匡《清代人物传稿·陈之遴传》问世于1986年，传中提出陈之遴“生于明万历三十三年（1605），卒于清康熙六年（1667）前后”[①]。其证如

---

① 何龄修、张捷夫：《清代人物传稿》上编第二卷，中华书局1986年版，第325页。

下："陈之遴《浮云集》卷12《念奴娇（赠友）》一词载，他在顺治二年降清后，有'行年四十，乃知三十九年都错'句，可推知他生于明万历三十三年（按：原文此处'三'字误脱）（1605）。而《浮云集》的《自序》后，亦书有'康熙丙午仲春上浣素庵老人书于旋吉堂'字样，亦知他康熙五年仍还健在，但已是垂暮之年，由此推知他卒于康熙六年（1667）前后。"[①]

考《国榷》载弘光元年（1645，顺治二年）"五月甲申……之遴等谋遁"[②]，《清实录》又载顺治二年（1645）十二月辛丑"浙江总督张存仁疏报：明左春坊左中允陈之遴……投诚"[③]。陈之遴于顺治二年（1645）五月始"谋遁"，张存仁疏于当年十二月至朝廷，揆诸常理，陈之遴投诚必当在顺治二年（1645）。再考陈之遴《念奴娇·赠友》其词：

> 行年四十，乃知三十九年都错。富贵功名如此矣，何必酒阑花落。朱子传经，沈郎制锦，与我年相若。着鞭先我，抚躬多少惭怍。
>
> 惟有紫硖吴郎，恰同年同运，身世同漂泊。击筑鸣琴从此罢，将向柳营连幕。江左人才，山东形胜，杯酒聊商榷。时乎难再，须臾双鬓如鹤。

观"行年四十，乃知三十九年都错。富贵功名如此矣，何必酒阑花落"一句，暂且勿论其为肺腑之语，还是自我开脱之言，从中足可见此时之遴的明朝之心已死。陈之遴在明代以榜眼甫登仕途便遭禁锢，闲居五年后方复七品坊官，[④] 此时之遴年已"四十"，想到"朱子传经，沈郎制锦，与我年相若"，不禁心生"惭怍"，再加"时乎难再，须臾双鬓如鹤"的焦灼，于是向"同年同运，身世同漂泊"的"紫硖吴郎"商榷，是否同罢"击筑鸣琴"的生活，共奔"江左人才，山东形胜"的"柳营连幕"。纵观此词，

① 何龄修、张捷夫：《清代人物传稿》上编第二卷，中华书局1986年版，第329页。

② 谈迁：《国榷》卷一百〇四，中华书局1958年版，第6207页。

③ 《世祖章皇帝实录》卷二十二，《清实录》第3册，中华书局1985年版，第197页。

④ 陈赓笙：《海宁渤海陈氏宗谱》，《清代民国名人家谱选刊续编》第75册，第455页。

其核心信息是商榷是否北上投诚一事，则整首词当作于陈之遴于顺治二年（1645）五月始“谋遁”时无疑。古人以虚岁纪龄，故“行年四十”或指40岁，或指41岁。若“行年四十”所指为40岁，按古人以虚岁纪龄之例由此上推39年，陈之遴当生于万历三十四年（1606）。若“行年四十”所指为41岁，则当生于万历三十三年（1605），是则林永匡对陈之遴生年的这一推定尚存在不确定之处。林永匡对其卒年的推测，更是由于证据的缺乏只能泛泛定在“康熙六年（1667）前后”。因而，陈之遴的生卒年尚需另据材料再考。

张玉兴先生的《清代东北流人诗选注》于1988年面世，其迳称陈之遴生于1605年，卒于1666年[①]，未列明证据或出处。此后言陈之遴生卒年者皆与此同，亦未见说明依据者。

考之清代史料，可资确定陈之遴生卒年的直接和间接证据有数条，兹列主要者如下：

甲、《海宁渤海陈氏宗谱》陈之遴世传：“生万历乙巳七月二十七日，卒九月十八日”[②]。按：万历乙巳即万历三十三年（1605），康熙丙午即康熙五年（1666）。

乙、《海宁渤海陈氏宗谱》齿序：“之遴与之薪、之琦、之卫俱生于乙巳”[③]。

丙、陈之遴妻徐灿《拙政园诗集》有《素庵六十初度》一诗。此集所收诗按诗体排列，按清人诗集编辑的通例，同一诗体下的诗多按时序排列。《素庵六十初度》编入七律一卷，其上两首为《秋日漫兴》、《秋闺》，下一首为《中秋即事》，此亦可佐证陈之遴生于七月。

丁、康熙《海宁县志》称其“康熙丙午卒于戍所”[④]，乾隆《海宁州志》沿用此说[⑤]。

---

① 张玉兴：《东北流人诗选注》，第118页。
② 陈赓笙：《海宁渤海陈氏宗谱》，《清代民国名人家谱选刊续编》第72册，第88页。
③ 同上书，第75册，第8页。
④ 许三礼：《海宁县志》，名臣卷，《中国方志丛书》华中地方第561号，第980页。
⑤ 战鲁村：《海宁州志》，文苑卷，《中国方志丛书》华中地方第591号，第1512页。

综合上面所考所述，《海宁渤海陈氏宗谱》所记陈之遴的生卒年当可采信，即陈之遴生于万历三十三年（1605）七月二十七日，卒于康熙五年（1666）九月十八日。

## 二 陈之遴妻室子嗣考

### （一）陈之遴的妻室

据《海宁渤海陈氏宗谱》陈之遴世传：

> 居城中双庙巷……配仁和沈氏，累赠一品夫人，继光禄丞苏州徐桴女，累封一品夫人……合葬高阳山。子五：苍永，沈出；坚永、容永、奋永、堪永，徐出。坚永为弟之迈后。女三：长适州同湖州吴启思，沈出；次适兵马司裘充琛，侧室朱出；三适操江朱衣助子庠生士彦，侧室徐出。[①]

据此，陈之遴共子五人，女三人。原配沈氏育一子一女，继室徐灿育四子，侧室沈氏和朱氏各育一女。陈之遴原配沈氏早逝，已不可考。其继室徐灿，字湘苹，号深明，晚年更号紫（上竹下言），是冠绝明清的一代女词人，生平概况早为学界所熟习，此不复赘。且看陈之遴和徐灿婚配的相关情况，据《海宁渤海陈氏宗谱》徐灿外传：

> 少保素庵公继配也……素庵公原配沈夫人早世，请继室于徐时素庵公举孝廉三年矣。[②]

陈之遴中举人是在天启四年（1624）[③]，则其向徐灿父母请婚当在天启七年（1627）。但据董潮《东皋杂钞》：

① 陈赓笙：《海宁渤海陈氏宗谱》，《清代民国名人家谱选刊续编》第72册，第88页。
② 同上书，第76册，第265页。
③ 同上书，第72册，第88页。

海宁陈相国素庵继配徐夫人，名灿……吴人也。明崇祯中，相国春闱下第南还，舟泊吴门，遇雨闷甚，觅散步处，闻徐氏饶花石，因独诣之。先一夕，徐翁梦黑龙碎其金鲫鱼缸。是日，相国至，方徘徊花竹间，误触一盆而堕，适碎其缸。相国方局蹐，致不安，拟奉价偿之，而徐翁欣然问姓名，因留之小酌，备极款曲。酒酣，自言有二女，俱有才色，愿奉箕帚。时相国适丧偶，闻之心动。素善子平，遂索其二女干支，归舟推之，则皆贵，惟长女微带桃花星，因纳其次，即夫人也。抵家后，相国乃翁以其不第而娶妻也，大怒，欲立遣之。太夫人闻之，曰：“此女果佳，即当告之家庙，以妇礼处之。不然，遣未晚也。”及至，见其端丽庄重，即以新妇呼之，后与相国偕老云。相国既仕本朝，一日，过良乡，邂逅一妓，其貌宛与夫人相似。询之，则涕泣自言姓氏并遭乱失身故，即徐翁长女也。因赎归，携至京师。后归一满洲武臣，其人后至八座，女亦为命妇焉。[①]

董潮对陈之遴和徐灿的这段姻缘记载虽属小说家言，不可尽信，但其提到陈之遴向徐家请婚的时间是“春闱下第南还”时。陈之遴天启四年（1624）中举，结合《海宁渤海陈氏宗谱》所记“继室于徐时素庵公举孝廉三年矣”看，其此番“春闱下第南还”当在崇祯元年（1628），则其向徐家请婚又当在此年。因不能确定“举孝廉三年矣”所指究竟是三年整、三年有余，还是三个年头，故陈之遴请继室之年或在天启七年（1627），或在崇祯元年（1628）。

除了《海宁渤海陈氏宗谱》所记原配、继室和侧室，陈之遴身边的媵女尚有数名。此说所据有二：

《浮云集》卷十二《虞美人·戏赠湘蘋》：

藤花葛蔓闲牵绕，枉送韶颜老。双鸾镜里试新妆，夺得一枝红玉满怀香。

劳君拣尽吴山翠，心已三年醉。闺人长作掌珠擎，那得老奴狂魄

① 董潮：《东皋杂钞》卷三，《丛书集成初编》第2963册，第34页。

不钟情。

此词所写当是徐灿为陈之遴张罗媵女进家之事。

《浮云集》卷十一《遣姬诗》小序：

余翰墨余闲，颇辨珮声钗色；闺房逮下，恒培瑶枝琼草。

此为陈之遴自陈家中媵女的一些情况。

（二）陈之遴的子嗣

现对《海宁渤海陈氏宗谱》世传中所记陈之遴五子的情况加以简要考察。据《海宁渤海陈氏宗谱》：

之遴子：

苍永，字云舒，庠生，生天启壬戌九月二十七，卒崇祯壬午，年二十一。配进士海盐彭德符女，夫殁吞金殉节……无子，以弟奋永长子密为后。

容永，字直方，官监生，考职知县，中顺治甲午顺天举人，生崇祯丁丑八月三日，卒康熙乙巳八月二十日，年二十九。配会元祭酒苏州吴伟业女，子一世鲻早卒，以弟奋永第四子为筹世为后。女二，长适……次适……

奋永，字撝谦，号寄斋，一品荫生，博雅有诗名。生崇祯戊寅九月十七日，卒康熙辛未正月十七日，年五十四。配状元相国武进吕公女，合葬刑范桥西北。子六：密、以宁、于扆、筹世、世宝，俱吕出；世守，侧室费出。女三，长适……次适……三适……俱吕出。

堪永，字子长，官监生，中顺治甲午副榜……生崇祯己卯十一月十四日，卒康熙丁未五月二十九日，年二十九。聘长洲庠生徐树纪女，未婚夫殁，依姑矢志……以兄奋永第三子于扆为后。①

---

① 陈赓笙：《海宁渤海陈氏宗谱》，《清代民国名人家谱选刊续编》第72册，第142—143页。

按《宗谱》世传所记，陈之遴名下只有苍永、容永、奋永、堪永四子，坚永被归到了陈之迈名下：

之迈继子：

坚永，字柔嘉，太学生，中顺治辛卯顺天乡试第三十九名。生崇祯丙子正月十日，卒康熙壬寅四月十三日，年二十七。配进士大廷尉……湖郡凌义渠女，合葬打铁桥。子一，镐。[①]

由此可知，陈坚永被过继给了三弟陈之迈。陈之迈崇祯己卯（1639）即卒，卒后其妻寡居至终[②]。据徐灿《拙政园诗余》书后之跋：“今冬永等辑录凡若干首付梓曰《拙政园诗余初集》云”，落款“癸巳孟冬男坚永、容永、奋永、堪永”，则至顺治十年（1653）时陈坚永当已奉继母离世，并重新归家奉养生母。现据上述史料将陈之遴五子的齿序及卒年排列如下：

陈苍永生于天启二年（1622），卒于崇祯十五年（1642），卒年 21 岁。

陈坚永生于崇祯九年（1636），卒于康熙元年（1662），卒年 27 岁。

陈容永生于崇祯十年（1637），卒于康熙四年（1665），卒年 29 岁。

陈奋永生于崇祯十一年（1638），卒于康熙三十年（1691），卒年 54 岁。

陈堪永生于崇祯十二年（1639），卒于康熙六年（1667），卒年 29 岁。

这样看来，陈容永排行老三，但其岳父吴伟业在《亡女权厝志》中有如下记载：

全家徙辽左，用流人法，不得为前日比，独子妇不在遣中。相国命将幼稺归，寓书余曰：“余子女不少，患难苦辛惟有容儿夫妇耳。”嗟乎，陈氏家方隆盛时，子弟厚自封殖，即难作而室中装为在南者分持去。相国母夫人于武林（杭州）闻之曰：“四郎无私财，若妻

① 陈赓笙：《海宁渤海陈氏宗谱》，《清代民国名人家谱选刊续编》第 72 册，第 143 页。

② 同上书，第 89 页。

子何?”①

此处陈容永被记作“四郎”，并非文字有误。吴兆骞《归来草堂尺牍》之《上父亲书（三）》载：

近有可喜者，海宁相公第四子容永者，系甲午科，以坏一目例应收赎，近以部批留京候议定夺，不随素翁出关矣。②

有此二证，陈容永当为陈之遴第四子无疑，则陈容永之前都还有一子，此子未出现在宗谱中，当早夭。由于不能确定陈之遴这个早夭的儿子是原配所生，还是徐灿或侧室所生，故不能断定其排行。但陈苍永出生时陈之遴年方18岁，估计这个早夭的儿子当排在陈苍永之后。若早夭者为原配沈氏或徐灿所生，则其当排行老二。若早夭者为侧室所生，则其或长于陈坚永，抑或与陈坚永同年而生但月份晚于陈坚永，即当排行老二或老三。综上所考，陈之遴共有六子③：陈苍永为长子、早夭者或为二子或为三子、陈坚永抑或为二子或为三子、陈容永为四子、陈奋永为五子，陈堪永为六子。

再看陈之遴孙辈的相关情况。据《海宁渤海陈氏宗谱》世传：

苍永继子密……庠生，生顺治丙申（十三年，1656）十一月十日，卒雍正癸卯（元年，1723）八月十五日，年六十八。

容永子世鲋……庠生，生顺治己亥（十六年，1659）四月一日，卒康熙己未（十八年，1679），年二十一。（继子）筹世，庠生，生康熙乙巳（四年，1665）十月三日，卒雍正壬子（十年，1732）正月十

---

① 吴伟业：《梅村家藏稿》卷四十九，《续修四库全书》第1396册，第274页。

② 吴兆骞：《归来草堂尺牍》，《秋笳集》附录一，第282页。

③ 李兴盛：《陈之遴诸子考》曾考证出陈之遴共有六子，惜因未能见到《海宁渤海陈氏宗谱》而未推出苍永名号及兄弟六人的齿序、卒年等。仅以旁证做到此点实属不易，文中同时还考证了容永、堪永与吴兆骞的交游情况。参见李兴盛校点《浮云集·拙政园诗余·拙政园诗集》第389—395页。

四，年六十八。

奋永子以宁……庠生，生康熙壬寅（元年，1662）正月二日，卒丁酉（五十六年，1717）四月二十七日，年五十六。世宝，庠生，生康熙丙午（五年，1666）十一月二十日，卒甲午（五十三年，1714）六月十六日，年四十九。

堪永继子于宸，字载侯，号巽斋，秀水太学生，中康熙癸酉顺天乡试第五十九名，候选知县。生康熙癸卯（二年，1663）三月二十八日，卒己亥（五十八年，1719）二月二十二日，年五十六。

坚永子镐……庠生，早失怙，事祖母徐太夫人最孝……生顺治庚子（十七年，1660）十月一日，卒康熙辛丑（六十年，1721）二月十二日，年六十二。[①]

陈之遴诸子于顺治十六年（1559）三月十四日离京赴盛京戍所，其中容永因坏一目例应收赎而留京候部议定夺，遭拒绝后也应于当年抵达盛京。在盛京期间，坚永、容永、堪永先后卒，康熙十年（1671）徐灿携子奋永扶柩归乡。[②] 则从上面所引世传文字中可见两点：一是陈之遴孙辈筹世、以宁、世宝、于宸、镐都在盛京戍所出生。二是陈之遴的孙辈早已不具备祖辈那种磊落门庭的科考仕宦能力，海宁渤海陈氏在陈之遴一支已经走向了衰落。

## 三 明代海宁渤海陈氏望族地位的确立及其与陈之遴的关系

海宁渤海陈氏乃名门望族，此为清人和今人所熟知的事实。清末海宁渤海陈氏后裔陈其元在《庸闲斋笔记》中用整整一卷的篇幅叙述了其家族史，现节略如下：

余家自明中叶……至嘉道之间……传世已将二十。……三百年间自明正德以来，吾家登进士者三十一人，榜眼及第者二人，举人一百

① 陈赓笙：《海宁渤海陈氏宗谱》，《清代民国名人家谱选刊续编》第72册，第220—223页。

② 参见本书附录二《陈之遴年表》。

有三人……宰相三人，尚书、侍郎、巡抚、藩臬十三人，京官寺卿、外官道府以下名登仕版者逾三百人。①

余家系出渤海高氏，宋时以勋戚随高宗南渡，籍临安。始祖东园公讳谅者，明初居仁和之黄山，游学至海宁，困甚。……陈公明遇设豆肆于桥侧……公（明遇）老无子，止一女，因以女女之，而以为子焉。东园公一传为月轩公，讳荣，承外祖姓为陈氏，世业腐。……二世之后遂有登科者……十（按：海宁渤海陈氏宗谱为六，当从）世祖风山公讳中渐，诸生，以《春秋》名其家，性落拓，喜周人之急。……公（风山）二子，长与郊，以进士官至太常寺少卿；次即余九（按：海宁渤海陈氏宗谱为七，当从）世祖与相，以进士官至贵州布政使。孙祖苞，官蓟辽巡抚。曾孙之遴，官少保弘文院大学士。”②

据此，至清嘉、道之间，海宁渤海陈氏虽已传二十世，但从始祖东园公高谅一直到五世，皆以制卖豆腐为业，六世陈中渐为诸生，真正科考出仕始自七世陈与郊、陈与相兄弟。海宁渤海陈氏陈中渐一支在明代的仕路经七世陈与郊、陈与相，八世陈祖苞，至九世陈之遴而止。虽然陈中渐一支自明至清嘉道时十三世为官，但明代实有三世而已。这就出现了一个问题：渤海陈氏在海宁望族地位的确立是在明代还是清代？即海宁渤海陈氏望族地位的确立是因陈之遴父祖之功，还是因陈之遴之功？或者在望族地位的形成过程中，陈之遴起到的是确立作用，还是巩固与阐扬作用？这个问题关系到是否可以讲陈之遴“生于海宁望族”。要弄清这一问题，一是要考察整个海宁渤海陈氏在明代的出仕情况；二是要考察陈之遴在明代的官宦经历及影响；三是要参考明末清初人对海宁渤海陈氏门户的评价。

（一）海宁渤海陈氏在明代的出仕情况

因陈其元所述家族出仕情况仅限于陈中渐一支，故海宁渤海陈氏他支还需另考。据《海宁渤海陈氏宗谱》所记，在陈之遴之前海宁渤海陈氏明

---

① 陈其元：《庸闲斋笔记》卷一，《丛书集成三编》第6册，第505页。

② 同上书，第502页。

代出仕者计有 16 人：

陈绪，河南固始县训导　　陈中益，江南吴江县训导

陈中节，嘉靖壬午举人，江南霍邱县知县，

陈中复，江南霍山县知县　陈公陛，河南信阳州司判　陈俞嘉，江南徐州学正

陈与郊，万历甲戌三甲进士，吏科给事中晋翰林院提督四驿馆、太常寺少卿

陈与相，万历丁丑三甲进士，贵州布政使司左参政

陈日新，江南星子县教谕　陈瓛，光禄寺署丞

陈元晖，万历癸丑二甲进士，选庶吉士，由翰林院编修授山东布政使司左参政

陈祖苞，万历癸丑二甲进士，巡抚蓟辽提督军务兼都察院右副都御史

陈祖彭，武英殿中书　　陈祖训，南京兵部车架司员外

陈之佶，西城兵马司副指挥

陈之伸，湖广布政使司左参议兼按察使司佥事管理上江粮储道，加参政衔[①]

现将此 16 人按海宁渤海陈氏宗谱世系图[②]整理如图 1 所示：

可以发现，海宁渤海陈氏在明代的出仕始于第五世陈绪，终于第九世陈之遴一辈。整个海宁渤海陈氏家族在明代不仅陈中渐一支出仕人数最多，且陈元晖、陈祖苞官位最为显要。因而家谱、方志于此支也着墨尤多。

战鲁村《海宁州志》：

陈与郊，之遴伯祖，万历甲戌（1574）进士，授河间推官，征拜

① 陈赓笙：《海宁渤海陈氏宗谱》，《清代民国名人家谱选刊续编》第 75 册，第 121—123、169—190 页。

② 同上书，第 71 册，第 102—182 页。

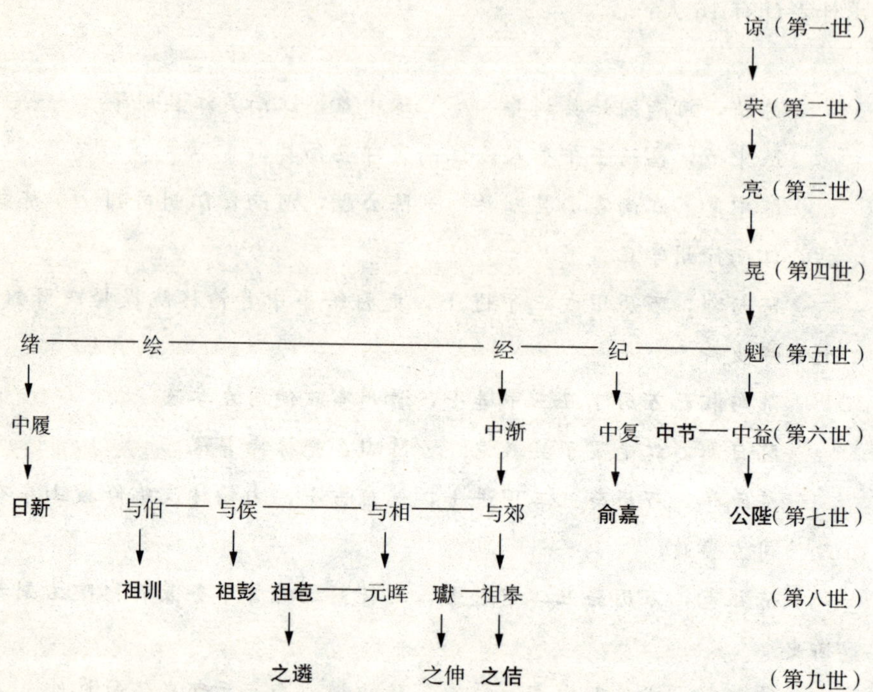


（注：1. 黑体字为曾出仕者。2. 此表仅列明代出仕者，未出仕者略去。）

图 1 海宁渤海陈氏宗谱世系

吏科给事中，迁吏科都给事中，居省八载，擢提督四夷馆太常寺少卿，寻免。”①

谈迁《海昌外志》：

陈与相，之遴祖，万历丁丑（1577）进士，令新昌，有治行。调吉水，益能其职。迁刑部主事，历郎中。出守南昌，未任忧去。服阕，补成都擢四川副使。久之，补广西左江道。无何，迁贵州左参政，致仕。②

① 战鲁村：《海宁州志》，《中国方志丛书》华中地方第 591 号，第 1509 页。

② 谈迁：《海昌外志》，《中国方志丛书》华中地方第 507 号，第 575 页。

战鲁村《海宁州志》[①]：

陈与相，万历丁丑进士，两令江右，移刑部主事，请恤刑江南以便观省，久之，终母丧，出知成都府，擢川西道，再任粤西左江道，迁贵州参政。子二，元晖、祖苞礼闱捷音至，即日上书乞归，以书奕自娱，凡十六年而卒。[②]

战鲁村《海宁州志》：

陈祖苞，之遴父，万历癸丑与兄元晖同第进士，授昆山知县。天启甲子，补永平推官，经略所辖，皆听理焉。乙丑，升职方主事，实司山海关锁钥，……珰怒，勒去官。崇正改元，起车驾主事，历武库、职方。……升宪副备兵宁前兼督学政，文武事悉严办，迁参政。丁丑巡抚顺天，再迁右副都御史，乃训士卒峙粮粮，相形便，严保障，边兵称精锐者，首蓟镇焉。既而兵临墙子口，督臣吴阿衡所镇也。祖苞发兵救之而城已失守，本兵杨嗣昌纠罢之。[③]

同书“万历四十一年癸丑科进士”条：

陈元晖，……二甲庶吉士，官至山东左参政。陈祖苞，元晖弟，……三甲，官至右副都御史巡抚顺天。[④]

是则元晖、祖苞兄弟为同榜进士，故《海宁州志》有陈与相“子二，元晖、祖苞礼闱捷音至，即日上书乞归”之说。兄弟二人同日登科，消息传

---

① 按：战鲁村《海宁州志》成书于乾隆四十年，其书康熙之前事系从康熙十四年刻许三礼《海宁县志》略出，惜今本许《志》“陈与相”条多有漫漶，但二志所载大致相同。谈迁《海昌外志》成书于顺治四年（1647），早出于许《志》，二者所记陈与相的官职略有出入。

② 战鲁村：《海宁州志》，《中国方志丛书》华中地方第591号，第1415页。

③ 同上书，第1452页。

④ 同上书，第1197页。

至海宁，其影响可想而知。

（二）陈之遴在明代的官宦经历及影响

据《明清进士题名碑录索引》，陈之遴为崇祯十年（1637）丁丑科一甲二名进士[①]，例授翰林院编修。据《明史·陈祖苞传》：

> 崇祯十年（1637），以右副都御史巡抚顺天，明年坐失事系狱，饮鸩卒。帝怒祖苞漏刑，锢其子编修之遴，永不叙。[②]

可见，陈之遴崇祯十年（1637）虽已以榜眼身份入翰林院编修，但好景不长，旋即遭禁锢。

据《崇祯遗录》：

> 十二年……四月解严，进论失事文武之罪，……张其平……颜继祖……等十余人弃市，顺天巡抚陈祖苞前一日死于狱。[③]

则陈之遴在“永不叙用”后当于崇祯十二年（1639）返海宁。此后五年间，陈之遴一直居乡不出，直至弘光政权时方于崇祯十七年（1644）十一月与沈廷嘉、刘同升、刘正宗同转坊官[④]，任左春坊左中允[⑤]，并于弘光元年（1645）由礼部题请典试福建[⑥]。仕清后陈之遴因遭弹劾接受讯问时也曾供称：“在明朝时我中榜眼，做七品翰林，我朝来后为四品翰林。”[⑦]

可见，陈之遴在明代和南明的仕路始自编修，终于坊官，其降清后虽官至弘文院大学士，封荫先祖，但在明代其官未过七品。

---

① 朱保炯等：《明清进士题名碑录索引》第3册，第2117页。

② 张廷玉等：《明史》卷二百四十八，第21册，第6525页。

③ 王世德：《崇祯遗录》，《中国野史集成》第28册，第335页。

④ 计六奇：《明季南略》卷二，第107页。

⑤ 据《大清世祖章皇帝实录》卷二十二，顺治二年十二月辛丑浙江总督张存仁疏报：“明左春坊左中允陈之遴、苏松巡抚右佥都御使霍达投诚”。

⑥ 顾炎武：《圣安本纪》卷六，《台湾文献史料丛刊》第3辑，第53册，第174页。

⑦ 《蓝拜等题为遵旨审明阿拉善等参陈之遴诸款皆虚本》，《清代档案史料丛编》第13辑，第128页。

（三）明末清初人对海宁渤海陈氏门户的评价

明末清初浙江海宁人朱尔迈在《李夫人竹笑轩续集序》[①] 中称：

> 吾邑僻处海滨，文章甲第相望，不名一家。自数十年来推最盛者曰陈氏，曰葛氏。即闺门丽则亦与相埒，陈氏以徐夫人湘苹特闻，葛氏李夫人是庵其流亚。[②]

徐夫人湘苹即陈之遴继室徐灿，葛氏李夫人指葛征奇侧室李因[③]。由是可知此“吾邑”“最盛者曰陈氏”即指陈之遴家族。但问题是，此序并未讲明海宁渤海陈氏因陈之遴而“最盛”还是因陈之遴之父祖而“最盛”，即陈家在明代是否已成为当地望族。此序为吴骞辑刻于《拙政园诗余附录》，未注明作序时间。考李因《竹笑轩吟草》初集、续集、三集今存，盖为孤本，为黄裳所得，辽宁教育出版社《新世纪万有丛书》曾借出校点，初集、三集皆有序跋，唯续集无序跋。从序跋看，初集刻于崇祯癸未（崇祯十六年，1643），三集刻于康熙癸亥（康熙二十二年，1683）[④]。由此只能推测续集大概刻于顺康之际，则朱尔迈所言“数十年来”当可上溯至万历四十一年（1613）陈玄晖、陈祖苞兄弟同登癸丑科进士之时。此外，方苞在为陈之遴侄辈陈诜所作《礼书陈公神道碑》中也称“明季陈氏衣冠日盛，子弟皆治举业”[⑤]。据上述两点，在明末清初人眼中，至陈之遴父辈陈玄晖、陈祖苞时海宁渤海陈氏的望族地位当已经确立。

综合上述三点，言“陈之遴生于海宁望族”是没有问题的。和父祖相较，陈之遴在明代并未参与海宁渤海陈氏家族地位的奠基与确立这一过

---

① 按：黄宗羲《李因传》载：“吾友朱人远以管夫人比之，其宦游京师同，其易代同，其工辞章同，其翰墨流传同，差不同者，晚景之牢落尔。”人远为朱尔迈字，考《拙政园诗余附录》所存朱尔迈《李夫人竹笑轩续集序》，所言正与黄宗羲同，则黄宗羲《李因传》中“管夫人”当为“徐夫人”之误。

② 吴骞：《拙政园诗余附录》第6页，《拜经楼丛书》第22册。

③ 黄宗羲：《南雷文定前集》卷十，《续修四库全书》第1397册，第378页。

④ 李因：《竹笑轩吟草》，辽宁教育出版社2003年版，第4、49、102页。

⑤ 方苞：《望溪先生文集》卷十三，《续修四库全书》第1420册，第473页。

程，但陈之遴在其家族中开创了两个第一：一是首次登进士榜眼（明代），二是首次登相位（清代）。据陈其元所撰家族史，明清两代海宁渤海陈氏“榜眼及第者二人”，“宰相三人”[①]。“榜眼则陈之遴、陈元龙”[②]，“宰相则陈之遴、陈元龙、陈世倌”[③]。海宁渤海陈氏在明末已确立了望族地位，但其全盛当始于陈之遴仕清后，此说有三证：

其一，前引陈其元《庸闲斋笔记》已言，海宁渤海陈氏陈中渐一支自明至清嘉、道时为官十三世，其中十世皆在清代，且清代自陈之遴起，海宁渤海陈氏计有3人入内阁为相。

其二，据《海宁渤海陈氏宗谱》“爵秩”载，明代海宁渤海陈氏有爵秩者计有16人，而清代则多至数以百计[④]。

其三，从《海宁州志》“封赠”条可见一斑：

> 陈中渐，明赠吏科，以曾孙之遴贵赠光禄大夫、太子太保、礼部尚书。
>
> 陈与相，明参政，以孙之遴贵赠同上，以曾孙元龙贵赠文渊阁大学士兼礼部尚书。陈祖苞，明巡抚，以子之遴贵赠同上。[⑤]

这样高规格的封赠在海宁渤海陈氏家族史中前所未有，且后无来者。也正因此故，提及海宁渤海陈氏者多看重其在清代的名望。

陈之遴在明代以殿试一甲第二名的成绩为海宁渤海陈氏的名望增添了一道耀眼的光环，料想之遴高中榜眼在浙东产生的影响，不会亚于当年其伯陈元晖、其父陈祖苞兄弟二人同榜中进士。陈之遴降清后将家族地位提升至顶峰，为“一门三阁老”局面的出现奠定了基础，对渤海陈氏望族地位的巩固与阐扬具有承上启下的关键作用。

---

① 陈其元：《庸闲斋笔记》卷一，《丛书集成三编》第6册，第505页。

② 战鲁村：《海宁州志》，《中国方志丛书》华中地方第591号，第1205页。

③ 同上书，第1205、1208页。

④ 陈赓笙：《海宁渤海陈氏宗谱》，《清代民国名人家谱选刊续编》第75册，第121—149页。

⑤ 战鲁村：《海宁州志》，《中国方志丛书》华中地方第591号，第1385页。

## 四 清人眼中渤海陈氏望族地位确立的原因

据上文图1，海宁渤海陈氏自第五世陈绪于明代正德间以河南固始县训导初登仕路起，至六世而出知县两名，至七世而出亲兄弟进士两名，至八世而出亲兄弟同榜进士两名，至九世而出榜眼一名，入清后更是一发不可收拾，自顺治至乾隆竟连出三人入阁为大学士。海宁渤海陈氏由仕路勃然兴起而不衰，这种令人眼热的现象不能不引起清人的瞩目和思考，连当事其中的渤海陈氏历代自家子弟也对此有过解释。

陈氏子弟往往将家族仕路的成功归因于风水。陈敳永，之遴侄，顺治十二年（1655）乙未科殿试三甲，选庶吉士，康熙时官至工部尚书①，其《邑侯许公重建镇海塔碑记》载：

> 吾邑居渐（按：渐，当为浙）江之表……自昔形家言，惟建塔镇锁，则狂澜可障，地脉可固。不宁惟是也，文教所由蔚兴，民生所由殷阜。故明万历中邑侯郭公……遂于壬子（万历四十年，1612）岁肇建是塔于海堧……次年，工未讫，先伯祖昆吾公即获简庶常。嗣此而蓝榜群登，杏园偕宴者未易更仆数。……洎癸酉（崇祯六年，1633）祝融肆灾，塔上下栏楯俱毁，秋闱遂无一得售者。至丙子（崇祯九年，1636），家君请于邑侯谢公，复捐赀拮据（按：拮据谓劳苦操持），躬率匠石以修葺之。其明年丁丑（崇祯十年，1637），先伯中堂素庵公幸抡鼎甲，家君亦于丙子（崇祯九年，1636）秋闱获售焉。②

要读懂此段碑记，需据《海宁渤海陈氏宗谱》理清其中的世系情况③：

关于镇海塔的修建情况，陈敳永交代得很清楚，至其作碑记之时，该

---

① 陈赓笙：《海宁渤海陈氏宗谱》，《清代民国名人家谱选刊续编》第72册，第139页。

② 许三礼：《海宁县志》卷十三艺文志下，《中国方志丛书》华中地方第561号，第1257页。

③ 陈赓笙：《海宁渤海陈氏宗谱》，《清代民国名人家谱选刊续编》第72册，第54、55、87、88、139页。

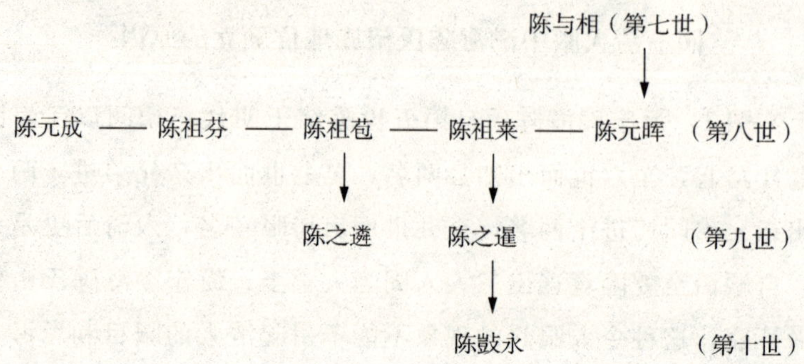


塔为第二次动工。镇海塔初建于壬子（万历四十年，1612）岁，董其事者为邑侯郭公。此番所得“善果”为“工未讫，先伯祖昆吾公即获简庶常”，即陈玄晖万历四十一年（1613）由二甲进士遴选为翰林院庶吉士①。第二次动工于丙子（崇祯九年，1636）岁，此为初次修葺，董其事者为陈敳永之“家君”陈之暹，其“请于邑侯谢公，复捐赀拮据，躬率匠石以修葺之”②。此番所得“善果”为“明年丁丑（崇祯十年，1637），先伯中堂素庵公幸抡鼎甲，家君亦于丙子（崇祯九年，1636）秋闱获售”，即陈之遴春闱殿试登进士榜眼，陈之暹于应天中式举人③。

百余年后的海宁渤海陈氏后裔陈其元亦言及风水问题，但将原因归结于祖坟的选地。据《庸闲斋笔记》：

> 世业腐，业腐者起必以戊夜。一日者，（二世祖月轩公）于门隙见双灯野外来，潜出窥之，则一儒冠者，一道士也。道士指公室旁一地曰：此穴最吉，葬之，子孙位极人臣，有一石八斗芝麻官数。……居久之，公乃奉东园公骨甕葬其中，二世之后遂有登科者。④

① 战鲁村：《海宁州志》，《中国方志丛书》华中地方第591号，第1197页。

② 按：据《海宁州志》，时任知县为彭庆图，谢绍芳任职时间为崇祯元年至三年，盖陈敳永因年久失记致误。参见战鲁村《海宁州志》，《中国方志丛书》华中地方第591号，第1057页。

③ 战鲁村：《海宁州志》，乾隆四十年修道光二十八年重刊本，《中国方志丛书》华中地方第591号，（台北）成文出版社有限公司1983年版，第1249页。

④ 陈其元：《庸闲斋笔记》卷一，《丛书集成三编》第6册，第502页。

陈氏家族以外的人则将其兴起归因于祖辈的乐善好施，行善积德。清末阎湘蕙《明鼎甲征信录》一书专讲修德行善与科名获报的关系，其在“陈之遴”条目中据《杭州府志》、《望溪集》、《花间笑语》对陈之遴之前海宁渤海陈氏先人善行颇有记载，在条目后的按语中又备录数则材料说明陈氏累世行善，之后得出结论“愈信陈氏类业科第之由来也”[①]。

## 第二节　明代海宁渤海陈氏家族全盛时期的陈之遴

### 一　陈之遴在明代的科考情况

《海宁渤海陈氏宗谱》凡七修[②]，今所见本为十五世孙陈赓笙主持修纂的第七次重修本，成书于民国戊午年（1918）。据今本《海宁渤海陈氏宗谱》各序，可初步推知其中五次的编修时间依次为崇祯六年（1633）、乾隆八年（1743）、嘉庆十年（1805）、道光己亥（1839）、光绪十七年（1891）。据此，《海宁渤海陈氏宗谱》中所存陈之遴大传当作于乾隆初年，距陈之遴去世不到70年，因而对陈之遴生平主要事件的叙述可采信度较大。该大传称陈之遴“才性英敏，湛于经术，早负公辅之望。天启甲子（1624）举于乡，年才弱冠耳。”[③] 公辅指相位，“早负公辅之望”显然有事后诸葛之嫌，但考之史料，除此句外，此处所载并非虚言。《海宁州志》称陈之遴“天启四年（1624）甲子科举人，嘉兴府籍”[④]，《海宁渤海陈氏宗谱》世传又载陈之遴在该科乡试中举者中排第三十一名[⑤]。可见，《海宁渤海陈氏宗谱》称陈之遴“天启甲子（1624）举于乡，年才弱冠”在时间上没有问题。陈之遴生于万历三十三年（1605），中举之时年方二十。

---

① 阎湘蕙：《明鼎甲征信录》卷四，《明代传记丛刊》第20册，第729—731页。

② 参见本书附录一。

③ 陈赓笙：《海宁渤海陈氏宗谱》，《清代民国名人家谱选刊续编》第75册，第459页。

④ 战鲁村：《海宁州志》，选举卷，《中国方志丛书》华中地方第591号，第1247页。

⑤ 陈赓笙：《海宁渤海陈氏宗谱》，《清代民国名人家谱选刊续编》第72册，第88页。

陈之遴中举虽早，其进士之路却并非一帆风顺。中举之后，陈之遴屡次参加进士考试皆失利。因陈之遴《浮云集》中有《戊辰（1628）下第作》、《辛未（1631）下第作》、《甲戌（1634）下第作》三诗，故论者多以此为据认为陈之遴一生曾四次参加进士科考，连续失利三次，第四次参加崇祯十年（1637）丁丑科考试时方中。但据《海宁渤海陈氏宗谱》大传所记，陈之遴“天启甲子（1624）举于乡”后，“五上公车，至崇祯丁丑（1637）捷，南宫廷试第二人”[①]，是则陈之遴共参加过五次进士科考。且看陈之遴自甲子（1624）举于乡至丁丑（1637）中榜眼的时间表：

甲子—乙丑—丙寅—丁卯—戊辰—己巳—庚午—辛未—壬申—癸酉—甲戌—乙亥—丙子—丁丑

之遴甲子（1624）秋闱中举人后，若无他故，必于来年乙丑（1625）参加春闱进士考试，则《海宁渤海陈氏宗谱》大传所记“五次”当为可信之辞。陈之遴先后参加了天启五年（1625）乙丑科、崇祯元年（1628）戊辰科、崇祯四年（1631）辛未科、崇祯七年（1634）甲戌科、崇祯十年（1637）乙丑科的进士考试。以陈之遴之少年英慧，中举后历时 12 年先后 5 次参加春闱方中进士，其读书出仕之路所付出的艰辛与忍耐亦由此可见。

在经历了上述 12 年苦其心志的折磨之后，陈之遴终在崇祯十年（1637）丁丑科进士及第，且高中一甲第二名，荣登榜眼。《海宁州志》载其为“崇祯十年（1637）丁丑科进士，海盐籍，榜眼及第”[②]。《明清进士题名碑录索引》载其为“浙江海盐，民籍，明崇祯 10/1/2”[③]。《海宁渤海陈氏宗谱》世传称其“崇祯丁丑（1637）会试第二十一名，殿试第一甲第二名及第，授翰林院编修”[④]。

---

① 陈赓笙：《海宁渤海陈氏宗谱》，《清代民国名人家谱选刊续编》第 75 册，第 459 页。
② 战鲁村：《海宁州志》，选举卷，《中国方志丛书》华中地方第 591 号，第 1199 页。
③ 朱保炯：《明清进士题名碑录索引》第 3 册，第 2117 页。
④ 陈赓笙：《海宁渤海陈氏宗谱》，《清代民国名人家谱选刊续编》第 72 册，第 88 页。

时人谈迁在《国榷》中对陈之遴中榜眼有这样的记载：

崇祯十年二月甲寅，策贡士吴贞启等三百人于建极殿，赐刘同升、陈之遴、赵士春等进士及第出身有差。初，温体仁首拟之遴，上乙之。[①]

此说又见其《枣林杂俎》“科牍·丁丑鼎甲”条：

崇祯丁丑廷试，阁拟海宁陈之遴、无锡高世泰、广昌刘大年前列，常熟赵士春、吉水刘同升则二甲。及读之遴卷，上不出一语，读大年卷色忤。读同升卷云：“陛下何负于诸臣哉？诸臣负陛下耳。”上善之，拔第一，次之遴、士春，二甲首世泰。[②]

虽因缺少佐证，“温体仁首拟之遴，上乙之”一说不敢轻易采信，但谈迁编《国榷》时对史料态度的严肃与审慎为清史研究者所共睹，因而此条记载的可靠性也不小。

丁丑科进士放榜之日，陈之遴的心绪并未留在其《浮云集》所收诗词中，但从其妻徐灿当日所作《满庭芳》一词的小序看，当时陈之遴一家可谓上承祖光，双喜临门。其小序云：

丁丑春贺素庵及第，时中丞翁抚蓟奏捷。先太翁举万历进士，亦丁丑也。[③]

考谈迁《海昌外志》：

陈与相，之遴祖，万历丁丑（万历五年，1577）进士。[④]

---

① 谈迁：《国榷》卷九十六，中华书局1958年版，第5776页。

② 谈迁：《枣林杂俎》圣集，《笔记小说大观》第32册，第66页。

③ 徐灿：《拙政园诗余》卷下，《拜经楼丛书》第21册。

④ 谈迁：《海昌外志》，《中国方志丛书》华中地方第507号，第575页。

乾隆《海宁州志》：

陈祖苞，之遴父，万历癸丑（万历四十一年，1613）与兄元晖同第进士。[①]

是则陈之遴父祖三代皆为进士，生于此种门第，父祖的光辉对之遴来讲既是压力又是动力，除了家人、外人，甫弱冠便中举的之遴也难免会时时将自己与父祖相较。

据《海宁渤海陈氏宗谱》“爵秩”：

陈与相，万历癸酉（万历元年，1573）举人，陈祖苞，万历己酉（万历三十七年，1609）举人。[②]

又据《海宁渤海陈氏宗谱》世传，陈与相生于嘉靖乙巳（嘉靖二十四年，1545）[③]，陈祖苞生于万历丙戌（万历十四年，1586）[④]，则陈之遴祖父中举人时29岁，中进士时33岁；其父中举人时24岁，中进士时28岁。

陈之遴中举人时20岁，中进士时33岁。有父祖为先例，陈之遴以20岁之早龄中举之时其家族和本人对自己的期望可想而知，但从中举和中进士的间隔年龄推断，其父祖均在中举后二考即成进士，之遴则五考方中，其在中举后12年间的进士之路上由此所生发的焦迫感亦可想而知。推想崇祯丁丑科进士放榜之日，陈之遴定会为此长舒一口气，而殿试又登榜眼，陈之遴在踌躇满志的同时亦会有超越父祖、扬眉吐气之感。

在放榜后的数天内，陈之遴与众进士一起随状元马不停蹄地参加了一系列例行程序性的活动，如放榜的次日至礼部参加皇帝给新科进士的赐宴，并到鸿胪寺学习仪礼；第三天接受皇帝所赐“宝钞”；第四天上表谢

① 战鲁村：《海宁州志》，《中国方志丛书》华中地方第591号，第1452页。

② 陈赓笙：《海宁渤海陈氏宗谱》，《清代民国名人家谱选刊续编》第75册，第189页。

③ 同上书，第72册，第55页。

④ 同上书，第8页。

恩；第六天到孔子庙行释菜礼。此后，作为一甲第二名进士，陈之遴将照例直接到翰林院任编修。①

## 二　陈之遴修镇海塔事考辨

乾隆时浙江仁和人翟均廉撰《海塘录》载：

> 镇海塔……旧名占鳌……崇正（按：正字避胤祯讳）时，邑绅陈之遴、之暹重修，后复圮。康熙十五年八月县令许三礼又修，易名曰镇海，都御使陈敳永撰记。②

显然，翟均廉以为崇祯时重修镇海塔是由陈之遴、陈之暹兄弟共同董其事，而从姓名排序来看，有以陈之遴为首功的倾向。

考陈敳永《邑侯许公重建镇海塔碑记》：

> 明万历中邑侯郭公……遂于壬子（万历四十年，1612）岁肇建是塔于海堧……逮戊辰（崇祯元年，1628）秋，飓风大起，毁塔相轮……洎癸酉（崇祯六年，1633）祝融肆灾，塔上下栏楯俱毁……至丙子（崇祯九年，1636），家君请于邑侯谢公，复捐赀拮据（拮据，谓劳苦操持），躬率匠石以修葺之。”③

关于镇海塔的修建情况，陈敳永交代得很清楚。至其作《碑记》时，该塔先后历经两次动工。第一次为壬子（万历四十年，1612）岁初建，董其事者为邑侯郭公。第二次为丙子（崇祯九年，1636）岁修葺，董其事者为陈敳永之“家君”陈之暹，其“请于邑侯谢公，复捐赀拮据（按：“拮据”谓劳苦操持），躬率匠石以修葺之”。据此可知，镇海塔初建之

---

① 按：新科进士放榜后的活动安排参见万方《明代新科进士殿试前后的活动日程》，《文献》1984年第4期。

② 翟均廉：《海塘录》卷八，《文渊阁四库全书》第583册，第488页。

③ 许三礼：《海宁县志》卷十三艺文志下，《中国方志丛书》华中地方第561号，第1257页。

时，陈之遴为8岁孩童。修葺之时为崇祯九年（1636），当时陈之遴不在海宁。自崇祯八年（1635）冬十一月至崇祯九年（1636）四月末，陈之遴因故淹留京师，后赴辽东探视父亲陈祖苞（详见下文“陈之遴辽东省父考辨”），来年还要返京参加丁丑科春闱，料想陈之遴省父后当不会再返海宁，应从辽东直接返京赴考。因此，陈之遴不具备直接参与料理修塔之事的时间。

陈敳永之父陈之暹为陈祖苞次子，“甫四龄奉父命出继”给陈祖莱，则陈之遴为陈敳永的亲伯父。陈祖莱和夫人郭氏去世后，陈之暹“事本生母吴太夫人诚孝”，“庚子（顺治十七年，1660）坐兄素庵公事远谪盛京，公奉太夫人俱行……次年……奉母南归，以寿终于家”[①]。由此可知，陈祖莱夫妇离世后，幼时出继的陈之暹又重归陈祖苞家中。陈之遴妻徐灿《拙政园诗集》中有《送学山侄南还》一诗，“学山”为陈敳永号[②]，当作于顺治十八年（1661）遇营工恩例陈之遴的三个弟弟奉母亲还海宁时（参见本书第四章第五节“陈之遴在流放地放归期望的心绪变化情况”）。可见，陈敳永与伯父陈之遴一家的关系当较为亲密，若陈之遴于修塔一事有功，陈敳永不至淹没其事，故陈敳永在《重修镇海塔碑记中》未提陈之遴参与主持修葺镇海塔一事当可采信。

又《海宁州志》载，陈之暹“具经济略，如筑海塘，建塔，恤灶困，立盐场鱼鳞册。又议（土亭）课官解，停升基地落甲分催，当事悉采而行之”[③]，《海宁州志》此段文字亦见于《海宁渤海陈氏宗谱》之陈之暹大传[④]。《海宁州志》修毕于乾隆四十年，《海宁渤海陈氏宗谱》之陈之暹大传作于乾隆八年前后三修之时，但大传未提建塔一事。若非事出有据，后出之《海宁州志》不会在陈之暹生平中无端添加“建塔”二字。

有二则材料可证镇海塔曾由陈之暹主持修葺，而目前所见海宁方志及《海宁渤海陈氏宗谱》中却未有言及陈之遴修塔者。由此可知，镇海塔的

---

① 陈赓笙：《海宁渤海陈氏宗谱》，《清代民国名人家谱选刊续编》第75册，第459—460页。

② 同上书，第72册，第139页。

③ 战鲁村：《海宁州志》，《中国方志丛书》华中地方第591号，第1600页。

④ 陈赓笙：《海宁渤海陈氏宗谱》，《清代民国名人家谱选刊续编》第75册，第459页。

两次动工均与陈之遴实无干系，即便修葺时陈之遴有所参与，也至多不过捐资而已。因而，翟均廉撰《海塘录》所载陈之遴事有误。

## 三 陈之遴辽东省父考辨

论者有言陈之遴辽东省父者，但多属辗转因袭而未能明其详，兹据《罪记》、《辽左见闻录》、《黄漳浦集》等略加考述。

明末清初人记载陈之遴至辽东省视父亲陈祖苞的史料有两种：一为陈子壮之《罪记》，此为论者所未见者；一为王一元之《辽左见闻录》，此为论者所辗转因袭者。

陈之遴天启四年（1624）举于乡，而陈子壮此年“典浙江乡试”[①]，则陈子壮为其座师。关于陈子壮因故被革职下刑部问拟时的状况，其《罪记》所记涉陈之遴者有两条：

> 仪司郎中吴君之屏、祠司主事李君焻、门生举人陈之遴、内兄尖声黄遂来视，以家口嘱累之，皆挥涕慷慨，感动路人，提携儿童送入圜门。[②]
>
> 陈生之遴者，为省父祖苞备兵宁远，值予有事，遂淹京师，先后奔走甚力，门生多推其义[③]。

先看陈子壮此番刑狱的持续时间。《罪记》中有“乙丑（天启五年，1625）遭珰祸，距今乙亥（崇祯八年，1635）端一纪（按：‘纪’或为约数，或当为秩），夺官俱在冬月”[④]，则陈子壮此番夺官下狱是在乙亥（崇祯八年，1635）冬十一月。又有“凡五阅月，出狱时丙子年（崇祯九年，1636）四月二十二日也”[⑤]，则自崇祯八年（1635）冬十一月至崇祯九年（1636）四

---

① 张廷玉：《明史》卷二百七十八，第23册，第7130页。

② 黄宗羲：《明文海》卷三百五十一，《文渊阁四库全书》第1457册，第93页。

③ 同上书，第95页。

④ 同上。

⑤ 同上。

月二十二日，陈子壮一直在刑部狱中。

再看陈之遴因陈子壮刑狱在京师的滞留时间。陈之遴被牵连进陈子壮此番刑狱中的原因，陈子壮交代得很清楚，“陈生之遴者，为省父祖苞备兵宁远，值予有事，遂淹京师”。陈子壮被从家中带走时，陈之遴等人即前往探视，陈子壮“以家口嘱累之”。由此可知，崇祯八年（1635）冬十一月陈子壮下狱时，陈之遴已由海宁至京师。陈子壮称陈之遴“先后奔走甚力”，由“先后”二字可知陈之遴是在陈子壮出狱时方离开京师。

至此可知，陈子壮此番刑狱的持续时间与陈之遴在京师的滞留时间基本重叠。崇祯八年（1635）冬十一月陈之遴至京，因乡试座师陈子壮身遭变故而滞留至崇祯九年（1636）四月二十二日后，方启程赴辽东探视父亲陈祖苞。

最后看陈之遴在辽东的停留时间。假定陈之遴于崇祯九年（1636）四月二十二日后数日内出发，其在五月便应到达宁远。因其要返京参加来年三月的礼部春闱，则其在宁远的停留时间不会超过崇祯十年（1637）二月。

《辽左见闻录》载：

> 大学士陈之遴，海宁人，崇祯时官编修，以父任辽抚，乞假省亲。至山海关，诸将皆戎服郊迎，参将以下扶舆而行，极为荣显。顺治间为大学士，偶失上意，以原官闲住奉天。遇公事，位在诸卿之上，犹然大学士也。寻被召还，仍办事内阁。后以大珰胡良辅事株连，先帝命图其形置左右，而论戍奉天，则竟与军伍杂处矣。之遴生平凡三出关，而荣辱顿异，阅数年病殁，妻子放还。①

按王一元所记“陈之遴……崇祯时官编修，以父任辽抚，乞假省亲”，则陈之遴至辽东省父是在其以榜眼身份任翰林院编修之后的事情。陈之遴任编修是崇祯十年（1637）三月殿试之后，显然，这一时间与上文我们据

① 王一元：《辽左见闻录》，第 12 页。

《罪记》所推断的省父时间相矛盾。若王一元所记为实，除非有两种可能的情形存在：

一是崇祯九年（1636）陈之遴在京师为陈子壮下狱一事奔波完毕后取消了赴辽东省父的计划，故陈子壮虽提及“陈生之遴者，为省父祖苞备兵宁远，值予有事，遂淹京师”，但陈之遴实则未有辽东之行。然陈子壮于崇祯九年（1636）四月二十二日出狱，此时距陈之遴参加礼部春闱尚有十个月左右，其还有充裕的时间去辽东，无取消计划的必要。

二是陈之遴在崇祯九年（1636）省父之后，又于崇祯十年（1637）殿试以后再次远赴辽东。但以陈祖苞当时在辽东的影响，这不会不在明末清初的辽东留下传闻。时人王一元明言“之遴生平凡三出关”：一为“以父任辽抚，乞假省亲”；二为“顺治间……偶失上意，以原官闲住奉天”；三为“后大珰胡良辅事株连……而论戍奉天”，则这一推测成立的可能性也不大。

因此，上述两种可能的情形基本可以排除，剩下的问题是如何处理陈之遴辽东省父时间在两种史料中的矛盾。

《罪记》一文，为陈子壮亲笔所记其亲身所历，记述了其因“宗才改制”事获罪于崇祯之始末，《明史》对此事的记载文字凝练，现借引如下：

> 帝以海内多故，思广罗贤才，下诏援《祖训》，郡王子孙文武堪任用者，得考验授职。子壮虑为民患，力陈五不可。会唐王上疏，历引前代故事，诋子壮，遂除子壮名，下之狱，坐赎徒归。[①]

《辽左见闻录》既为“见闻”之作，则其中所记有王一元经眼者，也有其道听途说者。据《辽左见闻录》自序：

> 三十年前之往事，凝望如烟；五千里外之征途，迢遥似梦。伤哉羁宦一官，竟累全家……检残书于邺架……得废帙于巾箱……则昔年

① 张廷玉等：《明史》卷二百七十八，第23册，第7130页。

所著《辽左见闻录》也……乘消暑之余获竣校雠之役。

据《奉天通志》载，王一元是铁岭县人，康熙二十六年（1687）丁卯科举人[①]，康熙四十二年（1703）癸未科三甲第七名进士，中进士后任甘肃灵台知县[②]。王一元此序落款作于康熙六十一年（1722），署名“崆峒羁宦”，则此时其仍在甘肃灵台知县任上。从序文首句看，《辽左见闻录》约作于三十年前的康熙三十一年（1692）。假定康熙六十一年（1722）时王一元已 60 岁左右，则其当生于康熙元年（1662）前后，而陈之遴于康熙五年（1666）卒于沈阳戍所，是年王一元方 9 岁上下，则其《辽左见闻录》中关于陈之遴的记载必为道听途说之词。《辽左见闻录》“道听途说”的特征在文中也显而易见：

其一，参将在明代位处副将之下，一般为正三品武官。即使陈之遴以翰林院编修身份赴辽东省父，其也不过七品而已。再看陈祖苞的为人和性格，据《海宁渤海陈氏宗谱》：

性机警练达，……一意奉法，不避权贵。……乙丑，升职方主事，实司山海关锁钥，会难民聂廷金等七人被获，东厂魏忠贤欲杀之冒功，祖苞省释之，珰怒，勒去官。崇正改元，起车驾主事，历武库职方。廷议以为晓畅军机，因升宪副备兵宁前兼督学政，文武事悉严办，迁参政。丁丑巡抚顺天，再迁右副都御史，乃训士卒峙糗粮，相形便，严保障，边兵称精锐者，首蓟镇焉。[③]

因此，以陈之遴当时的身份与参将的差异，以陈祖苞的处事风格，很难想象会发生陈之遴“至山海关，诸将皆戎服郊迎，参将以下扶舆而行”的场景。

其二，陈之遴在顺治十三年（1656）三月以大学士身份原官发盛京居

① 王树枏、吴廷燮、金毓黼：《奉天通志》卷一五五，第 33 页。
② 同上书，卷一五四，第 35 页。
③ 陈赓笙：《海宁渤海陈氏宗谱》，《清代民国名人家谱选刊续编》第 75 册，第 443—445 页。

住，是顺治帝处理朋党的一项措施，而王一元只是笼统地记为：“顺治间为大学士，偶失上意，以原官闲住奉天。”

其三，陈之遴一生并非“凡三出关”，而是四次出关。陈之遴崇祯九年（1636）之前就曾有赴辽东省父之行，其《浮云集》卷四《堕马行》诗：

我昔少年二十许，绣袍紫马榆关驰。右手臂刀挟三矢，左援乌号缠青丝。

金鞭小指裊飞电，蚁封曲折矜容姿。悬崖半堕更腾上，一发犹贯双文狸。

自从貂珰逐强项，十万兜牟气摧丧。折弓去马三太息，博带裒衣竖儒状。

陈之遴生于万历三十三年（1605），其“二十许”至多可指天启四年（1624）至崇祯六年（1633）这段时间。据《海宁渤海陈氏宗谱》陈祖苞大传[①]和陈元晖大传[②]，陈祖苞在辽东的任职时间如下：一是天启五年（1625）以兵部职方管山海关事务，但不久因得罪魏忠贤被矫旨镌官。二是崇祯元年（1628）复职后以都察院右副都御史备兵宁前，但不久便接连应父丧、母丧归乡守制长达六年。三是崇祯八年（1635）备兵宁远直至崇祯十二年（1639）在顺天巡抚任上含冤下狱，此时已在陈之遴 31 岁之后。可见符合陈之遴“二十许”的陈祖苞辽东任职时间只有天启五年（1625）和崇祯元年（1628），这两年分别适逢陈之遴 21 岁初次春闱落第和 24 岁再次春闱落第，故其具备赴辽东的时间条件和地理便利，则《堕马行》所忆辽东之行或在 21 岁时，或在 24 岁时。此为陈之遴首次出关，崇祯九年（1636）曾二次出关，加上仕清后的两次流徙盛京，则陈之遴一生共四次出关。

无疑，虽《罪记》与《辽左见闻录》都记载了关于陈之遴辽东省父的

① 陈赓笙：《海宁渤海陈氏宗谱》，《清代民国名人家谱选刊续编》第 75 册，第 443—445 页。

② 同上书，第 434 页。

的时间，但两者相较显然前者的可采信度更高。陈之遴赴辽东省父时间和行程大致如下：崇祯八年（1635）十月或十一月自海宁出发至京师，在京师滞留至崇祯九年（1636）四月二十二日后启程至辽东，其在辽东停留至崇祯十年（1637）二月左右又返京师备考礼部春闱。陈之遴辽东省父时尚未参加进士考试，更遑论“官编修”。而其至辽东后，也不会出现“至山海关，诸将皆戎服郊迎，参将以下扶舆而行”的“极为荣显”场面。这应是由于王一元或当时的辽东人为加强陈之遴人生跌宕的前后对比而出现的夸张、渲染之辞。

而黄道周的《陈彦升舟次追旧示其弟次升》则透露了陈之遴此番辽东省父所做的一些事情：

> 栖迟十数年，衣襦日以漏。蓬蓬万斛舟，蔽以小衿袖。彦升有高识，出关相厥簇。折箸告中丞，绸缪事巩后。竭力为守谟，焦唇道款谬。①

在边事频频告急的情势下，朝中、军中日生款议之说，年轻的陈之遴力主坚守并出谋划策，为之“折箸”、“焦唇”，显现了其少年意气和爱国情怀。

## 第三节　陈祖苞“饮鸩”案始末与陈之遴“鸩父”考

自明末至清，无论官史、私史或家史对陈祖苞案的说法历有不同。此案是明末海宁渤海陈氏骤然衰落的标志，亦关乎对陈祖苞的历史评价问题，也与陈之遴的明代仕路和后来的降清有直接关联，今考之如下。明末清初记载陈祖苞“饮鸩”案的史料多达十余种，乾隆之后直至道咸时期的数种官、私史书对之仍有专门提及。据这些史料至少可推考两个问题：一、陈祖苞下狱始末；二、陈之遴“鸩父”真相。

---

① 黄道周：《黄漳浦文集》卷三十七，第662页。

## 一 陈祖苞“饮鸩”案始末

### （一）对陈祖苞下狱原因的考述

对于陈祖苞下狱的原因，众多明清官、私史书几乎众口一词。《崇祯实录》：

> 崇祯十二年……八月……庚寅，诛文武失事诸臣三十二人：巡抚张其平、陈祖苞，总兵倪宠，内监邓希诏等。[①]

《崇祯遗录》：

> 十二年……四月解严，进论失事文武之罪，……张其平……颜继祖……等十余人弃市，顺天巡抚陈祖苞前一日死于狱。[②]

《偏安排日事迹》：

> 祖苞，先帝时以失机拟辟，寻毙狱；故不与东抚颜继祖等同戮。[③]

《识小录》：

> 父为蓟抚，以失机逮。[④]

《圣安本纪》：

> 崇祯十一年冬，清直入畿内。祖苞时为顺天巡抚，与东抚颜继

---

① 《崇祯实录》卷十二，《明实录》附录之二，第367页。

② 王世德，《崇祯遗录》，《中国野史集成》第28册，第335页。

③ 佚名：《偏安排日事迹》卷十一，《台湾文献史料丛刊》第5辑，第99册，第141页。

④ 徐树丕：《识小录》卷二，《笔记小说大观》第40编，第3册，第315页。

祖、保抚张其平以失事被逮。①

上举史料皆把陈祖苞下狱的罪名记为“失事”、“失机”，但未免失于详慎，因过于简单而易使我们据以认为陈祖苞罪有应得，其下狱合于理法，故“失事”、“失机”所指为何尚需详考。

据《国榷》：

（崇祯十一年）十月……辛卯……严京师守备，征辽东前锋总兵祖大寿入援，留辽抚方一藻、关抚朱国栋、蓟抚陈祖苞分守②。……十一月……戊寅，巡抚顺天右副都御史陈祖苞免。③

（十二年）三月……戊辰，逮前巡抚顺天右副都御史陈祖苞④。

又据《烈皇小识》：

（崇祯）十二年己卯正月，清兵陷济州，德王遇害。……清兵退，继祖与顺天巡抚陈祖苞、保定巡抚张其平、总兵祖宽、太监邓希诏，俱逮下狱。⑤

从上述二则史料所记陈祖苞免职、被逮的时间看，陈祖苞之“失事”、“失机”大致发生在崇祯十一年（1638）十月至十二年（1639）正月前后清兵入关骚掠之时。按这一时间检索《崇祯实录》：

---

① 顾炎武：《圣安本纪》卷三，《台湾文献史料丛刊》第3辑，第53册，第117页。按：据谢国桢言，《圣安本纪》“共有二本：一为二卷本，题《圣安纪事》……一为荆驼逸史六卷本，题《圣安本纪》，乃文秉《甲乙事案》，后人误为一书”。参见其《增订晚明史籍考》第479页，上海古籍出版社1981年版。

② 谈迁：《国榷》卷九十六，第6册，中华书局1958年版，第5819页。

③ 同上书，第5824页。

④ 谈迁：《国榷》卷九十七，第6册，中华书局1958年版，第5835页。

⑤ 文秉：《烈皇小识》卷六，第167页。

（崇祯十一年）九月，清兵约西人大举，分入西协墙子岭、中协青山口。……冬十月庚寅朔，戒严京师守备。征辽东前锋总兵祖大寿入援，留巡抚方一藻、朱国栋、陈祖苞分守。[①]

十一月辛酉，京师闭门自守。癸亥，清兵（按：疑有夺文）良乡、高阳、涿州向河间。自入塞，分四道：一趋沧瀛，一趋山东济南，一趋临清，一趋彰德、卫辉。[②]

通过《实录》所记，我们可大致了解这一事件的轮廓，而陈祖苞之“失事”、“失机”当与这宗始于崇祯十一年（1638）九月的清兵大规模入塞骚掠有关。《明史》对此则有详载：

（崇祯）十一年……九月……辛巳，大清兵入墙子岭。[③]

我大清兵入墙子岭、青口山（按：倒文，当为青山口），蓟辽保定总督吴阿衡方醉，不能军，败死。京城戒严……十二年正月，济南告陷，德王被执，游骑北抵兖州。二月，大清兵北旋，……先是，京师被兵，枢臣皆坐罪……及是，亡七十余城，而帝眷嗣昌不衰。……帝命嗣昌议文武诸臣失事罪……于是中官则蓟镇总监邓希诏、分监孙茂霖，巡抚则顺天陈祖苞……凡三十六人，同日弃市。[④]

清兵此番骚掠，致使明朝因边关失守而出现“戒严京师守备”、“亡七十余城”的局面。崇祯之震怒可以想见，又偏信杨嗣昌，结果在“清兵北旋”后守关之监官、主官“凡三十六人，同日弃市”，其中顺天巡抚陈祖苞被以“失事罪”论处。此即所谓陈祖苞“失事”或“失机”。

（二）对陈祖苞下狱原因的辨析

上面我们考察了陈祖苞被以“失事罪”论处的原因，但问题是在这一

---

① 《崇祯实录》卷十一，《明实录》附录之二，第342—343页。

② 同上书，第347页。

③ 张廷玉：《明史》卷二十四，第2册，第326页。

④ 张廷玉：《明史》卷二百五十二，第21册，第6513—6514页。

事件中，陈祖苞是否果真因“守塞”失败而致使清兵“入塞”呢？或者说，在这起严重的军事事故中，陈祖苞该负何种责任？

有两则史料对陈祖苞“失事罪”的论处过程记载较详，有助于我们对陈祖苞一案获得更为全面的认识。

> 是月（按：崇祯十二年三月），兵科都给事中张缙彦言失事五案：初破正关……则总督吴阿衡、总兵吴国俊、总监邓希诏、道臣黄裳吉、援密总兵王承胤宜罪；又青山续入，则巡抚陈祖苞、总兵陈国威、分监孙茂霖、道臣李挺宜罪；又残破城邑，则总督卢象升，总监高起潜，总兵王朴、杨国柱、虎大威、侯拱极，赞画杨廷麟，巡抚张其平……宜罪；又失陷藩封援兵，则督察刘宇亮、总督孙传庭、总监高起潜……巡抚颜继祖、总兵倪宠……宜罪；又饱飏出口援兵，则督察刘宇亮，总督孙传庭、陈新甲等宜罪。……又及……大学士杨嗣昌。上是之。①
>
> （崇祯十二年）五月朔，大学士杨嗣昌奏失事五案：曰边备失机，曰陷城，曰通款，曰藩变，曰损将。上从之。边备失机邓希诏、杨芳……陷城陈祖苞、张其平……通款高唐知州尹亮、陈相望……藩变颜继祖、倪崇……损将李重镇、刘铨；纵敌出塞孙茂霖、陈国威……②

从以上两则史料可知，崇祯十一年二月清兵北还后，张缙彦和杨嗣昌曾先后论失城之罪。张缙彦和杨嗣昌所列“宜罪”之人多达数十，其中党与派系十分复杂，此处不一一详考，但有四点十分明确：一是张缙彦主张杨嗣昌也当被追究；二是张缙彦和杨嗣昌各拟“首罪”之人无一相同；三是二人所拟罪名有不同之处；四是崇祯对张缙彦意见的态度是“上是之”，而对杨嗣昌意见的态度是“上从之”。陈祖苞最终是按杨嗣昌所论被定罪，而其被杨嗣昌论罪是否藏有冤情或处置不当呢？

---

① 谈迁：《国榷》卷九十七，第6册，中华书局1958年版，第5836—5837页。

② 同上书，第5839页。

先看杨嗣昌在论罪过程中的可疑之处。在所拟罪状中，杨嗣昌所拟多出“通款”一条尤为引人注意：杨嗣昌所拟通款之人，相对于其他各款所拟之人，皆为名不见经传的小人物。此足令人生疑，而按杨廷麟所言，在这场军事事故中通款者恰为杨嗣昌本人：

> （崇祯十一年）十一月……丙寅，以翰林院编修杨廷麟为兵部赞画主事，赴总督卢象升行营。先是，廷麟上言：“陛下有大臣，无御侮之才。高起潜、方一藻曰‘当款’，杨嗣昌亦曰‘当款’；吴阿衡曰‘款必可恃’，嗣昌亦曰‘款必可恃’。表里煽谋，宣情泄弱，闻之咸有侮心。一旦东西合约，墙岭失守，款之误国遂至此极也！”①

且在这一事件中，杨嗣昌本应被追罪，“而帝眷嗣昌不衰……凡三十六人，同日弃市。而嗣昌贬削不及，物议益哗。”② 此两点可疑之处，即足见此番杨嗣昌论处之人定有脱罪漏罪者，也定有可翻案者。陈祖苞是否该被论“城陷”，或即使有罪是否罪足致死以致“弃市”呢？且看以下数则史料。《海宁渤海陈氏宗谱·陈祖苞大传》：

> 丁丑（崇祯十年），（陈祖苞）再晋副宪巡抚顺天。……及蓟城被围，檄书至，即躬擐甲胄，率降丁十骑驰赴。夜半溃围入，乘城固守，蓟赖以全。丙冬，大兵临宁城，见守备甚设，罢围而去。既而兵临墙子口，乃制阃吴（按：时蓟辽总督为吴阿衡）所镇。公闻，即发兵驰救，不及，公所镇仍无恙。本兵（按：时兵部尚书为杨嗣昌）与公有旧嫌，至是，纠公失援，遂被逮，愤恚病卒。③

《海宁州志》：

---

① 《崇祯实录》卷十一，《明实录》附录之二，第348页。
② 张廷玉：《明史》卷二百五十二，第21册，第6514页。
③ 陈赓笙：《海宁渤海陈氏宗谱》，《清代民国名人家谱选刊续编》第75册，第444页。

丁丑巡抚顺天，再迁右副都御史，乃训士卒峙糗粮，相形便，严保障，边兵称精锐者，首蓟镇焉。既而兵临墙子口，督臣吴阿衡所镇也。祖苞发兵救之而城已失守，本兵杨嗣昌纠罢之。己卯七月卒，年五十有四。①

《杭州府志》：

崇祯十年巡抚顺天，以失援墙子口被纠，逮狱卒。②

据此三则史料，则陈祖苞之罪并非“城陷”，而是“失援”。此三则史料因系海宁方志和陈氏家谱，且后二者当袭自前者③，故难免皆有为先人和乡贤粉饰之嫌，但考之其他佐证，至少有两点记载并未失实。

其一，“既而兵临墙子口，乃制阃吴所镇。公闻，即发兵驰救，不及，公所镇仍无恙”。对这一点，明末清初人有这样的说法：

顾戊寅蓟门失机一案，吴阿衡身与镇监捧觞，置羽书于高阁；陈祖苞不急堵御隘口，致郡邑之连陷。④

此言“郡邑之连陷”的原因有二：一吴阿衡与镇监饮酒而置紧急军情于不顾，二是“陈祖苞不急堵御隘口”。照此所言，墙子口失事一案吴阿衡固然应负主要责任，但“不急”二字也让人疑惑陈祖苞在战事中有“扯皮”误事之举。详考史料，“群邑之连陷”的责任绝不能简单地归于陈祖苞“不急堵御隘口”。先看《崇祯实录》：

---

① 战鲁村：《海宁州志》卷十，《中国方志丛书》华中地方第591号，第1452页。

② 龚嘉儁、李楁：《杭州府志》卷一二四，《中国方志丛书》华中地方第119号，第2576页。

③ 按：今本《海宁渤海陈氏宗谱》为第七次重修本，据各序可初步推知其中五次的编修时间依次为崇祯六年（1633）、乾隆八年（1743）、嘉庆十年（1805）、道光己亥（1839）、光绪十七年（1891）。据此，《海宁渤海陈氏宗谱》中所存陈祖苞大传当作于乾隆初年版。

④ 顾炎武：《圣安本纪》卷四，《台湾文献史料丛刊》第3辑，第53册，第135页。

（崇祯十一年）九月……清兵约西人大举，分入西协墙子岭、中协青山口。墙子岭险峻，因蚁附而上，三日夜始入内地，人俱困乏；竟无人袭击之者。总兵吴国俊守墙子路，战败走密云；总督蓟、辽兵部右侍郎吴阿衡败没于密云。初，监视太监邓希诏诞日，阿衡及国俊等俱趋贺；闻警，仓猝而回，调御失措，故及于难。①

再看私史所描绘当时吴阿衡之丑态：

敌入墙子岭。是日总镇太监邓希诏诞辰，阿衡及诸帅各往贺，不及备。甫宴，万骑踰岭矣。阿衡起坐，率裨将出御，势莫可遏。走一村堡，被围数十重，越二日而陷。②

十月，清骑入犯蓟昌，总督吴阿衡与镇守太监郑希诏称寿，已报清人入口矣，犹坚留与郑公饮百杯，取百筹之庆。饮毕，醉不能师，遂死于乱军中，北兵尽入。③

阿衡为蓟辽总督，方与镇监邓希诏称寿，必欲满百杯，申百岁之祝。时当崇祯十一年冬，大清兵临密云城下，阿衡醉，不能师，遂遇害。④

由上述诸条史料可知，墙子岭由吴阿衡、吴国俊分守，张缙彦“初破正关”首罪吴阿衡亦可证明此点，而其“青山续入”首罪陈祖苞则表明青山口应归陈祖苞分守。当日清兵联合“西人”兵分墙子岭和青山口两路进攻，陈祖苞与吴阿衡各有分守之处，吴阿衡、吴国俊既如此，陈祖苞安能有分身之术以应对？即便陈祖苞驰援墙子岭，也必待青山口的威胁解除以后方可。那么在吴阿衡、吴国俊分守的墙子岭告急之时，陈祖苞到底有无“不急堵御隘口”呢？《崇祯实录》载：

---

① 《崇祯实录》卷十一，《明实录》附录之二，第342页。
② 谈迁：《枣林杂俎》和集《笔记小说大观》第32册，第191页。
③ 文秉：《烈皇小识》卷八，第162页。
④ 李天根：《爝火录》卷七，第345页。

（崇祯十一年）九月，清兵约西人大举，分入西协墙子岭、中协青山口……清兵入墙子路，待青山之众以越迁安、薄丰润。辽东副总兵丁志祥、窦浚等来援，夜战，清兵稍退，引而南下。[①]

从“清兵入墙子路，待青山之众以越迁安、薄丰润”看，攻墙子口之清兵破关较易，而攻青山口之清兵则受到阻滞，故前者在破关入口之后集结时需等待后者。是则墙子口已破，而陈祖苞尚在激战，又何来“不急堵御隘口”之说？

据上所引《崇祯实录》这段记载亦可考察陈祖苞究竟有无“城陷”或“青山续入”之实。乍读此段文字，丁志祥、窦浚等所援何处模棱两可，细析之，可知其所指并非墙子口，而是青山口。原因有二：一是清兵入西协墙子岭时，守关主将总兵吴国俊、总督吴阿衡或败走密云，或战殁，墙子岭既破，便不再存在“来援”、“清兵稍退，引而南下”一说；二是从“待青山之众以越迁安、薄丰润”看，此时清兵并未攻破青山口防御，防御既未被破，自然会有明军“来援”。从《崇祯实录》的这段记载看，由于丁志祥、窦浚等来援，清兵未能攻破青山口，而是“稍退，引而南下”。又《崇祯实录》：

清兵约西人大举，分入西协墙子岭、中协青山口。

而《明史》又载：

（崇祯十一年）九月……辛巳，大清兵入墙子岭。[②]

清兵既是“分入”，则其进攻西协墙子岭、中协青山口当为共时性行为，但《明史》在记载清兵此次入塞时仅记“大清兵入墙子岭”，若清兵当时

① 《崇祯实录》卷十一，《明实录》附录之二，第342页。
② 张廷玉：《明史》卷二十四，第2册，第326页。

亦曾破青山口，明末史料不会不载，而《明史》编修者亦不会不参核。至此，则“公所镇仍无恙”亦当属实。也正因陈祖苞所分守之青山口未破，浙东方志和海宁渤海陈氏宗谱遂有陈祖苞“驰救不及”之说，且皆提“失援”而未有提“失守”者。《偏安排日事迹》的记载未将墙子岭失事之罪算到陈祖苞头上，尚为客观：

阿衡因墙子岭失事，致北直、山东失陷七十余处而死。①

其二，“本兵（按：兵部尚书杨嗣昌）与公有旧嫌，至是，纠公失援，遂被逮”。杨嗣昌在陈祖苞被论以“弃市”罪的过程中发挥着关键作用，至若陈祖苞与杨嗣昌有何嫌隙，可据黄道周的一首诗略知一二。黄道周有一无题诗，前有小序：

陈令威（按：据《海宁渤海陈氏宗谱》当为孝威）中丞（按：陈祖苞身为右副都御史，故有此称。）守关外抚蓟门，绸缪甚至，以义州款议见左中枢（按：中枢在明清文献中多专指兵部），每念往事，为之慨然。予亦以争义州贡畔，率率书此，不尽兴怀。②

由此可知陈祖苞因反对“义州款议”一事而与“中枢”杨嗣昌结怨。此外，方志和家谱中所载陈祖苞之性格和人品并非虚言，如陈祖苞得罪于魏忠贤一例：

祖苞一意奉法，不避权贵，……升职方主事，实司山海关锁钥，会难民聂廷金等七人被获，东厂魏忠贤欲杀之冒功，祖苞省释之，珰怒，勒去官。③

遇事果断，不畏强御，……管山海关务，以脱难民七人于死致珰

① 佚名：《偏安排日事迹》卷七，《台湾文献史料丛刊》第5辑，第99册，第136页。

② 黄道周：《黄漳浦文集》卷三十七，第661页。

③ 战鲁村：《海宁州志》卷十，《中国方志丛书》华中地方第591号，第1452页。

怒，矫旨镌官，士民冤之，建祠尸祝。①

此事之始末在陈祖苞的一封奏疏中有详述：

> 原任兵部职方清吏司主事陈祖苞疏略云："（天启）四年冬，有被掳辽民三千余人，还乡关外，水将用船，先后接渡。内有流棍吴国秉，与同船聂廷瑾等七人借贷不遂，以奸细首告东厂。魏忠贤即图封拜，密留国秉在京，行文阁部，严审正法。时臣理刑山海，奉批承问，细鞫毫无风影。全辽官民泣保者二百余人，俱甘同罪，臣因拚（按：原文为扌十弃，异体字）一官一身，尽力开释七命。致忠贤大怒，驳行速处。臣止将七人，分发关内外七将名下充兵，仍前释罪。忠贤以此积恨不解。……此忠贤假冒封拜之始末也。"②

陈祖苞为救难民七人而开罪于魏忠贤一事在当时影响很大，不仅当地百姓建祠尸祝，且《明珠缘》、《魏阉全传》、《梼杌闲评》等多部清代传奇戏曲皆为此事专设章节。陈祖苞的为官清明与其政绩在《江南通志》、《畿辅通志》中也屡有记载，其中不乏当地百姓对其事迹与能力的神化③，此皆足见祖苞官迹所至士民对他的高度评价。因其不畏强权，故《海宁渤海陈氏宗谱》大传言其"以方忤物，不理于口，以殒其身"。④ 以此推想，以杨嗣昌当日之行，陈祖苞与其产生嫌隙也是情理中事。陈祖苞在边事重急之际又身为顺天巡抚，手握兵权，故杨嗣昌借此论罪之机除掉陈祖苞的可能性极大。

（三）陈祖苞的下狱时间和死亡时间

至于陈祖苞下狱的时间，史料所载较为一致。《崇祯遗录》：

---

① 龚嘉儁、李格：《杭州府志》卷一二四，《中国方志丛书》华中地方第119号，第2576页。

② 朱长祚：《玉镜新谭》卷三，第35—36页。

③ 按：《畿辅通志》载："陈祖苞，海盐人，进士，任山海兵部主事。一日，坐堂上，忽有羸马入，向堂长鸣。命人尾之，至一家，马跑地得尸，讯得谋财致命状。"参见《畿辅通志》卷六十八，《文渊阁四库全书》第505册第652页，（台北）台湾商务印书馆1986年版。

④ 陈赓笙：《海宁渤海陈氏宗谱》，《清代民国名人家谱选刊续编》第75册，第446页。

（崇祯）十二年四月，论失事文武之罪，……张其平……颜继祖……等十余人弃市，顺天巡抚陈祖苞前一日死于狱。①

《国榷》：

（崇祯十二年）三月……戊辰……逮前巡抚顺天右副都御史陈祖苞。②

《烈皇小识》：

清兵退，继祖与顺天巡抚陈祖苞、保定巡抚张其平、总兵祖宽、太监邓希诏，俱逮下狱。③

清兵退回关外是在崇祯十二年（1639）二月，则据《烈皇小识》可知陈祖苞下狱时间在二月后；又《崇祯遗录》称四月论罪，则《国榷》所记下狱时间崇祯十二年（1639）三月戊辰当可信。

陈祖苞的死亡时间，各家所载则略有不同。《崇祯实录》载：

（崇祯十二年）八月庚寅……诛文武失事诸臣三十二人，巡抚张其平、陈祖苞、总兵倪宠、内监邓希诏等。④

按此所载，参“张其平……颜继祖……等十余人弃市，顺天巡抚陈祖苞前一日死于狱”一说⑤，则陈祖苞死于狱的时间当在崇祯十二年（1639）八月庚寅的前一天。而《海宁渤海陈氏宗谱·世传》载其“卒崇祯己卯七月

---

① 王世德：《崇祯遗录》，《中国野史集成》第28册，第335页。

② 谈迁：《国榷》卷九十七，第6册，中华书局1958年版，第5835页。

③ 文秉：《烈皇小识》卷六，第167页。

④ 《崇祯实录》卷十二，《明实录》附录之二，第367页。

⑤ 王世德：《崇祯遗录》，《中国野史集成》第28册，第335页。

八日"[1]，后出数十年之战鲁村修《海宁州志》亦取此说，称其“己卯七月卒”[2]。一般而言，在记载生卒时间方面海宁渤海陈氏宗谱和方志的可信度更大。因此我们倾向于采信陈祖苞于崇祯己卯（崇祯十二年，1639）七月八日卒。

至此可知，顺天巡抚陈祖苞于崇祯十一年（1638）十一月戊寅被免职，崇祯十二年（1639）三月戊辰下狱，三月至五月间被上疏论罪，至七月八日饮鸩而卒。

由上述可见，崇祯十一年（1638）末至十二年（1639）初的此番清兵入关骚掠，乃联合“西人”并举，以西协墙子岭和中协青山口两地为突破口，实则由于陈祖苞固防和丁志祥等来援而未能破青山口，仅从墙子岭一地入塞，入塞后兵分四路攻城掠地，曾危及京师。清兵入墙子岭时，分守主官总督吴阿衡、总兵吴国俊正给镇守太监郑希诏庆生，而吴阿衡竟于军中“醉不能师”，吴国俊也战败弃口而走。墙子岭告急之时青山口战事正紧，分守主官时任顺天巡抚陈祖苞无法脱身驰援，待清兵因久攻不下弃青山口而退时，墙子岭早已被破。此中明朝文臣武官的腐败款曲之举自然充斥其间，但明清史料在此点上未见有论及陈祖苞者。况且，陈祖苞所分守之青山口自始至终未被攻破。平心而论，明末清初之史家称陈祖苞在这场事故中有“失援”之举已是失当，而称其“失守”则更非实情。因此，兵科都给事中张缙彦给陈祖苞所拟“青山续入”之罪当为不了解实情所致[3]，而杨嗣昌以“城陷罪”首罪陈祖苞且以“弃市”论处，更是罔顾事实，极为不当，且有挟隙报复之嫌。

---

① 陈赓笙：《海宁渤海陈氏宗谱》，《清代民国名人家谱选刊续编》第72册，第55页。

② 战鲁村：《海宁州志》卷十，《中国方志丛书》华中地方第591号，第1452页。

③ 按：张缙彦和陈祖苞当非政敌，此说所据有三：其一，张缙彦拟罪时亦论及杨嗣昌，此可见当时其有中允之心。其二，张缙彦流放宁古塔后，流放盛京的陈之遴妻徐灿曾“千里应求”为之写观音大士像（参见《谢徐夫人画大士像书》，张缙彦《域外集》，李兴盛《黑水丛书》第6辑，黑龙江人民出版社1997年版，第319页）。其三，张缙彦和陈之遴仕清后，户部尚书陈之遴曾被弹劾“援其邪党张缙彦”（参见中国历史档案馆《清代档案史料丛编》第13辑，中华书局1990年版，第251页）。崇祯时陈祖苞冤死于论罪，若张缙彦为陈祖苞政敌，则两家便是世仇。若此，张缙彦后来当不至有求画像之举，仕清后陈之遴也不至被怀疑与张缙彦是同党。

## 二　陈之遴“鸩父”真相

陈祖苞被逮拟死后，涉事文武诸臣“凡三十六人，同日弃市”，独其一人毙于狱，免遭刑场杀戮。部分明清私史有言陈之遴以毒药弑父于狱中者，此说颇为今研究陈之遴者所引据。考之相关明清史料，正史对陈祖苞毙于狱的过程皆语焉不详，众多私史所记也不尽相同，因而对陈之遴“弑父”说不可不详察。

### （一）陈祖苞的死亡地点和死亡方式

关于陈祖苞之死，有简言其“狱中自尽”者：

> 崇祯十一年冬，清直入畿内。祖苞时为顺天巡抚，与东抚颜继祖、保抚张其平以失事被逮。祖苞自尽狱中，颜、张皆正法。[①]
>
> 崇祯十一年冬，祖苞官顺天巡按。因大清兵入畿内，与东抚颜继祖、保抚张其年，俱以失事逮。祖苞自尽狱中，颜、张皆伏法。[②]

有进一步言其“狱中服毒自尽”者：

> 十二年……七月，戮失事诸臣于市：保定巡抚张其平、山东巡抚颜继祖、总兵祖宽；……而顺天巡抚陈祖苞，预服毒自尽狱中。[③]
>
> 十二年……已核东省失事诸臣罪案，以抚臣颜继祖……同蓟抚张其平、总监邓希韶、总兵倪宠、祖宽等三十三人俱弃市。顺抚陈祖苞，先服毒死。[④]
>
> （十二年）八月……庚寅……诛五案失事诸臣三十二人……故巡抚顺天陈祖苞先饮药死。[⑤]

---

① 顾炎武：《圣安本纪》卷三，《台湾文献史料丛刊》第3辑，第53册，第117页。

② 李天根：《爝火录》卷七，第366页。

③ 文秉：《烈皇小识》卷六，第171页。

④ 李逊之：《崇祯朝野纪》崇祯十二年，《台湾文献史料丛刊》第3辑，第50册，第127页。

⑤ 谈迁：《国榷》卷九十七，第6册，中华书局1958年版，第5846—5847页。

陈祖苞……崇祯十年，以右副都御史巡抚顺天。明年坐失事系狱，饮鸩卒。①

据以上史料，陈祖苞在狱中服毒自尽乃无疑之事，但其如何于刑部狱中获得毒药、为何自尽、在自尽过程中陈之遴发挥了何种作用等数个问题皆需详考。

（二）对陈之遴“弑父”两则典型史料的辨析

据徐树丕《识小录》：

鼎革之际□□□□□（按：原书缺5字）卒先投诚，则浙海宁陈之遴首也。之遴世受过恩，簪缨四五代矣。父为蓟抚，以失机逮，之遴探之□（按：原书缺1字）上无宽典，买毒物殒其父命于刑部福堂。是时，之遴已榜眼及第矣。②

徐树丕称“之遴探之□上无宽典，买毒物陨其父命于刑部福堂”，按此说法，则殒父命是陈之遴的主动行为。此说将陈之遴沦入禽兽不如的境地。还有一则史料所载与此相仿，但更为具体：

羊质虎皮，箓蓰盈路，而最不肖者八人。反面事仇，行同狗彘。列数之，……陈之遴，丁丑榜眼，父祖苞为巡关都御史，因失机问辟，候决，之遴市砒杂药饵以进。黄石斋太史贻书沮之，责以弑父，一时讙传，遂达天听。父竟毙狱，请孝字号勘合守制，奉有不孝不忠，永不叙用之旨。③

这段文字至少有三个问题需要考察：

① 张廷玉：《明史》卷二百四十八，第21册，第6425页。

② 徐树丕：《识小录》卷二，《笔记小说大观》第40编，第3册，第315页。

③ 林时对：《荷牐丛谈》卷三，《台湾文献史料丛刊》第8辑，第154册，（台北）大通书局1987年版，第97页。

一是“市砒杂药饵以进”与“弑父”的关系。陈祖苞既问死，其在狱中候决之时，陈之遴“市砒杂药饵以进”是冒极大风险的行为，因为以陈祖苞的身份在狱中饮药自尽是一件影响巨大的事情，要查明其死亡真相也非难事。况且无论陈祖苞以何种方式死亡，对陈之遴的影响都是一样的，陈之遴无论如何都摆脱不了“罪臣之子”这一身份及相应连带性处罚。在这种情形下，即使以最恶毒的心思去揣度，陈之遴也不会做出弑父之举。

二是“弑父”与“因弑父所受处罚”的关系。若陈之遴为了某种目的而主动弑父，在陈祖苞死后其“请孝字号勘合守制”时，因为这种灭绝人伦的行径，其结果恐怕也不会是“奉有不孝不忠，永不叙用之旨”这么轻巧。

三是黄道周与陈之遴的关系。黄道周在“崇祯十年（1637）二月分考会试《诗》一房，得士 21 人”[①]，而陈之遴为崇祯十年（1637）丁丑科进士并在殿试时高中一甲第二名[②]，是则黄道周为其会试房师。若陈之遴果真有“弑父”之举，料想黄道周的反应不会止于“贻书沮之，责以弑父”这么简单，其日后必不会再以师生关系与之往来，接下来的事实却并非如此。据黄道周《过灵隐寺》之小传：

> 壬午四月十五日，移病过灵隐，时双足未瘥，逢陈彦升太史，翁吕宗、孟长民诸孝廉劝余试步，遂至飞来诸峰之巅，偶尔迅笔。[③]

壬午是崇祯十五年（1642），已是陈祖苞“饮鸩”案三年之后。同时黄道周还有《同彦升、长民、木上登飞来莲巅，以彦升请促笔作五言》、《步出灵峰滞雨湖上，同邵先之、姚有仆、朱康流、陈彦升诸兄分韵五章》二诗[④]。又据陈之遴为黄道周《易象正》所作“序述”：

---

① 侯真平：《明·黄道周纪年著述书画考》上册，第 166 页。

② 朱保炯：《明清进士题名碑录索引》第 3 册，第 2117 页。

③ 黄道周：《黄漳浦文集》卷三十八，第 683 页。

④ 黄道周：《黄漳浦文集》卷四十一，第 750 页。

陈彦升之遴曰：先生壬午（崇祯十五年，1642）五月过临安（杭州），将适江楚（武昌），时诸门人皆送至京口（镇江），惟孟长民从至九江。之遴知先生雅喜独坐，又方理《易象正》，不欲与众周旋，仅遣一苍头事先生，恳得《象正》完本，与朱美之朝夕讨论。及在留都（南京）过楚，苍头仅持美之尊人墓志铭及之遴诗序耳。之遴方与美之约侍先生，艤舟至京口（镇江），又不知先生所在，但闻先生已还闽中，众无所知者。……至绣水（嘉兴），闻先生在，……私喜不自禁，乃恳得《象正》完本。……《象正》完本，属当公诸后世。①

据此"序述"又可知崇祯十五年（1642）时黄道周曾为陈之遴诗集作序，且嘱托陈之遴将自己倾注了心血的《易象正》付诸剞劂。从上述两则史料可见，在所谓陈之遴"弑父"之后黄道周和陈之遴二人往来时关系当颇为密切。于是，黄道周《陈彦升舟次追旧示其弟次升》诗中"中丞既玉碎，太史亦蒙垢"② 就颇耐人寻味，陈祖苞"玉碎"一事上文已有所及，陈之遴"蒙垢"指其因父罪永不叙用，还是因父亡蒙"弑父"之名垢？

（三）陈之遴"弑父"的反证

固然陈之遴明代初入仕途后频有明哲保身之举，降清后身为"贰臣"又屡犯结党之罪，但不能因这些"职务性"行为而否认其对亲人和恩人的重情重义。陈子壮之《罪记》中提到，当其被革职下刑部问拟时，曾以家口嘱累"门生举人陈之遴"等人，并称：

陈生之遴者，为省父祖苞备兵宁远，值予有事，遂淹京师，先后奔走甚力，门生多推其义③。

当乡试座师陈子壮下狱时，已身为举人的陈之遴敢于在京师上顶"烈焰"为之先后奔走数月，以致陈子壮对其有"先后奔走甚力，门生多推其义"

① 黄道周：《易象正》序述，《文渊阁四库全书》第41册，第128页。

② 黄道周：《黄漳浦文集》卷三十七，第662页。

③ 黄宗羲：《明文海》卷三百五十一，《文渊阁四库全书》第1457册，第93—95页。

之评。对座师尚如此，在自己的父亲下狱后陈之遴自是上下奔走，四处求人，其同学好友陈子龙《寄问陈太史》诗对此有记，其一：

西宫玉树隐葱茏，珥笔从容待晚钟。谁使蓟门缠大角，遂令梁狱滞双龙。

狗屠市上多相识，渔父芦中未易逢。幸有旧恩通讼疏，应怜短褐倍蒙茸。

其二：

渔阳节镇复南冠，塞月边云万里寒。异日功名谁魏尚？此时宾客愧任安。

贵臣意重终难失，圣主恩深强自宽。公子不须频叩阙，会当飞檄取三韩。①

此二诗表明，自陈祖苞下狱至饮鸩的近四个月中，陈之遴为之进行了四处“求爷爷告奶奶”式的反复奔走。其入地无门般的狼狈情形不难想见，其对人情冷暖的悲凉感触也跃然纸上。

因此，在陈祖苞狱中候决之时选择饮鸩当为其自己的主意。陈祖苞选择自尽，大概是身既遭大冤，不想再受刑场杀戮和弃市之辱，若安然接受杨嗣昌主导下的判罚，岂不是有认罪之嫌？黄道周“中丞既玉碎”诗句或可证明此点。陈祖苞明知必死之后，为表明自己的清白和不屈，选择了狱中饮药自尽。陈祖苞主意既定，陈之遴明知父亲必死，在知晓父亲心意后也深知相关后果，但两权之下选择了遵从父命，利用狱中送药的机会将毒药掺杂其中，协助父亲完成了狱中自杀之举。殒父命虽不是陈之遴的主动行为，但其毕竟参与了结束陈祖苞生命这一过程，并且发挥了向刑部大狱中杂进毒药这一关键作用。料想当日，如此秘密且高风险之事除父子可

---

① 陈子龙：《湘真阁稿》卷五，《续修四库全书》第1388册，第257页。

托，又有何路可走？崇祯十二年（1639）自陈祖苞下狱至饮鸩这段时间，陈之遴会试房师黄道周一直告假家居于漳浦北山墓庐[①]，得知此事后在情理上难以接受此举，于是去书信以“弑父”责之。因黄道周当时已颇有声望，故此事很快传开，遂致外界不明真相者有陈之遴“弑父”之说。

至此，陈祖苞“饮鸩”案始末和陈之遴“鸩父”真相已趋明朗。明末和清代史家、诗选家以“奸臣”之罪加于陈祖苞，以“弑父”之罪加于陈之遴应属失察失当之举，此种谬语之流传盖发自两端：一是明末信息闭塞者由于不解真相而轻信朝廷之判决文书，又或有如“乐正夔一足”和“丁氏穿井得一人”之以讹传讹者。二是海宁渤海陈氏在明代数代簪缨，而陈之遴却仕清为“贰臣”且位至相国，明末遗民和清人对这一事实难免会有不满和宣泄。今之研清史、清诗者多有迳引清人之“过”论评价陈祖苞、陈之遴父子者，这一做法并未分辨史料来源，忽视了记载者或编纂者的信息局限、政治伦理观念和情感立场对史料的影响，容易厚诬古人，不可不慎。

## 第四节 陈之遴明代仕路考

陈之遴崇祯十年（1637）中丁丑科进士榜眼后例授翰林院编修，自此名登仕版。由此算起截至崇祯十七年（1644），陈之遴的明代“仕路”便在这七年之中起伏跌宕。这七年也是明王朝的最后七年，处在权力中心内围边缘的陈之遴，伴随着中央政权的风雨飘摇和内部争斗，在以父亲顺天巡抚陈祖苞被冤屈处死为标志的家族骤然衰落中其政治观、道德观、人生观发生了急剧变化。这七年是陈之遴政治生涯的童年，而这一童年又布满希望、杀戮、冤屈、悲愤、绝望以至炎凉，其选择降清及其降清后的政治行为都与这七年的人生经历息息相关。基于这种认识，我们有必要对陈之遴崇祯十年（1637）至崇祯十七年（1644）间的仕途经历进行一番考察。

---

① 侯真平：《黄道周纪年著述书画考》上册，第229页。

## 一 任职翰林院编修后回乡省亲祭祖

在《百痴禅师语录》中有一封《复彦升陈榜眼请住太平启》，兹节略如下：

> 台下胸藏二酉（按：谓藏书丰富），学富三车。雁塔题名，金薤（按：谓文字优美）增金莲之耀（按：谓皇帝垂爱）；龙纶（按：谓圣旨）世掌，玉堂（按：谓翰林院）映玉笋之光（按：谓英才济济）。迥然坐断（按：谓占据）乎尘劳（按：谓尘俗事务），即黄庭坚不是过矣；卓尔扶持于法道，虽郭祥正蔑以加焉。为怜（按：谓憾）祖命若丝悬，忽降佳章而鼎召。某樗材（按：谓无用之材）莫任艾□，奚堪榔栗（按：谓禅杖）……但时节既已欣逢，知业债偿犹未了。伏愿长垂只手，挽回寒谷之春；拨转新弦，互唱太平之曲。[①]

据《百痴禅师语录》所收语录，百痴为明末江浙闽一带名僧，曾在福建建宁和兴化、浙江杭州和嘉兴、江南松江等地的十余所著名禅寺传法。从这篇《启》的题目看，陈之遴曾给百痴禅师去信，邀请其到杭州皇岗太平寺讲法布道。我们要推考的问题是陈之遴请求百痴到太平寺传法的时间和原因。

百痴禅师称陈之遴为“陈榜眼”，文中有“雁塔题名”、“玉堂映玉笋之光”等字样，这就表明此事发生在陈之遴在崇祯十年（1637）以新科进士榜眼身份任翰林院编修之后。陈之遴崇祯十二年（1639）因父亲之事遭禁锢后一直闲居于家乡海宁，崇祯十七年（1644）方在弘光朝复出。这五年间友人仍以榜眼、太史等称呼陈之遴，故此事的发生也不能排除是在这一时段。但陈之遴“迥然坐断乎尘劳，即黄庭坚不是过矣”这种情形显然是指其于崇祯十年（1637）至十二年（1639）间任翰林院编修之时。那么，陈之遴给百痴禅师的这封邀请信是从京师寄出，还是从海宁寄出？照

① 超宣等：《百痴禅师语录》卷二十三。

常理，邀请有一定知名度的百痴禅师至太平寺讲法，则邀请人一般要亲自出面接待，而百痴禅师的活动范围为江浙闵一带，若远在京师的陈之遴去函邀请其至杭州皇岗太平寺传法，这种隔空“遥控“的行为恐怕不妥。因而我们推测陈之遴去信邀请百痴禅师到太平寺主持一事，发生在其任职翰林院后回乡省亲祭祖之时。作为留作京官的新科进士，在履行完朝廷规定的烦琐而必需的程序之后，是直接赴职，还是如坊间所传那样衣锦还乡省亲祭祖？为此我们查考了诸多明清正史、笔记和小说，除清末小说《宦海钟》外，均未能寻得明确记载，在《宦海钟》第三回有这样一段描述：

> 贾端甫复试二等，殿试二甲，朝考也在二等。引见下来用了一个主事，签分刑部……接着同乡团拜、同年团拜、请老师、老师请，真个酬应不了。……一直闹到七月底边，才算清静清静。新科进士到这时候，都要请假回籍省亲。①

据此，我们推测陈之遴也会在崇祯十年（1637）七月底前后按“常规”请假回乡省亲。百痴禅师文中所言“为怜祖命若丝悬，忽降佳章而鼎召”透露了陈之遴邀请其至太平寺的原因，陈之遴去“佳章”“鼎召”百痴，是因“为怜祖命若丝悬”。“祖命”当指陈之遴祖父陈与相之言，陈与相于崇祯元年（1628）去世②，至此已十年。在接到邀请信后，百痴禅师最初想以“某樗材莫任艾□，奚堪榔栗”辞之，但虑及“时节既已欣逢，知业债偿犹未了”而最终决定赴邀。“业债偿犹未了”也可说明百痴禅师在陈与相在世时与其应有过往。盖陈之遴此番回乡省亲祭祖时，忆及祖父陈与相曾有邀百痴至太平寺传法这一未了心愿，故有此举。

## 二 在“杨嗣昌夺情”事件中的表现

初入仕途的陈之遴，因其榜眼身份留作京官翰林院编修，具体负责

① 云江女史：《宦海钟》，第345页。

② 陈赓笙：《海宁渤海陈氏宗谱》，《清代民国名人家谱选刊续编》第72册，第31页。

“纂六曹章奏”[①]，这一职务处在中央权力内围的边缘，以其家族和师门背景，若平素处置得当，升转之机应该指日可待，前途亦不可限量。因而此时的陈之遴在履行职务时格外审时度势，左右观望，小心翼翼。《烈皇小识》中对此有一段记载：

> 时修撰刘同升、赵士春合上疏论嗣昌夺情事，与道周俱下部议处。部覆降三级照旧。御札道周票轻处，同升、士春票重处。嗣昌惧上将复用道周者，急募人参之。于是张若麒应募，遂上《拥戴不效怨望纷然疏》入，同升、士春降三级，道周降六级，俱调外矣。后嗣昌借边警调若麒于兵部，盖酬之也。丁丑鼎甲三人，刘、赵与陈之遴也。初上夺情疏，拟三人联名，之遴辞不预。次年，遴父祖苞以失事自尽，遴以犯属闲住，则何如列名之为愈也。南海辞列名，而得入纶扉。之遴辞列名，而终归罢斥。同一畏首畏尾，而幸不幸有如此者。[②]

刘同升、赵士春与陈之遴同为崇祯十年（1637）丁丑科一甲进士，都尊黄道周为会试房师，但三人在黄道周论杨嗣昌夺情时的表现和结局却迥然有异。刘同升、赵士春初入仕途就遭重处，而陈之遴却十分谨慎，被论为“畏首畏尾”。明史中引发巨大政治震动的论夺情案有二，一为神宗时论张居正夺情；二为崇祯时论杨嗣昌夺情。崇祯时廷臣论杨嗣昌夺情，适逢陈之遴初入翰林院，而首发其事者又适为陈之遴会试房师黄道周。因而陈之遴在这场政治事件中的表现颇能体现其初入仕路时的性格和处事标准。要评判陈之遴在论杨嗣昌夺情案中的表现，首先要据相关史料简要梳理这件事情的经过，理清黄道周等人当时面临的形势及其应对措施是否于公于私都“合理”。

（一）论杨嗣昌夺情案的来龙去脉

据《明史·杨嗣昌传》：

---

① 陈赓笙：《海宁渤海陈氏宗谱》，《清代民国名人家谱选刊续编》第75册，第455页。

② 文秉：《烈皇小识》卷六，第157页。

七年秋，拜兵部右侍郎兼右佥都御史，总督宣、大、山西军务。时中原饥，群盗蜂起，嗣昌请开金银铜锡矿，以解散其党。又六疏陈边事，多所规画。帝异其才。以父忧去，复遭继母丧。

九年秋，兵部尚书张凤翼卒，帝顾廷臣无可任者，即家起嗣昌。三疏辞，不许。

十一年六月，改礼部尚书兼东阁大学士，入参机务，仍掌兵部事。嗣昌既以夺情入政府，又夺情起陈新甲总督，于是楷、兰友及少詹事黄道周抗疏诋斥，修撰刘同升、编修赵士春继之。帝怒，并镌三级，留翰林。刑部主事张若麒上疏丑诋道周，遂镌道周六级，并同升、士春皆谪外。已而南京御史成勇、兵部尚书范景文等言之，亦获谴。嗣昌自是益不理于人口。①

据《明史·黄道周传》：

（十一年）六月，廷推阁臣。道周已充日讲官，迁少詹事，得与名。帝不用，用杨嗣昌等五人。道周乃草三疏，一劾嗣昌，一劾陈新甲，一劾辽抚方一藻，同日上之。

其劾嗣昌谓：

……今遂有不持两服，坐司马堂如杨嗣昌者。宣大督臣卢象升以父殡在途，搥心饮血，请就近推补，乃忽有并推在籍守制之旨。夫守制者可推，则闻丧者可不去；闻丧者可不去，则为子者可不父，为臣者可不子。即使人才甚乏，奈何使不忠不孝者连苞引蘖，种其不祥以秽天下乎？嗣昌在事二年，张网溢地之谈，款市乐天之说，才智亦可睹矣，更起一不祥之人，与之表里。……臣窃以为不可也。

其论新甲言：

其守制不终，走邪径，托捷足。天下即甚无才，未宜假借及此。古有忠臣孝子无济于艰难者，决未有不忠不孝而可进乎功名道德之门

---

① 张廷玉：《明史》卷二百五十二，第21册，第6509—6513页。

者也。……天下即无人，臣愿解清华，出管锁钥，何必使被棘负涂者，祓不祥以玷王化哉！

其论一藻，则力诋和议之非。[1]

其中黄道周所劾有些条款并非不切实际，但由于黄道周疏劾杨嗣昌等人发生在自己廷推阁臣落选之后，因而崇祯对其行为颇有疑虑和不屑：

帝……问道周曰：“……尔三疏适当廷推不用时，果无所为乎?”道周对曰：“臣三疏皆为国家纲常，自信无所为。”帝曰：“先时何不言?”对曰：“先时犹可不言，至简用后不言，更无当言之日。”……帝曰：“陈新甲何以走邪径，托捷足?……”道周不能对。帝曰：“丧固凶礼，岂遭凶者即凶人，尽不祥之人?”道周曰：“古三年丧，君命不过其门。自谓凶与不祥，故军礼凿凶门而出。夺情在疆外则可，朝中则不可。”帝曰：“人既可用，何分内外?”

道周曰：“我朝自罗伦论夺情，前后五十余人，多在边疆。故嗣昌在边疆则可，在中枢则不可；在中枢犹可，在政府则不可。止嗣昌一人犹可，又呼朋引类，竟成一夺情世界，益不可。”帝又诘问久之……叱之退。[2]

崇祯和黄道周这番对答后的结果是：

帝疑道周以不用怨望，……下吏部行谴。

会刘同升、赵士春亦劾嗣昌，将予重谴，而部拟道周谴顾轻。嗣昌惧道周轻，则论己者将无已时也，亟购人劾道周者。有刑部主事张若麒谋改兵部，遂阿嗣昌意上疏……帝即传谕廷臣，毋为道周劫持相朋党，凡数百言。贬道周六秩，为江西按察司照磨，而若麒果得

① 张廷玉：《明史》卷二百五十五，第22册，第6596—6597页。

② 同上书，第6597页。

兵部。[①]

（二）黄道周缘何有此举

黄道周上疏劾杨嗣昌、陈新甲、方一藻三疏“适当廷推不用时”，则其弹劾杨嗣昌果真“以不用怨望”?

原本“嗣昌父子不附奄，无嫌于东林”，但在“侍郎迁安郭巩以逆案谪戍广西，其乡人为讼冤。嗣昌以部民故，闻于朝，给事中姚思孝驳之”以后，“自是与东林郄。”[②] 无疑，黄道周劾杨嗣昌的背后，自与党争直接相关。黄道周上《论杨嗣昌疏》是在崇祯十一年（1638）七月[③]，旨在反对杨嗣昌入阁。早在崇祯十年（1637）闰四月杨嗣昌夺情出任兵部尚书时，黄道周就曾草《拟论杨嗣昌不居两丧疏》反对[④]，现将此疏节略如下：

> 岂必使四海精神困顿于兵饷之下乎？臣闻枢臣条上兵饷，为溢地、均输之说，派兵十万，饷二百八十万，欲俟兵齐饷齐始展区画。……必俟兵齐饷齐，谁则不能？且是溢地所出，其能几何？加派之后，复有均输敲扑之余。间有那借，势必数年不齐。……凡贼之不灭，为不得要领。屡抚屡纵，将骄于上，卒玩于下，委蛇迁延，时哗时起，以兵单饷绌为耳，非果尝试，挫弱不复也。……今四方亢旱，支河枯龟；永平之间，骨肉相啖；瀛海孔道，剽掠成群；区区江南，民力已竭。陛下欲灭贼，兵不必多，饷不必倍，但选直言敢谏之臣，及诸胆识强敏者……[⑤]

从中可见，黄道周不仅反对在家守制的杨嗣昌出任兵部尚书，更反对其为

① 张廷玉：《明史》卷二百五十五，第22册，第6597—6599页。
② 张廷玉：《明史》卷二百五十二，第21册，第6509页。
③ 侯真平：《黄道周纪年著述书画考》上册，第201页。
④ 同上书，第169页。
⑤ 黄道周：《黄漳浦集》卷二，《丛书集成三编》第52册，第206页。

大举平贼而定的筹饷之策。值得注意的是，同年六月黄道周又上《三罪四耻七不如疏》，为“遭受冷落、斥退乃至下狱的正直的东林后劲及其相投契者鸣冤和举荐”[①]。黄道周反对陈新甲出任宣大总督，“主要原因是陈系杨嗣昌所推荐”[②]，因涉及党争而不能明言，故出现《明史》记载中这样的场景：

> 帝曰：“陈新甲何以走邪径，托捷足？且尔言软美容悦，叩首折枝者谁耶？”道周不能对。[③]

可见，黄道周反对杨嗣昌、陈新甲等人夺情，主要由两方面的原因所致：其一，杨嗣昌与东林的恩怨与争权；其二，为反对杨嗣昌的剿贼之策及其他施政措施，恐其误国。当然，即便个人之间本无嫌隙，这些政治性职务因素的掺入往往导致你死我活的下场，因而在考虑这个问题时也不能完全将个人恩怨与竞争剔除。况且，人既入仕途，若称其可于自己的官职转迁和权力大小毫不在意，那也过于绝对。而黄道周本人对廷推入阁一事也并非不重视，黄道周与兄长黄道琛多有书信往来，其于崇祯十一年（1638）会推阁臣之际曾作《京师与兄书》，其中一段话颇值得玩味：

> 五月来，有推枚卜之命。前年以上书斥首辅，又言今春荧惑在心、尾间，须防火灾，宜慎火器，毖饬戎务，几为重处。今四月五日，新火库灾，损房百余间，毁命七八百，几与前年王恭厂相似，不幸言之而中！然此小事，何足复谈。今似不得不推，十三日会单推举，但不知上意如何耳。此看吾道苍生，非独学问山川而已。[④]

不难看出，黄道周对自己此番入相的机会比较重视，言语之间也有一定的

---

① 侯真平：《黄道周纪年著述书画考》上册，第177页。
② 同上书，第203页。
③ 张廷玉：《明史》卷二百五十五，第22册，第6598页。
④ 黄道周：《黄漳浦集》卷十九，《丛书集成三编》第52册，第448页。

底气。在参加六月举行的枚试时，崇祯赞其“暑天劳顿之余，能成一篇文字，才诚可爱”[①]，此虽可能为无意之举，如明庄起俦《漳浦先生年谱》所言“盖当先生与杨辅同日校试，杨辅言略而字潦草，先生洒洒详尽而楷法端谨，故上虽不用，犹为留意也”[②]，但这也会在一定程度上使黄道周觉得自己离希望又进了一步。信心既增，又有相投契者的支持，“会上传部院举阁员，（冯）元飚曰：‘枚卜无出道周上者’”，[③] 渴望便随之增强。上述因素无疑让黄道周在入阁这一问题上心生波澜，欲望大增，而结果却是杨嗣昌入阁，黄道周落选。因此，关于黄道周论杨嗣昌夺情的动机，除上述两条之外，崇祯所疑“道周以不用怨望”也并非没有道理。

（三）黄道周此举的政治风险

黄道周当日在论杨嗣昌夺情时，在朝中的处境已是艰难。且看当时杨嗣昌的表现及崇祯对杨嗣昌的态度：

> 明年（十年）三月抵京，召对。……帝与语，大信爱之。凤翼故柔靡，兵事无所区画。嗣昌锐意振刷，帝益以为能。每对必移时，所奏请无不听，曰：“恨用卿晚。”
>
> 嗣昌乃议大举平贼。……至明年（十年）三月，嗣昌以灭贼逾期，疏引罪，荐人自代。帝不许，而命察行间功罪。
>
> 当是时，流贼既大炽，朝廷又有东顾忧，嗣昌复阴主互市策。……给事中何楷疏驳之，给事中钱增、御史林兰友相继论列，帝不问。
>
> 初，帝以嗣昌才而用之，非廷臣意，知其必有言，言者辄斥。嗣昌既有罪，帝又数逐言官，中外益不平。嗣昌亦不自安，屡疏引罪，乃落职冠带视事。未几，以叙功复之。[④]

---

① 黄景昉：《明·黄道周（志）传》，转引自侯真平《黄道周纪年著述书画考》上册，第200页。

② 庄起俦：《漳浦先生年谱》，转引自侯真平：《黄道周纪年著述书画考》上册，第200页。

③ 陈鼎：《东林列传》，《文渊阁四库全书》第458册，第318页。

④ 张廷玉：《明史》卷二百五十二，第21册，第6510—6513页。

崇祯当时所盼者正为能“锐意振刷”、“大举平贼”之才，杨嗣昌之行事及其风格恰合崇祯之意，故“是时，帝忧兵事，谓可属大事者惟嗣昌，破格用之”。崇祯在夺情起用杨嗣昌后对其偏爱至极，屡屡回护，在遭黄道周疏论后，杨嗣昌摆出姿态“自乞罢免”，结果却是“帝优旨慰之”。

再看当时黄道周的表现及崇祯对黄道周的态度：

> 道周守经，失帝意，及奏对，又不逊。帝怒甚，欲加以重罪，惮其名高，未敢决。①
>
> 上素知道周学行，以其性偏执，非救时相，故后之。②

黄道周入仕后屡上奏疏应对时事，崇祯非不知其才，但因偏信杨嗣昌在先，加之黄道周“性偏执”，在廷对时又往往“失帝意”，言不逊，故其恶黄道周要甚于喜之。

最后看当时廷臣对黄道周的态度：

> 道周以文章风节高天下，严冷方刚，不谐流俗，公卿多畏而忌之。③

故在崇祯十年（1637）其辩“郑鄤杖母”，“帝得疏骇异，责以颠倒是非。道周疏辩，语复营护鄤。帝怒，严旨切责”之时，公卿少有从旁助之者，反而多“藉‘不如鄤语’为口实”对其落井下石。到崇祯十一年（1638）正月，黄道周在给女婿朱垣的信中曾提到：

> 长安交游尽绝，诸生亦不复往来，而狺狺者日夕投弋，幸赖主上圣明，屡开其网。④

---

① 张廷玉：《明史》卷二百五十五，第22册，第6599页。

② 陈鼎：《东林列传》，《文渊阁四库全书》第458册，第318页。

③ 张廷玉：《明史》卷二百五十五，第22册，第6595页。

④ 黄道周：《黄漳浦文集》卷十九，道第259页。

在论杨嗣昌夺情之际的黄道周不仅“长安交游尽绝”，就连一年前礼部春闱其房试所取21名进士之留京者如一甲刘同升、赵士春、陈之遴等人也与其“不复往来”。

以上所论表明，以黄道周当时的处境弹劾杨嗣昌夺情，阻止其入阁是一件万分艰难而极为危险的事情。

（四）论夺情案时陈之遴与黄道周的关系

在崇祯十二年（1639）秋陈之遴因父罪牵连被禁锢而久居家乡海宁之后，其与黄道周颇有来往（详见后文“陈之遴遭禁锢期间的生活”），但要考察在论杨嗣昌夺情案中陈之遴的表现，并试图以正常的官场伦理来评价其行为，则需考察崇祯十二年（1639）之前二人之间的关系。

据侯真平《黄道周纪年著述书画考》，黄道周于崇祯三年（1630）五月奉命主考浙江乡试，十一月擢右春坊右中允。崇祯五年（1632）二月后因事遭削籍返乡，六七月间于途中游苏杭，偕崇祯三年（1630）浙江乡试门生同游，并创建大涤书院。数月后返抵漳浦墓庐讲学著述。崇祯九年（1636）因闻讯清兵入侵京畿而出山勤王，年底抵京。崇祯十年（1637）二月分考会试《诗》一房，得士21人，其中刘同升、赵士春、陈之遴三人在殿试中共列一甲。闰四月，以夺情为由反对杨嗣昌出任兵部尚书及其剿贼筹饷之策。五月擢左春坊左谕德兼翰林院侍经学士，掌司经局事。十月，落选东宫讲官。十二月，擢经筵日讲官、少詹事，协理府事兼管玉牒。崇祯十一年（1638）六月参加阁臣枚试落选，接着因反对杨嗣昌入阁、陈新甲夺情总督宣大、重用方一藻，被降六级调用，贬为江西布政司都事。九月告假离京返乡，十月顺道至浙江余杭大涤书院。崇祯十二年（1639）整年告假居于漳浦墓庐。[①]

陈之遴天启四年（1624）举于乡后，先后参加五次进士考试，终于崇祯十年（1637）中丁丑科进士榜眼，黄道周为其会试房师。中榜眼后为翰林院编修，直至崇祯十二年（1639）秋父亲陈祖苞狱中自尽。

将二人简历加以对照，在论杨嗣昌夺情案之前，其可能的生命交集大

---

① 侯真平：《明·黄道周纪年著述书画考》上册，第92—228页。

致如下：黄道周崇祯三年（1630）主持浙江乡试期间和崇祯五年（1632）六七月游苏杭并创建大涤书院期间，在家读书的举人陈之遴都可能与之有所接触。二人正式确立关系应是崇祯十年（1637）的会试陈之遴成为黄道周的门生。需要注意的是，在明代的官场生态中房师与门生是一种公开、亲密、重要的正常的人际关系，这里面暗含着欣赏与感激、互助与提携甚至扶植与报答等政治伦理。

（五）陈之遴在论杨嗣昌夺情中的表现及陈之遴“不预”的原因

稽之《明实录》及《明史》，在论杨嗣昌夺情事件中，始终未见陈之遴的名字，可知《烈皇小识》所言“丁丑鼎甲三人，刘、赵与陈之遴也。初上夺情疏，拟三人联名，之遴辞不预”[①] 当为实情。刘同升、赵士春二人与陈之遴颇有渊源，据《复社纪略》：“丁丑殿试状元为刘同升，榜眼为陈之遴，探花为赵士春，三人皆复社，天下荣之。”[②] 三人又为黄道周房试时同日所取进士，又在殿试中共列一甲。我们今天评判陈之遴和刘、赵二人在黄道周初上夺情疏时该不该列名，需从两个角度着眼，一是从明朝官场生态中房师与门生之间应有的政治伦理来衡量；二是从翰林院官员对朝廷和社稷尽忠尽责的角度来衡量。

若从第一个角度着眼，且须考察刘同升、赵士春二人当日之表现。在黄道周上疏反对杨嗣昌夺情入阁为相之时，刘、赵二人就与会试房师立场一致：

> 嗣昌既以夺情入政府，又夺情起陈新甲总督，于是楷、兰友及少詹事黄道周抗疏诋斥，修撰刘同升、编修越士春继之。[③]
>
> 林兰友……因论嗣昌忠孝两亏，贬浙江按察司照磨，与楷及黄道周、刘同升、赵士春称“长安五谏”。[④]

① 文秉：《烈皇小识》卷六，第 157 页。
② 陆世仪：《复社纪略》卷四，《续修四库全书》第 438 册，第 543 页。
③ 张廷玉：《明史》卷二百五十二，第 21 册，第 6513 页。
④ 张廷玉：《明史》卷二百七十六，第 23 册，第 7078 页。

在“道周乃草三疏，一劾嗣昌，一劾陈新甲，一劾辽抚方一藻，同日上之”，而遭阁臣拟以“朋串挠乱”之罪，建议“降级调用”之时[①]，刘、赵二人又上疏救之：

> 庚戌，翰林院修撰刘同升、编修赵士春各疏救黄道周，劾杨嗣昌。……发谪刘同升福建知事，赵士春检校。[②]

如若刘、赵二人开始继黄道周上疏并非出于与黄道周的个人关系，而是由于对形势估计不足，或者是为社稷皇恩计，那么这次出手相救，恐怕主要原因便是出于人情因素和政治伦理了。从这一点看，陈之遴在整个事件中自始至终默不作声，这种表现无论如何是说不过去的。

若从第二个角度着眼，则难以作出结论，因为即便杨嗣昌之剿贼及治国之策一无所取，也不能强求初入仕途甫过而立之年的陈之遴有能力洞察天下形势，辨其利弊并上疏抗之。从这个角度，似乎可以理解在同年刘同升、赵士春初上夺情疏拟三人联名时，陈之遴“辞不预”的做法。

从陈之遴“自保”的角度看，黄道周当时已53岁，出仕已近十五年，其本人可以“以文章风节高天下，严冷方刚，不谐流俗”，甚至可以抛弃仕途，过“二十躬耕，手足胼胝，以养二人。四十余削籍，徒步荷担二千里，不解扉屦”，甚至“今虽逾五十，非有妻子之奉，婢仆之累”这样抛弃妻子的生活[③]，但在他人看来，在木已成舟的情况下阻止杨嗣昌入阁这种以卵击石的行为不止自毁前程这么简单。这样巨大的政治风险，不是谁都想也不是谁都可以冒的。须知初入仕途的陈之遴当时年方33岁，仍可算是少年进士。

在崇祯十一年（1638）八月，黄道周上一年二月分房所取21名进士中最有资格和机会上疏救他的，莫如一甲三人，因为一甲三人直接在翰林院担任职务，而二甲、三甲被取留京者此时或任各部主事，或尚在

① 侯真平：《黄道周纪年著述书画考》上册，第215页。

② 《崇祯实录》卷十一，《明实录》附录之二，第339页。

③ 张廷玉：《明史》卷二百五十五，第22册，第6596页。

翰林院以庶吉士身份学习，即便上疏也会受到重重阻碍。在最有能力为房师黄道周上疏辩解的三人中，两人选择了冒险和牺牲，而陈之遴选择了失声。因此，论夺情时陈之遴不参与其事尚可理解，但黄道周诸人被处分后，作为房试师生这样的关系仍默不作声，便是明显的明哲保身之举，也要冒很大的官场道德风险。故文秉以“遴父祖苞以失事自尽，遴以犯属闲住，则何如列名之为愈也”和“同一畏首畏尾，而幸不幸有如此者”讥之。

当“杨、陈之用已成定局，道周犹不死心，四疏并进，贸然顶撞崇祯帝”[①]，在这种情势下，与刘同升、赵士春相较，初入仕途的陈之遴少了一些锐气和盛气，虽有些畏首畏尾，但更显冷静和稳健。在入仕之初，陈之遴便懂进退，不偏执，以牺牲官场伦理为代价平安度过了这次事件，无论正面所得还是反面所得，都为其积累了宝贵的政治经验。降清后，其作为多尔衮时代的重臣，仍继续为顺治所留用并入阁为相，这与其政治上的“早熟”和在这次事件中汲取的经验教训当密切相关。

## 三 陈之遴仕路的中止

自崇祯十年（1637）任翰林院编修后，在对政治情势如履薄冰般的洞悉与判断中，陈之遴顺利度过了崇祯十一年（1638）七、八月间黄道周发起的论杨嗣昌夺情风波。在这场政争之中，陈之遴以保持缄默的方式全身而退，甚至在其会试房师黄道周被处分时也一语不发，这种处理房师与门生关系的方式无疑会触犯官场政治伦理的某些忌讳，从而使自己陷于更大的孤立之中。当日陈之遴对此何思何感已不可考，但当时留给他反思并进行善后的时间并不太多。五个月之后，即崇祯十二年（1639）三月其父陈祖苞便因边事遭杨嗣昌冤害下狱，本应于当年七月受“弃市”之刑，但于行刑前一日在陈之遴协助下在狱中饮鸩而卒。

陈祖苞案及其死亡对陈之遴的影响，明清史料中记载颇多，大致有如下三类：

---

① 侯真平：《黄道周纪年著述书画考》上册，第205页。

（一）称崇祯因陈祖苞未受正刑而追恨者：

其子编修之遴，以丁忧请。上追恨祖苞未正法，命锢之遴，永不叙用。①

八月庚寅……诛五案失事诸臣三十二人，故巡抚顺天陈祖苞先饮药死，子翰林编修之遴扶柩归，例请邮符。上以祖苞骫法，命之遴永不叙用。②

帝怒祖苞漏刑，锢其子编修之遴，永不叙。③

（二）称陈之遴以"犯属"身份连坐而遭罢斥者：

（九年）……丁丑鼎甲三人，刘、赵与陈之遴也……次年，遴父祖苞以失事自尽，遴以犯属闲住。④

己卯（十二年）……七月，戮失事诸臣于市：保定巡抚张其平、山东巡抚颜继祖、总兵祖宽……而顺天巡抚陈祖苞，预服毒自尽狱中……而祖苞子编修之遴、继祖弟监事光祖，俱以犯属罢斥。⑤

崇祯丁丑捷，南宫廷试第二人，授翰林院编修，纂六曹章奏。不二年而丁中丞公艰且以中丞公事连坐，不复叙用。⑥

（三）称崇祯因其协助父亲饮鸩身亡而下旨者：

父竟毙狱，请孝字号堪合守制，奉有不孝不忠，永不叙用之旨。⑦

---

① 李逊之：《崇祯朝野纪》，《台湾文献史料丛刊》第3辑，第50册，第127页。

② 谈迁：《国榷》卷九十七，第6册，中华书局1958年版，第5847页。

③ 张廷玉：《明史》卷二百四十八，第21册，第6425页。

④ 文秉：《烈皇小识》卷六，第157页。

⑤ 同上书，第171页。

⑥ 陈赓笙：《海宁渤海陈氏宗谱》，《清代民国名人家谱选刊续编》第75册，第455页。

⑦ 林时对：《荷牐丛谈》，（台北）大通书局1987年版，第98页。

前两种说法容易理解，第三种说法也有道理：身为人子，杂进毒药虽为父所强，但毕竟参与了协鸩父命，是为不孝；身为臣子，协父自杀漏刑，是为不忠，也能构成永不叙用的理由。

无论崇祯出于何种原因，其结果都是陈之遴永不叙用。陈之遴中进士不足二年，仕路甫一起步便戛然而止。

陈祖苞下狱后，数月间陈之遴一直在为解救父亲而奔走。陈祖苞死后，对陈之遴等犯属的处置结果并未马上下达，无法揣度上意的陈之遴只好履行正常的翰林院官员丁忧请假程序。上举史料有言其“以丁忧请”者，有言其“扶柩归，例请邮符”者，有言其“请孝字号堪合守制”者，是则崇祯在对陈之遴所上请邮符、请守制之疏的批复中下旨“永不叙用”。邮符是官员去世后，朝廷批复颁发给家属的凭证，凭此在运柩回乡时可免费在官驿食宿。陈祖苞作为本当弃市的“罪臣”，提前在狱中自杀，按理家属不该享受这种待遇。若《国榷》此条记载属实，则陈之遴是试图通过此举表明父亲无罪，其死后仍可享受正常的官员待遇。

## 四 陈之遴遭禁锢期间的生活

自崇祯十二年（1639）七月扶柩离京，十月至家[①]，直至崇祯十七年（1644）十一月复出，陈之遴一直在家乡海宁闲住。《海宁渤海陈氏宗谱》中对陈之遴这一时期的生活曾有如下描述：

> 公蒿目时艰，尽伤庭祸，山间水间甘自废弃，不复有仕进之意；而一时人情冷暖、路鬼揶揄，不徒雀罗门巷矣。[②]

这段话出自陈之遴大传，从《海宁渤海陈氏宗谱》的编修时间看当作于乾隆初年。陈氏后人能对陈之遴当时的境遇作如此叙述，当非凭空推测。“一时人情冷暖、路鬼揶揄，不徒雀罗门巷矣”这一生活状态当接近于其

---

① 陈赓笙：《海宁渤海陈氏宗谱》，《清代民国名人家谱选刊续编》第75册，第455页。

② 同上。

真实状况。当年辽东边事严峻之时，陈祖苞正为顺天巡抚，为一时所重。陈之遴又以榜眼身份任翰林院编修，海宁士民为之眼热攀附者当不在少数。落难乡居之后，其必会经受“一时人情冷暖、路鬼揶揄，不徒雀罗门巷矣”这样的人生体验。成年人的性情、行为模式、道德准则和价值标准以其习惯性成型，固然难以改变，但剧烈的人生跌宕在使人面目全非后往往会重塑一个人的内心。陈祖苞自尽和陈之遴遭禁锢，海宁渤海陈氏霎时暂告衰落，是时距陈之遴中榜眼“不二年”，从为父奔走时的蓬头垢面四处碰壁到回乡后的“人情冷暖、路鬼揶揄、雀罗门巷”，都会改变陈之遴对人生的认识和态度。这是我们探讨陈之遴降清及其降清后的职务表现这些政治行为时需要留意的问题。

需要指出的是，陈之遴遭禁锢后闲居海宁期间并未“山间水间甘自废弃，不复有仕进之意”，而其实际表现与此恰恰相反。在《费隐禅师语录》中记载了陈之遴和费隐禅师的数次往来，现诸条析之如下。

其一：

> 十三年庚辰，……僧众辐辏，岁俭不给，师持钵至海宁县。陈彦升太史偕弟次升特请于庆善禅院。①

崇祯十三年（1640）陈之遴36岁，在遭禁锢后扶父柩回家乡海宁闲居刚满一年，此年费隐禅师化缘至海宁，受到陈之遴兄弟善待，曾留其在庆善禅院讲法。

其二：

> 十四年辛巳，……彦升陈公请问云：“如某堕在官身，如何得相应去？”师云：“即在官身上保国保民，无有不相应者。”公云：“者些子恐当不得。”②

---

① 隆琦等：《费隐禅师语录》卷十四。

② 同上。

至崇祯十四年（1641）时，37岁的陈之遴已闲居海宁近两年时间，此时的陈之遴试图通过佛法解脱自己心中的郁积和愤懑，但未能成功。

后来费隐禅师当离开庆善禅院返回原寺，但和陈之遴仍有书信往来，其《复海昌榜眼彦升陈居士（讳之遴）》是一封给陈之遴的复信，针对陈之遴在来信中提出的问题逐个进行解释，其中保留了陈之遴的一些原话：

> 又谓：“不肖少生纨绮，长悦纷华，触绪流连，缘情滋蔓，年将强仕，迷锢愈深。每披讽教言，心生惭愧。”
>
> 又谓：“左携翠袖，右进兕觥，倏尔沉酣，不复省忆。大师欲醒之以喝，则聋耳不闻；欲加之以棒，则顽肤不痛。且须放此痴汉向名利场中自苦自乐耳。”[①]

“强仕”谓40岁，陈之遴虽然这两年来试图“甘自废弃”，打消“仕进之意”，但在自己虽“年将强仕”时，却对“纨绮”、“纷华”流连蔓情，“迷锢愈深”。无奈之下，情愿“且须放此痴汉向名利场中自苦自乐耳”。这都表明，陈之遴在闲居期间从未能放下过“仕进之意”。

陈之遴在遭禁锢期间与黄道周的交游颇值得留意。黄道周一生曾于崇祯三年（1630）、崇祯五年（1632）、崇祯十一年（1638）、崇祯十五年（1642）（两次）、崇祯十七年（1644）六次过杭州[②]，其中至少有五次与陈之遴有过接触。前面已言，黄道周崇祯三年（1630）八月典浙江乡试，崇祯五年（1632）在削籍还乡途中于七、八月停留大涤并创建大涤书院，因而此时以举人身份在海宁家中读书的陈之遴有可能以学生身份与黄道周有往来。崇祯十一年（1638）黄道周因论杨嗣昌夺情遭贬后离京返乡途中又于十月、十一月间顺道停留大涤书院，此时陈之遴当在京师翰林院编修职务上负责“纂六曹章奏”事，故不可能在浙江与黄道周相会。而崇祯十二年（1639）七月以后，陈之遴已解除职务回海宁闲住，故黄道周崇祯十五

① 隆琦等：《费隐禅师语录》卷十一。

② 侯真平：《黄道周纪年著述书画考》上册，第110、226页。

年（1642）（两次）和十七年（1644）过杭州时，二人有机会来往较多，现考述如下：

（一）崇祯十五年（1642）

黄道周崇祯十一年（1638）被贬为江西布政司都事后即告假返乡，十二年（1639）整年居于漳浦墓庐，十三年（1640）六月因被崇祯怀疑与南京兵部右侍郎解学龙结党被逮，在狱中一直被囚禁，直至十五年（1642）正月离京赴四川酉阳戍所[①]。黄道周被逮期间，曾给在海宁乡居的陈之遴去信。据《浮云集》卷五《僧持黄夫子书来，盗投诸水》：

> 夫子淹梁狱，书邮藉老禅。字珍宜诲盗，言洁合投渊。
> 肝胆蛟龙得，精神鲤雁先。不将持告密，犹叹胜时贤。

由此可见，狱中的黄道周曾委托一年长僧人给陈之遴捎去书信，但被窃贼连同行李一起盗取后弃于水中，陈之遴并未能亲睹此信。黄道周在赴酉阳戍所途中曾至浙江，其中四月十五日左右陈之遴等人与之相聚。陈之遴曾与同人一起陪同黄道周游灵隐峰，据黄道周《过灵隐寺》之小传：

> 壬午四月十五日，移病过灵隐，时双足未瘥，逢陈彦升太史，翁吕宗、孟长民诸孝廉劝余试步，遂至飞来诸峰之巅，偶尔迅笔。[②]

壬午即崇祯十五年（1642），同时黄道周还有《同彦升、长民、木上登飞来莲巅，以彦升请促笔作五言》、《步出灵峰滞雨湖上，同邵先之、姚有仆、朱康流、陈彦升诸兄分韵五章》二诗[③]。陈之遴《浮云集》卷五也有《登莲花峰次黄夫子韵》。在此期间，黄道周曾在大涤书院与诸弟子讨论学问[④]。《浮云集》卷三《送别夫子》其二有“仲夏（五月）卉木繁，大涤多

---

① 侯真平：《黄道周纪年著述书画考》上册，第234、294页。
② 黄道周：《黄漳浦文集》卷三十八，第683页。
③ 黄道周：《黄漳浦文集》卷三十七，第750页。
④ 侯真平：《黄道周纪年著述书画考》上册，第299页。

熏风"，可见陈之遴也当有所参与。

此外，据陈之遴为黄道周《易象正》所作序：

> 先生壬午（崇祯十五年，1642）五月过临安，将适江楚（武昌），时诸门人皆送至京口（镇江），惟孟长民从至九江。之遴知先生雅喜独坐，又方理《易象正》，不欲与众周旋，仅遣一苍头事先生。……及在留都过楚，苍头仅持美之尊人墓志铭及之遴诗序耳。

则黄道周此番离开浙江是在五月，其离浙时门人送至京口，唯孟长民随侍至九江，陈之遴也派一家仆跟随，至经南京赴江楚时家仆返浙，并带回黄道周为弟子朱朝瑛的父亲所作墓志铭和为陈之遴诗集所作序。此为崇祯十五年（1642）陈之遴初次与黄道周相往来的大致情况。

六月，黄道周从南京溯江而上，拟经江楚赴戍所四川酉阳，但抵九江后因病滞留，直至十月一日接旨免戍还职；其十月上旬又闻有旨催任但久为下达，于是返乡，并于当月行抵浙江，直至十一月[①]，则陈之遴该年第二次与黄道周交往是在十月、十一月间。这一期间的交往证据除黄道周有诗作《同彦升、卧子诸兄集倪园为鸿宝劝驾二章》、《何羲兆、姚二存、曹木上、陈彦升、倪子玉、叶恒生、姚圣之同陈卧子集倪鸿宝园中各拈二韵》外[②]，另据侯真平先生发现，黄道周此间有书法作品题为《六章同曹木上、何羲兆、陈彦升太史、陈卧子司理过倪园并为倪母寿》[③]，则陈之遴与黄道周等人共集于倪鸿宝家中时恰逢其母寿日，于是雅集之际又举行了为倪母祝寿的活动。

关于崇祯十五年（1642）陈之遴与黄道周的第二次交往情况，除上述之外另有一事颇值得考索，即陈之遴与黄道周《易象正》的刊刻。

黄道周《易象正》卷首有5篇弟子所作《序述》，其中陈之遴所作对《易象正》的刊刻背景叙述最详：

---

① 侯真平：《黄道周纪年著述书画考》上册，第305、309、315页。

② 黄道周：《黄漳浦文集》卷四十二，第772、774页。

③ 侯真平：《黄道周纪年著述书画考》上册，第314页。

陈彦升之遴曰：先生壬午（崇祯十五年，1642）五月过临安（杭州），将适江楚（武昌），时诸门人皆送至京口（镇江），惟孟长民从至九江。之遴知先生雅喜独坐，又方理《易象正》，不欲与众周旋，仅遣一苍头事先生，恳（请求）得《象正》完本，与朱美之朝夕讨论。及在留都（南京）过楚，苍头仅持美之尊人墓志铭及之遴诗序耳。之遴方与美之约侍先生，艤舟至京口（镇江），又不知先生所在，但闻先生已还闽中，众无所知者。……至绣水（嘉兴），闻先生在，……私喜不自禁，乃恳得《象正》完本。……《象正》完本，属当公诸后世。①

据陈之遴此序，可知黄道周五月离开杭州后，拟经武昌赴四川酉阳戍所，“时诸门人皆送至京口，惟孟长民从至九江”，陈之遴则“遣一苍头”跟随，其任务除随侍外，还要从黄道周处带回“《象正》完本”，供陈之遴“与朱美之朝夕讨论”。黄道周一行离开九江后船至南京时，“苍头”独自返浙，但并未带回“《象正》完本”，“仅持美之尊人墓志铭及之遴诗序耳”。此时陈之遴与朱朝瑛正相约赴南京见黄道周，船至镇江时，适逢黄道周因“十月一日接旨免戍还职”，“十月上旬又闻有旨催任，但久为下达”而决定“同月返乡”，并于“当月行抵浙江”嘉兴，② 故陈之遴至镇江时“不知先生所在，但闻先生已还闽中”，“至绣水，闻先生在”。在嘉兴，陈之遴从黄道周处“恳得《象正》完本”，黄道周“属当公诸后世”。同行的朱朝瑛之《序述》也提到：

朱美之朝瑛曰：……壬午年（崇祯十五年，1642）……十月，先生以完本寄彦升，又属彦升：若传播，必与朱美之参定。③

曾随侍黄道周至九江的孟长民及何瑞图之《序述》亦言：

① 黄道周：《易象正》序述，《文渊阁四库全书》第35册，第128页。

② 侯真平：《黄道周纪年著述书画考》上册，第305、309页。

③ 黄道周：《易象正》序述，《文渊阁四库全书》第35册，第128页。

孟长民应春曰：……闻扁舟过钱塘，是本已就寄陈太史彦升处。

何義兆瑞图曰：……今《易象正》完，寄陈彦升处。[①]

以上数条皆表明，黄道周将完稿后的《易象正》交与陈之遴并嘱其当公诸后世，则应是陈之遴负责将此书最后付梓。

另据何瑞图之《序述》：

先生云：“吾向与何義兆约，《象正》完时，入山呈斗。然如此重事，当自家笔迹，一字不苟。今旧迹已离，所存改本，中有杂墨，岂可告之神明？且俟刻完，整整齐齐开兹悬霤耳。”[②]

又黄道周在崇祯十六年居漳浦墓庐，其四月望日所作《答陈卧子书》最后一句提及：

《易象正》完，幸一册来。[③]

是则黄道周对《易象正》一书十分珍视，故其将《易象正》定稿交给陈之遴后，嘱其与朱朝瑛参定后予以付梓，公诸后世。

关于黄道周《易象正》，有一则史料令人费解。顺康时期的包仪在其《易原就正·凡例》中称：

行世易说，种不胜数，要皆未尝读《皇极经世》，无怪乎各逞其私智，而总非圣人立象尽意观象系辞之本旨。惟海宁陈彦升先生所著《易象正》庶几于《皇极经世》殆有得，惜乎非全书。以其亦杂于私智也，然其说有必不可易者，《易原就正》间多取而混成一家之言，

---

① 黄道周：《易象正》序述，《文渊阁四库全书》第35册，第127、129页。

② 同上书，第129页。

③ 黄道周：《黄漳浦文集》卷十八，第245页。

难以别也。是以不复别之也，表而出之，不敢没先儒功苦之善也。[①]

此则称《易象正》的著者为陈之遴。《四库总目提要》对《易原就正》有此评价：

其持论尤胶於一偏。然其书发挥明简，词意了然，乃非抛荒《经》义，排比黑白，徒类算经者可比……盖其学虽兼讲先天，而实则发明《易》理者为多。[②]

则包仪在清初当为对《易》颇有所得的学者，而其竟以为《易象正》作者为陈之遴，从"惜乎非全书"看，盖其所得《易象正》当有残缺，因书皮或某处刊印"陈之遴彦升刊刻"或同类字样而成此误。由此可猜测《易象正》当由陈之遴一人独自出资刊刻。

（二）崇祯十七年（1644）

借以考察此年陈之遴与黄道周交游情况的史料仅有三首诗，皆作于明亡之后。

黄道周在崇祯十七年（1644）明亡后有《查毅斋将还钱塘，寄怀其弟伊璜并示彦升、康流诸友》[③] 一诗，伊璜为查继佐之号，明亡后鲁王监国时，查继佐投之，一度在浙东地区亲率武装力量抗清，曾获大捷。黄道周专写此诗高度赞扬明亡后查继佐的抗清行动，当时"草昧呼真灵，犹为睹英杰"，但查继佐"令弟何慷慨，砺齿欲噉铁"、"白板奖帝室，藉草起天阙"。黄道周此诗为寄怀查继佐而作，其"并示彦升、康流诸友"则是对海宁陈之遴等门生表达抗清期望。

黄道周该年又有《答彦升、卧子、有仆并诸友》其二：

十月到正月，长安音信稀。岂无鱼鸟路，坐掩柴桑扉。奋翅嗟衰

① 包仪：《易原就正》序述，《文渊阁四库全书》第43册，第353页。
② 永瑢：《四库全书总目》卷六，上册，第39页。
③ 黄道周：《咏业近集》申集，《续修四库全书》第1384册，第321页。

晚，投鞭赋《式微》。健儿天所护，试与诵《无衣》。[①]

检黄道周之纪年，其“十月到正月，长安音信稀”的经历有两次：一为“崇祯九年，清兵七八月入侵京畿的消息传来，毅然出山勤王”，“十二月到达北京”，崇祯十年“正月初一，见朝”[②]。其在崇祯十年六月所作《慎喜怒以回天疏》中也言“去岁秋尽，惊闻□警，匍匐入都，万里载途，经冬始到”[③]。二为崇祯十七年（1644）“九月十五日，辞墓赴弘光朝召用”，其中自十月底至十二月初停留于杭州[④]，弘光元年（1645）“正月，抵南京”[⑤]。崇祯九年（1636）和崇祯十七年（1644）的十月至十二月间黄道周都是一直在赴京途中，与京城友人不能往来书信，故这两个时段都与“十月到正月，长安音信稀”相合。

若此诗作于其第一次经历，则“长安”指北京；若作于第二次，则“长安”指南京。经过比对史实，诗中“长安”当指南京。

甲、从时间看，二者皆与诗句“十月到正月，长安音信稀”相合。

乙、从逻辑看，诗中致使“长安音信稀”的原因是“坐掩柴桑扉”，但第一次赴“长安”途中“匍匐入都，万里载途”，与“坐掩柴桑扉”并无关系；而第二次赴“长安”时在杭州停留一月有余，此时与“长安”信息隔绝，尚可用“坐掩柴桑扉”解释。

丙、从诗意看，虽两次经历皆合“投鞭赋《式微》”、“试与诵《无衣》”，但崇祯十年（1637）黄道周方53岁，崇祯十七年（1644）其年已60，则其第二次的经历更合于“奋翅嗟衰晚”。

丁、从旁证看，在《明诚堂集》中，此诗前一首为《答友劝驾》，后一首为《腊日再寄彦升、卧子》。崇祯十七年（1644）底黄道周在杭州停留期间，“约值十一月二十三、二十四日”后，“刘宗周、陈子龙、蔡端敏

---

① 黄道周：《明诚堂诗集》卷一，《续修四库全书》第1384册，第407页。

② 侯真平：《黄道周纪年著述书画考》上册，第165页。

③ 黄道周：《黄漳浦集》卷二，《丛书集成三编》第52册，第205页。

④ 侯真平：《黄道周纪年著述书画考》上册，第365—366页。

⑤ 侯真平：《黄道周纪年著述书画考》下册，第369页。

都有信劝阻黄道周赴任”[①]，则《答友劝驾》当作于此时。黄道周于崇祯十七年（1644）十月底至十二月初停留于杭州，“十二月五日，舟至吴江”，故其也有时间于腊月初八这天成诗《腊日再寄彦升、卧子》[②]。参照明代诗集中诗作排序的编纂通例与《答友劝驾》和《腊日再答彦升、卧子》两诗的写作时间，《答彦升、卧子、有仆并诸友》当作于黄道周崇祯十七年（1644）这次“十月到正月，长安音信稀”的经历。

可见，《答彦升、卧子、有仆并诸友》作于崇祯十七年（1644）十一月二十三、四日后，腊月初八前，其目的是为向陈之遴等人道明自己的出仕抗清之意。

第三首诗是《腊日再寄彦升、卧子》作于黄道周至南京赴任途中，诗中其称自己“捐躯何所惜，于义未全安”，并以“莫以断舩橛，而当快马看”[③] 勉励陈之遴、陈子龙等年青进士。

通过上述三首诗可以发现，黄道周崇祯十七年（1644）明亡后，一直都在鼓励陈之遴等人奋起抗清。

另外，陈之遴在闲居海宁期间，和祁彪佳等人也往来密切。祁彪佳在《甲乙日历》中有两则提及陈之遴处，有补于我们获悉陈之遴在崇祯十七年（1644）二月和四月间的一些行踪，兹录于下：

> 甲申岁……二月二十一日，呼萧山竹工修笛亭；张轶凡删石于友石榭傍，累高峰始竣。季超兄出，共估瑛石之价，欲售之陈彦升，遂邀张轶凡同小酌于梅花船，候钱溪云不至。是日，王云岫过访。
>
> 四月初四日，季超兄归，姜婿同长女亦归。出访客，晤钱用甫于抚军宾馆，托其询芜湖左兵之信。又晤冯眉仙，知天津甚危；其兄留仙书词多诀绝语，中朝有主议南迁者。午后，出关外，同冯眉仙、冯跻仲候冯邺仙，不至。值陈彦升、陈彤垣来候予，谈于其舟中。饭于

---

① 侯真平：《黄道周纪年著述书画考》上册，第367页。

② 按：此诗在《续修四库全书》影印本《明诚堂诗集》目录中作《腊日再寄彦升、卧子》，正文“寄”误作“答”。

③ 黄道周：《明诚堂诗集》卷一，《续修四库全书》第1384册，第407页。

周月樵家；冒雨而归。[①]

## 五 弘光时起复后的陈之遴

上节已言，明亡后黄道周曾三次以诗作的形式勉励陈之遴等人抗清，又据《明史》：

福王监国，用道周吏部左侍郎……拜礼部尚书，协理詹事府事。[②]

可知黄道周当时在弘光政权中也具备帮助陈之遴复出的条件。顺治二年（1645）五月弘光被俘后潞王在杭州监国时，黄道周有《请召刘宗周、姜曰广、高宏图、杨廷麟、刘同升以收人心笺》[③]，则其在南明时也的确举荐过不少友人、门生、弟子。由此我们往往会认为当黄道周有条件和机会起用人才时，必会首先想到陈之遴等门生弟子。然而陈之遴在弘光朝的复出并非出自黄道周的举荐和提携。下面是有关陈之遴复官的记载：

（甲申）八月辛未，升原任南祭酒文安之詹事府正詹事；补修撰刘同升编修，赵士春、陈之遴各原官；升庶吉士陈于鼎编修。[④]

（崇祯十七年）八月辛酉，复陈于鼎、刘同升南京翰林院修撰，陈之遴、赵士春编修。[⑤]

（十一月）二十甲辰，沈廷嘉、刘同升、陈之遴、刘正宗各转坊官。[⑥]

十一月甲辰，升詹事府正詹曹勋礼部右侍郎，仍管翰林院事；沈延加左春坊左谕德兼侍讲、刘同升右中允兼修撰、陈之遴左中允兼编修，同刘正宗管理诰敕。[⑦]

---

① 祁彪佳：《甲乙日历》，《台湾文献史料丛刊》第6辑，第107册，第11、18页。
② 张廷玉：《明史》卷二百五十五，第22册，第6600页。
③ 侯真平：《黄道周纪年著述书画考》上册，第367页。
④ 佚名：《偏安排日事迹》卷四，《台湾文献史料丛刊》第5辑，第99册，第87页。
⑤ 谈迁：《国榷》卷一百二，第6册，中华书局1958年版，第6136页。
⑥ 计六奇：《明季南略》卷二，第107页。
⑦ 佚名：《偏安排日事迹》卷七，《台湾文献史料丛刊》第5辑，第99册，第141页。

上举史料表明，陈之遴先于崇祯十七年（1644）八月复官翰林院编修，接着于十一月升转坊官。黄道周于崇祯十七年（1644）六月上旬方闻知自己五月十六日被弘光朝召用为吏部左侍郎兼翰林院侍读学士；九月十五日离开漳浦老家赴弘光朝召用，其间曾一度懊悔；十月末行至浙江时得知自己被晋升为礼部尚书，在浙江停留至十二月上旬，其间又遭刘宗周、陈子龙等友人弟子劝阻[①]。陈之遴复翰林院编修是在崇祯十七年（1644）八月，升转坊官是在十一月。从时间看，黄道周当时尚未就职，因而陈之遴在弘光朝的复官和升转当与其无关。陈之遴在弘光朝的复出和升转当是由于南明小朝廷组建时因面临人才匮乏而出现的对明朝故臣的“群体性”回召，这与黄道周的被起用属同一性质。

陈之遴起复后，有史料可考的事情主要有三件：为父正名、典试福建、徙潞王于湖州。

（一）为父正名

陈祖苞一案的确有至冤之情，黄道周称其狱中自尽为“玉碎”，称陈之遴受父罪牵连遭禁锢为“蒙垢”[②]。其实陈之遴的遭遇远不止“蒙垢”这么简单，陈之遴历时12年参加5次会试中榜眼后任翰林院编修，孰料未满两年便因父亲陈祖苞受杨嗣昌冤害而遭禁锢，父亲的蒙冤致死使其“甘自废弃，不复有仕进之意；而一时人情冷暖、路鬼揶揄，不徒雀罗门巷矣”[③]。海宁渤海陈氏的骤然衰落给陈之遴的冲击并不小于父亲的含辱自尽，父亲的蒙冤使陈之遴一直处于对因门庭而生成的屈辱的隐忍之中，因而其起复后的第一件事情就是为父亲谋求平反。陈之遴为父亲平反也是为自己正名，其行动分为复原官和请赠两步。

《爝火录》：

甲申（1644）冬十一月二十五日（己酉）复陈祖苞原官。[④]

---

① 侯真平：《黄道周纪年著述书画考》上册，第356、363、365、367页。

② 黄道周：《黄漳浦文集》三十七，第662页。

③ 陈赓笙：《海宁渤海陈氏宗谱》，《清代民国名人家谱选刊续编》第75册，第455页

④ 李天根：《爝火录》卷七，第366页。

《偏安排日事迹》：

（乙酉）三月己丑，吏部请赠故山永巡抚陈祖苞兵部尚书，不允。祖苞，先帝时以失机拟辟，寻毙狱；故不与东抚颜继祖等同戮。先以子词臣之遴疏辨，复官。至是，又请赠，不允。之遴后降北，复任侍读学士。[①]

陈之遴甲申（1644）八月复官翰林院编修，十一月升转坊官，而陈祖苞复原官顺天巡抚是在十一月二十五日。考虑到朝廷的议事程序，其为父亲“疏辩”复官当在其本人复官翰林院编修后不久。在陈祖苞恢复名誉后的三个月，陈之遴又匆忙为父亲请赠“兵部尚书”。为陈祖苞复官是洗刷冤情恢复名誉，而为陈祖苞请赠则是要求朝廷对父亲当年的抗清之举作出肯定和嘉奖。但陈之遴的正名行动并非一帆风顺，其为父亲请赠并未获准，就连朝廷同意复陈祖苞原官这一决定，外界也仍有认为不妥者：

《圣安本纪》：

弘光元年（乙酉）二月二月甲寅朔……原任山西巡抚蔡懋德男方熹上疏请恤，不许。按：方熹为父请恤，有旨：“懋德纵贼渡河，一死何赎！不准恤”。发明：……顾戊寅蓟门失机一案，吴阿衡身与镇监捧觞，置羽书于高阁；陈祖苞不急堵御隘口，致郡邑之连陷；济南之变，祸及德藩，宋学朱实为居守：而或予之谥、或赠之官，胡独于懋德蒙此严旨，则懋德家贫之所致也。呜呼！赏罚无章，何以劝阻？[②]

《小腆纪年》：

乙酉，我大清顺治二年（1645）二月丁卯……明殉难山西巡抚蔡

① 佚名：《偏安排日事迹》卷十一，《台湾文献史料丛刊》第5辑，第99册，第225页。
② 顾炎武：《圣安本纪》卷四，《台湾文献史料丛刊》第3辑，第53册，第135页。

懋德子方疏请恤典，不许。时恤典滥行：前蓟辽总督吴阿衡以饮酒不能军遇害，谥忠毅；顺天巡抚陈祖苞以不堵隘口下狱死，复原官；济南巡抚宋学朱以城破无下落，赠大理寺少卿；他不可悉数。而方熺为父请恤，谓其纵贼渡河，一死莫赎，竟不许。论者谓懋德家贫所致也。

徐鼒曰：系之不许蔡懋德恤典后何？同时事也，彼不恤而此之恤，颠倒错乱之政，古未有若是之甚者也。吴阿衡、陈祖苞之恤何不书？曰犹有辞也，且不胜书也。①

此处所引《圣安本纪》为六卷本，据谢国桢《晚明史籍考》："圣安本纪……是编流传共有二本：一为二卷本，题圣安纪事，即此本；一为《荆驼逸史》六卷本，题圣安本纪，有发明，有附录，事迹较详，乃文秉之甲乙事案，后人误为一书。"② 据此，上面所引《圣安本纪》文字为文秉之言，文秉是明末清初人，而《小腆纪年》为后出之作，其脱自《圣安本纪》的痕迹尤为明显。此二者皆以为陈祖苞当负不堵隘口之责，故不应复原官，恢复名誉。并且认为陈祖苞的复官是"赏罚无章"、"颠倒错乱之政"，甚至是陈之遴花钱疏通的结果。《爝火录》也对陈祖苞"复原官"一事有载，但从文字看与《圣安本纪》、《爝火录》不属同一叙事系统：

按：崇祯十一年冬，祖苞官顺天巡按；因大清兵入畿内，与东抚颜继祖、保抚张其年俱以失事逮。祖苞自尽狱中，颜、张皆伏法。祖苞官可复，则颜、张皆当赠恤矣。③

上举三条史料，皆认为陈祖苞罪有应得，不能以复官的方式恢复名誉。通过我们前面对陈祖苞案始末的考述过程可以看出，战事信息的不畅和史家笔墨的简略很容易致使坊间轻信杨嗣昌操纵下的朝廷对陈祖苞一案的判

① 徐鼒：《小腆纪年》卷九，第323页。

② 谢国桢：《增订晚明史籍考》，第479—480页。

③ 李天根：《爝火录》卷七，第366页。

决，进而导致了上述史料所记清人对陈祖苞复官一事的评价。

（二）典试福建

各家史料对陈之遴主试福建的时间记载较为一致：

（乙酉五月）初三甲申，典用陈之遴、戴英主试福建。[①]

（五月初五），礼部题编修陈之遴、给事中戴英福建主考。[②]

五月甲申，左中允陈之遴、兵科给事中戴英主试福建。[③]

五月初五，礼部题编修陈之遴、给事中戴英福建主考。[④]

弘光元年（1645）五月甲申是五月初三，则从时间看，上述各条所言具体日期都在五月，但有言初三者，有言初五者。从“典用”和“题”看，这个时间只是礼部请旨的时间，朝廷同意并下旨至少要在数日之后。至于陈之遴担任福建乡试主考的时的官职，《爝火录》称其为“左中允”，《国榷》称其为“编修”，两家所记似有出入，实则并无问题。《明季南略》称甲申十一月二十甲辰，陈之遴转坊官[⑤]，《偏安排日事迹》称甲申十一月甲辰，升陈之遴左中允兼编修[⑥]，可见在弘光时陈之遴的职务为左春坊左中允兼翰林院编修，是则称陈之遴左中允可，称其编修亦可。

陈之遴典试福建的具体情形已不可详考，仅《国榷》载：

五月甲申，左中允陈之遴、兵科给事中戴英主试福建，时议浙江、江西、湖广、福建主试，并遣坊局。之遴等谋逋。[⑦]

陈之遴被礼部题请典福建乡试是在五月初三或初五，等朝廷下旨时至少又

① 计六奇：《明季南略》卷四，第 211 页。
② 顾炎武：《圣安本纪》卷六，《台湾文献史料丛刊》第 3 辑，第 53 册，第 174 页。
③ 谈迁：《国榷》卷一百四，第 6 册，中华书局 1958 年版，第 6207 页。
④ 李天根：《爝火录》卷十，第 457 页。
⑤ 计六奇：《明季南略》卷二，第 107 页。
⑥ 佚名：《偏安排日事迹》卷七，《台湾文献史料丛刊》第 5 辑，第 99 册，第 141 页。
⑦ 谈迁：《国榷》卷一百四，第 6 册，中华书局 1958 年版，第 6207 页。

要消耗数日。考虑到五月十五日清兵入南京时陈之遴曾参加迎降仪式[①]，则其只有不到10天的时间主持福建乡试，其中还要包括南京至福州的往返行程时间，这是不可能做到的。钱海岳《南明史·选举志》称弘光元年(1645)的这次乡试"试官行未至，而南京不守"[②]，而我们怀疑陈之遴这次典试根本就未能成行。因此，"时议"所议当是陈之遴等人有向礼部贿请典试机会之举，而非在典乡试时有徇私舞弊行为。虽然南明弘光朝廷摇摇欲坠朝不保夕，但明代官场的积弊仍十分严重，被题请典试福建的的陈之遴自然当事其中，受到牵连。

（三）陈之遴与潞王徙湖州

在记载弘光徙潞王于湖州一事的史料中颇有语及陈之遴者，往往以其为徙潞王事件的始作俑者。

《明季南略》：

> 弘光元年乙酉（顺治二年）四月十六戊辰，徙潞王于湖州。王初至杭，适海宁百姓群讦编修陈之遴于两台，王得其揭，偶向监司言之，之遴惧。及补官，同御使彭玉飙召对，力言"旧大臣意立潞王，幸马士英违众独立。今杭城省会，非所宜居，恐有密图者"。乃有湖州之命。[③]

《圣安本纪》：

> 徙潞王常涝于湖州。王初至杭，适海宁百姓群疏陈之遴于抚按。王得其揭，偶向布、按三司言之。之遴惧，反起浮词。御史彭遇扬召对，力言"当日大臣意在潞王，幸马士英违众独立。今杭城省会非所

---

① 西亭凌雪：《南天痕》卷七，《台湾文献史料丛刊》第6辑，第105册，第113页。亦见于温睿临《南疆绎史》卷十六、倪在田《续明纪事本末》卷一。

② 钱海岳：《南明史》卷八，第3册，第399页。

③ 计六奇：《明季南略》卷三，第185页。

宜居，恐有他虑”。乃有湖州之命。[①]

《国榷》：

崇王慈煇徙福州，潞王常淓徙湖州。先是，潞王入杭，时海宁人讼编修陈之遴于各台，王得其揭，偶对各台语及。至是，之遴修怨。去冬，同御使彭玉飖召对，言诸臣意在潞王，幸马士英决策，今杭城省会地非宜，玉飖奏募名将密图之，未果，故有是命。[②]

上述三种史料出自清初，皆称潞王被徙湖州是由于陈之遴上谏的结果，而陈之遴上谏的原因则是潞王手里有其把柄，即《明季南略》所谓“王初至杭，适海宁百姓群讦编修陈之遴于两台，王得其揭”。潞王在去年五月清兵入京师后随军南下入杭州，此时海宁百姓向地方最高长官“群讦”陈之遴何事已不可考，但“群讦”二字在《圣安本纪》中称“群疏”，在《国榷》中称“讼”，由讦、疏、讼三字可见潞王手中之“揭”所言必是对陈之遴不利的事情，而潞王竟将此揭“偶向监司言之”、“偶对各台语及”，因而致使“之遴惧”、“之遴修怨”。陈之遴时为左春坊兼编修，盖恐潞王在杭州停留日久，其掌握自己被讦之事日多，故为自保而借召对之机劝弘光将潞王徙离杭州。此事在后来咸丰年间成书的《小腆纪传》中亦有沿袭：

常淓初至杭州，海宁百姓诉乡官陈之遴于抚按；常淓偶与众语及之，之遴惧。巡按御史彭遇飖以括饷为士民所逐，调淮扬；思所以自媚。会之遴起原官，与遇飖同入对；因言定策之初，大臣意在潞王，省会非所宜居。常淓亦自危，疏请僻静一郡。乙酉（1645）夏四月，……命常淓居湖州。[③]

① 顾炎武：《圣安本纪》卷五，《台湾文献史料丛刊》第3辑，第53册，第166页。

② 谈迁：《国榷》卷一百四，第6册，中华书局1958年版，第6197页。

③ 徐鼒：《小腆纪传》卷九，第103页。

但上述四则史料所谓“王初至杭，海宁百姓群讦编修陈之遴于两台”一事在《爝火录》中另有说法：

乙酉夏四月十六日（戊辰），命潞王移居湖州。王初至杭州，海宁百姓推陈之遴请于抚按拥立。王得其揭，偶向布按三司言之；之遴惧。及起官，同御史彭遇飆召对，力言“当时大臣意在潞王，幸马士英违众独立。今杭州省会，非所宜居，恐有他虑”。乃命徙居湖州。①

《爝火录》成书于乾隆初年，为后出之作，从行文来看，此段记载当袭自《明季南略》、《圣安本纪》或《国榷》，但“王初至杭，海宁百姓群讦编修陈之遴于两台”在此处变成了“王初至杭州，海宁百姓推陈之遴请于抚按拥立”。当时马士英主控下的弘光朝正出现如下情势：

南都之议立君也，吕大器、张慎言、姜曰广、钱谦益等虑弘光帝立，且修衅三案；佥谓常淓贤明，可定大计。弘光帝既立，马、阮辄以是齮龁异己。②

潞王朱常淓曾被拥“定大计”，败给弘光后，拥弘光的马士英、阮大铖便以此“齮龁异己”。无疑，此时“（潞）王初至杭，海宁百姓推陈之遴请于抚按拥立”一说对陈之遴的影响可想而知。但先前清初数种史料皆无此记载，后出之《爝火录》何出此说？按《爝火录》所记，陈之遴上谏请徙潞王，应该是以此划清自己和潞王的界限而“自媚”于弘光。《爝火录》此种说法也并非全无道理，但考虑到上述数则史料皆言海宁人讼陈之遴，但所讼何事不明，可能《爝火录》作者李天根与我们面临同样的疑惑，故其“（潞）王初至杭，海宁百姓推陈之遴请于抚按拥立”或为猜测之言，并无实据，不可遽信。

---

① 李天根：《爝火录》卷十，第446页。

② 徐鼒：《小腆纪传》卷九，第103页。

# 第二章 “触眼大都无故旧，剩身聊复共婆娑”

## ——多尔衮主政时期陈之遴的仕清之路

陈之遴的降清并非一种突然行为，而是存在一个蓄积和渐进的过程。明亡后，出仕弘光政权的陈之遴因为缺乏传统士大夫在亡国之际应有“正气”和“骨气”，而在政治伦理和行为上一步步将自己置身于逼仄的境地，加之海宁乱民将其亡父焚棺毁骨的极端行为和其对弘光政权的失望与不满（此点详见本书第四章第二节），最终走上了叛明仕清的道路。从《清实录》看在多尔衮主政时期陈之遴的仕路颇顺，但从《浮云集》看这一时期的陈之遴经历了一个彷徨无助和孤单寂寞的“孤臣”时期。

### 第一节 陈之遴降清始末

可资考察陈之遴降清过程的史料众多而凌乱，且按时间线索梳理如下，以理清其降清始末及厘正一些清代史料记载和今人所撰传记的讹误。

#### 一 弘光元年（1645，顺治二年）五月甲申：“谋遁”

五月甲申，左中允陈之遴、兵科给事中戴英主试福建，时议浙江、江西、湖广、福建主试，并遣坊局。之遴等谋遁。[①]

上述文字出自《国榷》，其编撰者谈迁与陈之遴为同时代之同乡，其另编

① 谈迁：《国榷》卷一百四，第6册，中华书局1958年版，第6207页。

有《海昌外志》，于明末清初的乡邦史事颇有记述，因而这段话所言虽未见诸其他史料，但可信度应该不小。前面我们在分析后认为，陈之遴等人弘光元年（1645）五月初三或初五典试福建而遭“时议”并非由于科场弊案，而是由于向礼部贿请典试机会。在此情形下，由于惧怕贿请之举会招致政治灾难，其“谋遁”。弘光元年（1645）五月十五日清兵即入南京，是则南明小朝廷还未及对这起事件作出处理便遭覆亡，陈之遴的“谋遁”也就不了了之。

## 二 顺治二年（1645）五月十五日：参加南京迎降仪式

顺治二年（1645）五月十五日豫亲王多铎于入南京时，留守南京的南明诸臣举行了一场降清仪式。属于同一史料系统的《南天痕》、《南疆绎史》、《续明纪事本末》都记述了当时的具体情形，兹引成书时间较早的《南天痕》如下：

> 总督京营戎政忻诚伯赵之龙、礼部尚书钱谦益，首具启迎。豫王渡江，百官或降或窜，奔走恐后矣。其降者：公侯则徐允爵……大学士则王铎……，都御史则李沾……侍郎则李乔……翰林詹事则……陈之遴，给事中则钱增……御史则张孙振……其余部曹寺司下僚不可胜计……言豫王之将至也，戎政府都察院先遣官骑迎之于郊；赵之龙、钱谦益奉舆图册籍候于中途，四拜以献。将入城，大雨沾湿，百官雨立无敢后者。王命谦益以五百骑先入清宫，谦益封府库、收锁钥，导王以入。之龙集黎园子弟数百人长筵广乐，迎王南面坐，奉觞上寿。张幕天坛，椎牛酾酒，大飨将士。①

清兵渡江时“百官或降或窜，奔走恐后”，不知出于何种考虑陈之遴在面临清兵入南京时选择了留守迎降，当时作出同样选择的上至公侯、大学士、尚书，下至部曹寺司下僚，人数“不可胜计”。在多铎将入城时，“大

① 西亭凌雪：《南天痕》卷七，《台湾文献史料丛刊》第6辑，第105册，第113页。

雨沾湿，百官雨立无敢后者”，其中便有陈之遴。在死生和前途都未卜的战战兢兢中，全身被雨水浸透的陈之遴又参加了广乐长筵和天坛酾酒。

## 三 顺治二年（1645）闰六月：在家乡海宁邑人“逼义”时“避去”

与陈之遴同时代的乡人谈迁在《海昌外志》中有这样的记载：

> 弘光乙酉（1645）……六月甲子，北兵檄至杭城。乙丑，知县林逵解印绶，步出东门，轻舟避袁花许氏，县丞莆田林士骅、主薄诏安郑跃龙在任。丁卯，北兵入杭城……。闰六月乙酉，贡士钱塘贡生张尧扬来为令。寻有薙发之命，邑人大哗，……士民皇皇，谋举义，而外郡各有动矣。……邑人偪义，推中允之遴主其事。之遴不可，避去。七月丙辰，北兵四百人暮抵城，竟南门转入宣德门，杀掠无算。[①]

崇祯十七年（1644）底至弘光元年（1645）五月十五日多铎入南京前，陈之遴一直在南京任职，南京被破后，其参加了公开迎降多铎的仪式。可能在南京迎降多铎的南明朝臣人数过多，故多铎当时并未及时一一妥善安置这批人，陈之遴可能趁乱逃归家乡海宁。此时清兵一路南下势如破竹，海宁的暂安仅持续了未及一月。可能当陈之遴刚刚回至海宁时，便“六月甲子（六月十三），北兵檄至杭城”，知县弃职而逃，“丁卯（十六），北兵入杭城”。到“闰六月乙酉（初五）”清廷新任命的县令已履职，接着便有“薙发之命，邑人大哗，……士民皇皇，谋举义，而外郡各有动矣。……邑人偪义，推中允之遴主其事”。陈之遴在海宁作为乡居弘光朝坊官，邑人举义推其主事在情理之中，若参与其事又可洗刷作为清朝“降官”的政治和道义污点，因而本当义不容辞，但其最终决定“不可”，并且“避去”。其避去之后，“七月丙辰（初七），北兵四百人暮抵城，……杀掠无算”。陈之遴在乡人举义中的选择和表现，暗含了其后来选择主动北上投清的政治伦理和行为准则。

---

① 谈迁：《海昌外志》，《中国方志丛书》华中地方第507号，第684—685页。

此时唐王朱聿键在福建即位改元隆武，黄道周在唐王处，其作于隆武元年（1645）闰六月二十七日[①]的《谕浙东士民诏》：

> 朕在闽中即位方数日，乍闻钱塘知县顾建贤死绥……又闻刘宗周指水自誓，祁彪佳倡义殒身……比乃闻温、处、台、宁一带士绅共起捐赀堵御……若温州缙绅已先具名通启，朕甚嘉焉。会稽上下，薪胆余风，英贤从粹，若旧太宰商周祚……潘融春等，亦皆先朝之著蔡也。至若词臣詹事余煌、朱兆柏，官坊（按：倒文）陈之遴等，皆行锵璜瑀，音吐宫商（按：谓君臣），岂有忍视乡闾坐拜□□之理？[②]

诏书在褒扬顾建贤、刘宗周、祁彪佳等浙江抗清名士之后，特意指出陈之遴等人“岂有忍视乡闾坐拜□□之理？”此当是对陈之遴在乡人举义中的表现进行点名批评，抑或是对陈之遴所在的海宁一地在奋起抗清方面动静不大这一情况表示不满和激励。

谈迁在《海昌外志》中还有一载：

> （弘光乙酉）夏五月，陈太史之遴门石狮夜吼，因携其一安国寺。[③]

石狮为官宦门第的家常摆设，通常为一对，大门左右各一。海宁当地大户众多，门前陈设石狮者绝非陈之遴一家，在弘光乙酉（1645）夏五月清兵入南京弘光帝被俘这个特殊的时间节点，陈之遴家发生“门石狮夜吼，因携其一安国寺”这样的事情足以令人生疑。石狮夜吼，已为荒诞，门前石狮作为极为显眼的标志物，挪走其一后的场景当是十分奇怪。与陈之遴同时的杭州人金堡《奖忠讨逆疏》中一段文字或许可作为这件事情的注脚：

> 为奖忠讨逆，以申大法事。又如吏部尚书商国祚，摇尾乞怜于逢

① 侯真平：《明·黄道周纪年著述书画考》，第392页。
② 黄道周：《黄漳浦集》卷八，《丛书集成三编》第52册，第291页。
③ 谈迁：《海昌外志》，《中国方志丛书》华中地方第507号，第684页。

元以希引进。臣不识国祚一旦入地，已非天亡；而甘心负国，遂至于此！推而下之，姚应嘉、金兰等之辫发从胡俗也，陈之遴、钱栴等之勾引陷桑梓也，钱震泷之跪门求用为贝酋所斥也，傅岩等之受伪官招摇外任也。[①]

此处记载了清兵入南京后一些朝臣的丑行，作为亲历者的金堡其记载可信度较大。金堡所称陈之遴“勾引陷桑梓”，当与陈之遴家挪走门前一座石狮相关。若陈之遴与清兵入海宁这一行动有牵连，其家便不是清兵入海宁后劫掠杀戮的对象。清兵入城后的劫掠首选大户门庭，何以分辨陈之遴家以免误杀误伤？门前石狮便是最好的标志。要挪走一座石狮非常规之事，自然需要一个能掩人耳目的借口，于是便有“石狮夜吼”一说。上引《海昌外志》称“七月丙辰，北兵四百人暮抵城，竟南门转入宣德门，杀掠无算”，从事后陈之遴家族的完整度看，在这场劫杀中其家也确实幸免于难，此亦可为我们所推测陈之遴挪走门前一座石狮原因的一个证据。由此我们认为，陈之遴有“勾引”清兵“陷桑梓”之行的可能性较大，至少他曾为清兵入海宁做过贡献。

### 四 顺治二年（1645）闰六月后至十二月前：正式投诚降清

五月十五日在南京迎降多铎后，陈之遴并未得到安置，于是回到家乡海宁避居。陈之遴深感作为降臣不能坐等安置，要主动出击。在其《浮云集》中有一首词《念奴娇·赠友》，记录了其投诚前的部分心理过程及相关行动：

行年四十，乃知三十九年都错。富贵功名如此矣，何必酒阑花落。朱子传经，沈郎制锦，与我年相若。着鞭先我，抚躬多少惭怍。

惟有紫硖吴郎，恰同年同运，身世同漂泊。击筑鸣琴从此罢，将向柳营连幕。江左人才，山东形胜，杯酒聊商榷。时乎难再，须臾双

① 金堡：《岭海焚余》卷上，第13—14页。

鬓如鹤。

此词作于顺治二年（1645），陈之遴时年41岁。首句讲述了自己在明朝的经历：从天启时魏忠贤烈焰对陈祖苞的打压，到崇祯时杨嗣昌主导下陈祖苞的狱中含冤自尽，到自己以犯属而永不叙用，到亡父一直头顶失边奸臣的污名，到回乡后饱受的白眼和冷漠，到亡父被海宁乱民毁棺焚骨，自己家资也被掠殆尽，到弘光时自己给父亲洗刷冤名的艰难，到被礼部题请典试福建又受贿请案牵连，到准备负罪潜逃适逢弘光朝覆亡而幸免，最后到在参加南京投降仪式和勾结清兵陷桑梓之举。凡此种种，陈之遴在明朝和南明的仕路和生活可谓痛多而喜少。于是其认为“行年四十，乃知三十九年都错”，“富贵功名”就那么回事，不必为独守明朝而等到“酒阑花落”。“朱子”和“沈郎”在“与我年相若”时已功成名就，与他们相较，不禁心生“惭怍”，此时这一人生阶段对事业的焦灼感正煎熬着陈之遴的内心。下阕讲自己打算停止“击筑鸣琴”这种乡野生活方式，准备投向“江左人才，山东形胜”、“柳营连幕”的清朝，并邀请和自己“同年同运，身世同漂泊”的“紫硖吴郎”一同降清，因此寄去此词“杯酒聊商榷”是否以及怎样北上投诚之事。盖因词中“同年”并非指“同年进士”，而是指“同一年龄”，所以我们在《明清进士题名碑录》中并未能检得“紫硖吴郎”具体指何人，因而陈之遴与此人商榷共同北上投诚一事的下文也就不得而知。

到了闰六月，乡人在闻薙发之命而谋举义时推陈之遴主其事，在乡人群情激荡的胁迫之下，陈之遴别无他路，只好出逃。从史料看，陈之遴从海宁直奔杭州投浙江总督张存仁。据《清实录》：

> 顺治二年十二月辛丑，浙江总督张存仁疏报：明左春坊左中允陈之遴、苏松巡抚右佥都御使霍达投诚。令赴京朝见。[1]

---

① 《世祖章皇帝实录》卷二十二，《清实录》第3册，第195页。

张存仁的这件"疏"今天仍存：

浙江总督张存仁谨奏：原任左春坊陈之遴，由进士，于六月间遭寇，将房屋烧毁，劫掠家赀；因父祖苞青山效顺之故，复将弟、仆等斩杀，剖棺毁骨等情。又据原任苏松巡抚□□，由进士，大兵渡江，即行归顺，于六月遣人恭缴敕印。□□□有不同，而抒忠则一，用舍与否，统祈□□□奏。①

与陈之遴同时投张存仁者还有苏松巡抚霍达，陈、霍两位明朝旧臣投诚的情由不同，但其向清朝投诚时"抒忠则一"。张存仁在疏中向清廷所陈陈之遴的相关情况当据陈之遴本人投诚之言而成，但从有关史料所载来看，陈之遴的这番陈述有不少问题。

其一，"遭寇，将房屋烧毁，劫掠家赀"并非发生在顺治二年（1645）六月。据《爝火录》：

甲申（1644）五月二十（丁未），海盐士民陈之遴家被掠，并焚其父祖之柩。②

从史料记载看，当时江浙一带发生"士民"家中遭掠、祖柩被焚事件者，非海宁一地：

（崇祯十七年五月）二十四日，苏州士民檄讨其乡官从贼者，奸民和之。……钱位坤……宋学显……汤有庆之家皆被焚掠。常熟又焚给事中时敏家，毁其三四代棺。③

（崇祯十七年）夏五月十一日苏州士民焚掠伪官项煜、汤有庆、钱位坤、宋学显等四家；常熟焚掠时敏家，并三代四棺尽行焚毁；海

① 《浙江总督张存仁奏稿》，《明清史料》已编上册，第64页。

② 李天根：《爝火录》卷二，第165页。

③ 同上书，第173页。

盐焚掠陈之遴家，并焚其父陈祖苞之柩。[①]

从“乡官从贼者”、“伪官”看，当时江浙各地京官多有因在北京降李自成而家乡门户遭殃者。此类事件一般为诸生檄讨性质的民间正义行动，但往往由于“地寇”、“里中儿”、“地棍”等乱民的加入而导致场面失控，最终出现杀掠家人、焚烧祖棺的情形。问题是，苏州和常熟的类似事件中“士民”和“乱民”针对的目标是降李自成者，而非寻常士民；陈之遴家并无“降贼”者，何以遭此变故？盖出自下面这个原因：海宁人对崇祯十一年（1638）顺天巡抚陈祖苞“城陷”罪的误解未能消除，所以崇祯身亡的消息传至海宁后乡人在惊栗、误解和激愤等多种情绪混合之下，将矛头对准了自己心目中“亡国奸臣”陈祖苞。显然，陈之遴向张存仁所陈述的“遭寇，将房屋烧毁，劫掠家赀”并非发生在顺治二年（1645）六月，而是发生在顺治元年（1644）五、六月间。

其二，张存仁给清廷的奏疏中“因父祖苞青山效顺之故”一句十分耐人寻味。陈祖苞没有“青山效顺”之实，恰恰相反，当年其分守的青山口并未被清兵攻下，但后来在杨嗣昌的操纵下被以“城陷”罪冤害致死。“青山效顺”是在杨嗣昌主导的舆论之下不明真相的人们对陈祖苞的误解。陈之遴因此遭受禁锢，饱受白眼，其于弘光朝复出后也竭力为父亲正名，但到了向张存仁投诚时，却故意回避了陈祖苞被冤屈这一事实。

可见陈之遴“因父祖苞青山效顺之故，复将弟、仆等斩杀，剖棺毁骨等情”这样的陈述固然“符合事实”，但这种做法的确是卖父之名誉而求己之荣显。清初时颇有对此愤愤不已者：

其投诚一疏，至谓父为清朝而死，真涂面丧心，狗彘之不如也□□，有日决当门诛之。[②]

清初，借死父为进身之媒，谓首先纳款，致婴显戮。于是躐夤

① 顾炎武：《圣安本纪》卷一，《台湾文献史料丛刊》第3辑，第53册，第42页。

② 徐树丕：《识小录》卷二，《笔记小说大观》第40编，第3册，第315页。

揆席，既弑父、又借父，枭獍之心，狗彘之行，为当宁所鄙，永谪尚阳堡。[①]

## 五 顺治三年（1646）夏秋间：奉旨北上京城朝见

据上文所引《明实录》和《张存仁奏疏》，“顺治二年十二月辛丑”清廷接到浙江总督张存仁奏报陈之遴和霍达投诚的上疏，面对张存仁“用舍与否，统祈□□”的询问，清廷“令赴京朝见”。

顺治二年（1645）十二月朝廷收到张存仁疏报，则陈之遴到张存仁处投诚当在顺治二年（1645）闰六月，避去至十二月前这段时间，这其中有五个月左右的时间，陈之遴可能一直避居杭州。等令陈之遴赴京朝见的消息传至杭州，时间应已到顺治三年（1646）正月或稍后，其北上赴京朝见也当在这个时间之后。

《识小录》中曾提到陈之遴北上赴京朝见的时间及相关事项：

> 丙戌（1646）夏秋间北上先往长干谒洪承畴。承畴，渠督学师也。说承畴以掘孝陵，当泄尽明朝秀气。承畴但听人伐松柏而不遽发掘，可谓犹有心之人。[②]
>
> 丙戌（1646）便上疏投诚，……其北上时，先献策于洪承畴，纵满兵伐尽孝陵松柏以坏明朝气脉，云再不中兴。[③]

若《识小录》此条记载可靠，则陈之遴奉旨北上是在顺治三年（1646）夏秋间。《识小录》还提到陈之遴在北上途中先谒见了其“督学师”、正受命招抚江南的洪承畴，并劝洪承畴“掘孝陵”以“泄尽明朝秀气”，“坏明朝气脉”，使明朝“再不中兴”。孝陵是朱元璋和马皇后在南京的合葬陵

---

① 林时对：《荷牐丛谈》卷三，《台湾文献史料丛刊》第8辑，第154册，（台北）大通书局1987年版，第98页。

② 徐树丕：《识小录》卷四，《笔记小说大观》第40编，第3册，第679页。

③ 徐树丕：《识小录》卷二，《笔记小说大观》第40编，第3册，第316页。

墓，陈之遴向洪承畴献此策的动机难以捉摸，因而《识小录》的这一说不敢轻信。但关于此事，清人颇有相信者。乾隆前期的杭州人王曾祥在评价陈之遴的亲家吴梅村时有这样的话：

胜国之季，乾坤何等时乎？梅村甲申以前无一忧危之辞见于豪牍。其出也，以陈海昌之援，既而陈以权败，遂置不用。呜呼！天下之恶一也。陈父子负贰于昔而窃柄于今，他日沈阳之窜，不待智者而可决矣，又足附乎哉？……梅村且有以自负矣，抑请发陵寝者为谁？独无一言相正乎？于旧君故国乎何有？①

显然，王曾祥认为陈之遴是“请发陵寝”的“恶”人，并且责怪吴梅村在陈之遴做此事时“独无一言相正乎？于旧君故国乎何有？”木陈忞《北游集》中有这样一段文字：

上出狩昌平，回为言：“明之诸陵规模弘敞，工费浩繁，当日用金非数百万不可。其中龙神结聚，堂局周正，唯长陵最佳。可惜朕去迟了，数百年合抱苍松翠柏砍伐几尽。朕已特下严旨，仍加护植矣。但崇祯帝陵寝湫隘不堪，合朕自捐金修葺，奈国用匮乏，思谕明臣共襄厥事。”师曰：“伐陵断脉，古今通弊。以元世祖之仁明，不能忘情于宋世六陵。乃皇上不唯覆护之，反加崇饰焉。此至仁至圣之美政，真足为万世有天下者师法也。”②

陈垣在《汤若望与木陈忞》的《引言》中称：

余无意中在平西某寺见……《弘觉忞禅师北游集》……据《尤西堂集》辛丑三月已得是集而读之，则出板当在顺治十八年春，木陈以

① 王曾祥：《静便斋集》卷八，《四库全书存目丛书》集部第272册，第879页。

② 真朴：《天童弘觉忞禅师北游集》卷三。

顺治十六年九月至京，十七年（1660）五月出京，此即其北游日记……《汤若望传》……中所引汤若望《回忆录》载顺治朝轶事甚伙，足以补国史之阙略。尝以与《北游集》对读，所言若合符节，间有差异，亦由宗教观念之不同，事实并无二致……①

若此，则《北游集》所记文字当为可信之辞。顺治称“可惜朕去迟了，数百年合抱苍松翠柏砍伐几尽”，其中木陈忞和顺治的对话当在顺治十六年（1659）九月至十七年五月之间，以这个时间判断，清初确有因“伐陵断脉”而伐尽明代皇陵松柏这样的事情。这件事是否与陈之遴和洪承畴相关，则无从考起。

## 六 顺治三年（1646）十月前后：至北京，半年后授翰林院侍读学士

陈之遴于顺治三年（1646）夏秋间离开杭州北上京城，曾在南京洪承畴处停留，之后具体何时进京已不可详考。考虑到此番北上是以“投诚”身份奉旨进京面圣，故陈之遴当是从速进京，在路上不会耽搁太久。其于顺治三年（1646）夏秋间出发，按正常估算十月或稍晚时候当至京城。但按这个估算时间，将会出现两个令人费解的问题。

其一，陈之遴至京后，等待了将近六个月方得到安置。从《清实录》看，陈之遴入清后首次被授官是在顺治四年（1647）五月：

顺治四年五月丁巳（十七）。以故明编修陈之遴为内翰林秘书院侍读学士。②

原苏松巡抚霍达与陈之遴同时向浙江总督张存仁投诚，又奉同一圣旨北上京城，其被授官早于陈之遴十天：

---

① 陈垣：《汤若望与木陈忞》，《陈垣学术论文集》第一集，第483—484页。

② 《世祖章皇帝实录》卷三十二，《清实录》第3册，第264页。

顺治四年五月丙午（初七），补原任御史霍达为山东道监察御史。①

看来，若按我们估算的进京时间，陈之遴和霍达进京后在将近半年的时间里一直未得到朝廷安置。

其二，顺治二年（1645）十二月朝廷即下旨令陈之遴等赴京朝见，直至顺治四年（1647）五月方在京授官，前后历时竟然近一年半。

照常理推测，造成上述两事者无非二因：一是陈之遴等人接旨后迟迟不肯动身，又或在路上耽搁了时间；二是朝廷对投诚的明朝旧臣不重视，致使降臣安置工作效率低下。陈之遴等人选择主动投诚，自会盼望早日得到妥善安置以使自己在乱世能够安身立家，又顺治二年（1645）五月清兵入南京后南京至北京的交通已无障碍，故第一点原因难以成立。陈之遴入京时正值朝廷因草创制度而急需文臣之时，其和霍达皆为进士出身，尤其陈之遴身为榜眼，霍达身为巡抚，因而朝廷没有理由不及时安置他们。这正是上述两个问题的令人费解之处。《清世祖实录》中的一则史料使这个问题有了一丝眉目：

顺治二年……六月……己卯，以南京平定，颁《赦河南、江北、江南等处诏》曰：

……

一、河南、江北、江南等处并南京文武官绅及前朝勋臣，倡先慕义投诚归顺者，该部通行察叙具奏定夺。仍许赴京朝见，验其才品，酌量推用。

一、归顺地方前朝建言降谪诸臣，果系持论公平有裨治理者，吏部具奏召用。其横被诬害，公论称冤，曾经荐举不系贪酷犯赃者并与昭雪录用。

……

一、南直及各省地方在籍科甲乡绅，果系才品素优年力正壮者，令该府州县察明申报，抚按具本奏闻，一面起送赴京，以俟录用。不

① 《世祖章皇帝实录》卷三十二，《清实录》第3册，第264页。

许徇情滥举，以衰庸充数。其应推应选官员，听吏部详察履历。断自去年甲申三月以前部册为据，倡先投顺，从征有功者不在此限。

一、福王随从文武官员，仓卒回避者，能审识天命，倾心来归，与投顺各官一体录用。[①]

顺治二年（1645）五月清兵入南京后，六月朝廷便颁布这个诏书。可以看出，此诏书要解决的正是破南京后如何处理像陈之遴这样主动投诚的明朝或弘光朝官员。根据陈之遴的履历，其属“江南等处并南京文武官绅及前朝勋臣，倡先慕义投诚归顺者”，则按规定其在被接纳之列，但不能直接授官，是否录用必须经过吏部“通行察叙”后具奏多尔衮，由多尔衮最后定夺。具体方法是投诚者赴京朝见，然后由吏部“验其才品，酌量推用”。看来，陈之遴和霍达入京后，吏部用了差不多半年的时间对他们进行“考察”。但我们仍然奇怪，吏部考察的时间是否过长？

## 第二节 “经纶方始，治理需人”背景下的超擢

陈之遴正式投诚降清后，其仕路始于顺治四年（1647）授内翰林秘书院侍读学士，终于顺治十五年（1658）在内翰林弘文院大学士任上被流徙盛京。这十一年间，陈之遴的仕途历经两起两伏，其仕宦起伏中伴随着多尔衮势力的荣衰、顺治的亲政和勤政、南北臣僚的党争、臣僚和宦官的联结及其本人的职务贡献。下面我们将据《清实录》、《清代档案史料丛编》、《明清史料》及部分清代私史对陈之遴投诚后多尔衮主政时期的仕路按时间线索作一番梳理。

### 一 顺治四年（1647）至七年（1650）：从侍读学士到礼部侍郎兼都察院右都御使

据《清世祖实录》：

---

① 《世祖章皇帝实录》卷十七，《清实录》第3册，第154—155页。

顺治元年……六月……甲戌，摄政和硕睿亲王报曰：经纶方始，治理需人。凡归顺官员，既经推用，不必苛求。①

这是清朝定鼎北京后多尔衮主政之初时对明朝投诚官员的基本政策。这一政策颇具成效，明朝故臣上至大学士、巡抚，下至翰林、县令主动上疏清廷投诚者越来越多，在《清世祖实录》中不数页便有一例，以致这项政策实施刚满一年时朝廷便不胜其烦，于顺治二年（1645）冬十月丙戌“禁投诚官员自叙章奏，允通政使司请也”②。顺治二年（1645）四月之后多尔衮对明朝投诚者又持“凡明朝降官，一律加官进爵”的态度③。在这种背景下，陈之遴在顺治四年（1647）五月丁巳由明朝七品编修迳升四品内翰林秘书院侍读学士后，甫满一年又遇擢拔：

顺治五年八月乙巳，升内翰林国史院学士胡世安为礼部左侍郎，内翰林秘书院侍读学士陈之遴为礼部右侍郎，俱兼原衔。④

陈之遴被擢为礼部右侍郎满一年后，再次获得超擢：

顺治六年冬十月丙申，以恩诏……吏部左侍郎张凤翔、户部左侍郎戴明说、户部总督仓场左侍郎赵京仕、兵部左侍郎李化熙、刑部左侍郎房可壮、工部左侍郎刘昌、吏部右侍郎兼内翰林秘书院侍读学士高尔俨、礼部右侍郎兼内翰林秘书院侍读学士陈之遴、兵部右侍郎孙承泽、刑部右侍郎熊奋渭、工部右侍郎李迎晙，俱都察院右都御史。……各照旧管事。⑤

---

① 《世祖章皇帝实录》卷五，《清实录》第3册，第63页。

② 《世祖章皇帝实录》卷二十一，《清实录》第3册，第183页。

③ 王思治：《清代人物传稿》上编第一卷，中华书局1986年版，第66页。

④ 《世祖章皇帝实录》卷四十，《清实录》第3册，第318页。

⑤ 《世祖章皇帝实录》卷四十六，《清实录》第3册，第370页。

可见，陈之遴在仕清一年零三个月后便由翰林院侍读学士擢为礼部右侍郎，任侍郎一年零两个月后又兼任都察院右副都御史。

## 二 多尔衮主政时期陈之遴屡获擢拔的原因

陈之遴仕清后职衔连年升级，当时臣僚有将其单纯归因于多尔衮者，如都察院承政、固山额真阿拉善在顺治九年（1652）五月因题参陈之遴而奉旨在刑部与其对质时供称：

> 墨勒根王曾越迁你两三次，你肯忘此恩？[①]

陈之遴对此的回答是：

> 陈之遴供称：在明朝我中榜眼，做七品翰林[②]。我朝来后为四品翰林，自翰林升礼部侍郎，次遇加级，与六部侍郎同加右都御使职衔，并无越迁。[③]

考之上引《清世祖实录》顺治六年（1649）冬十月丙申对陈之遴升都察院右都御使的记载，其所供称也属实情。要说陈之遴的屡次升迁得益于多尔衮，也是得益于多尔衮主政时期对明朝投诚汉官的政策，得益于这一政策的投诚汉官遍布朝廷和各地，恐怕这就不宜从多尔衮扶植党羽的角度去看待。同样是投诚清廷的明朝汉官，同样是进士出身，但陈名夏、陈之遴等人能以故明从六品修撰或七品编修这样相对低微的身份在清朝数年间升至一品大学士，这也与其本人的殿试成绩（陈名夏为探花、陈之遴为榜眼）、政治才能和职务业绩直接相关。一般而言，一甲三名这样的

---

① 《蓝拜等题为遵旨审明阿拉善等参陈之遴诸款皆虚本》，《清代档案史料丛编》，第13辑，第128页。

② 按：陈之遴在明朝是七品翰林院编修，在弘光时升转为左春坊，可见仕清后清朝并不承认他在弘光政权的官品级别。

③ 《蓝拜等题为遵旨审明阿拉善等参陈之遴诸款皆虚本》，《清代档案史料丛编》，第13辑，第128页。

殿试成绩比较容易引起主政者的另眼相看，陈之遴的这一履历不会不引起多尔衮的留意。再看其降清后的政治和职务表现，陈之遴顺治八年（1651）闰二月以礼部右侍郎升任礼部尚书之前，有助于其获得擢拔的职务贡献大致有二：

其一，从现有史料看，陈之遴仕清后初入翰林满一年即擢为礼部右侍郎，当与其参与纂修《明史》有关系。一般认为，顺治时曾编纂过一部类似于史料排比的编年体《明史》，这项工作始于顺治二年（1645），但结束时间却有争议[①]。朱端强较早留意到陈之遴与顺治朝纂修《明史》的关系，除陈之遴《浮云集》中《初入国史院修史，院故玉芝宫也，时所编皆万历事》一诗外，其还从金之俊《金文通公集》中觅得《贺学士彦升陈公副纂修总裁序》一文。今检核《金文通公集》原书，发现其书卷三专门收录庆贺平素往来密切之同僚的仕路高升之作，文后往往附有陈名夏评语，间或也有陈之遴所评者。这类文章往往多有过誉之辞，现将其文摘录如下：

> 学士彦升陈公，直谅恰文，具良史才。新朝聿兴，取镜往代，命辅臣某某充总裁官修《明史》，而陈公为之贰焉。余于是仰见朝廷郑重其事，慎简史官，而窃幸《明史》之有托也。以学如陈公、词如陈公、忠厚正直如陈公而使之奋笔领袖，必能为子长、孟坚之叙述，俾前代事迹灼然可观，岂逊西汉一书哉？……将来橐笔事成而艳称一代良史，□又不徒以其叙述之工与子长、孟坚同日而语矣。[②]

据顺治时《明史》纂修官的分工合作方式可知，纂修者每人只是负责汇纂数十年间的材料而已[③]，而陈之遴的分工则是“所编皆万历事”。显然，此处金之俊将陈之遴与司马迁、班固相提并论，几至令人发笑的地步。陈之

---

① 按：朱端强主张这项工作持续了十多年，而武玉梅认为这项工作在顺治四年便告完成。参见朱端强《清顺治朝〈明史〉修纂史事考论》，《云南民族大学学报》（哲学社会科学版）2006年第5期。武玉梅《顺治朝官修〈明史〉新考》，《史学史研究》2010年第3期。

② 金之俊：《金文通公集》卷三，《续修四库全书》第1392册，第648页。

③ 武玉梅：《顺治朝官修〈明史〉新考》，《史学史研究》2010年第3期。

遴顺治四年（1647）五月直接由明朝七品编修任清朝四品内翰林秘书院侍读学士，顺治五年（1648）八月升任礼部右侍郎兼内翰林秘书院侍读学士，顺治六年（1649）十月又加都察院右都御史。与侍读学士相比，侍郎一职更为显荣，若陈之遴任《明史》副纂修官是顺治五年（1648）八月之后的事情，则金之俊的贺文会以“侍郎”或“少宗伯”称之，而不会以“学士”称之。因此，陈之遴始以副纂修官身份参与修《明史》当是顺治四年（1647）五月至顺治五年（1648）八月之间其任礼部右侍郎之前的事情[①]。据《清世祖实录》：

> 顺治二年五月癸未，内三院大学士冯铨、洪承畴、李建泰、范文程、刚林、祁充格等奏言：臣等钦奉圣谕总裁明史，查旧例设有副总裁，应用学士、讲读学士等官。今请以学士詹霸、赖衮、伊图、宵完我、蒋赫德、刘清泰、李若琳、胡世安，侍读学士高倎、侍读陈具庆、朱之俊为副总裁官。

由此可见，在陈之遴于顺治四年（1647）仕清后任翰林院侍读学士时，正逢修《明史》乏人之际，故其得以循“旧例”而充任副纂修官。

其二，在顺治四年（1647）至顺治七年（1650）间陈之遴另有两项政绩。据《海宁渤海陈氏宗谱》陈之遴大传：

> 世祖章皇帝龙飞御宇之四载，……召补侍读学士。未几，擢少宗伯加副宪。时文运肇启，公为文以程式多士，风气一归于正。复增解额，广明经。辛卯，升大宗伯加太子太保……[②]

按此记载，“为文程式多士”和“增解额，广明经”是陈之遴擢礼部右侍

---

① 按：朱端强《清顺治朝〈明史〉修纂史事考论》称陈之遴“以‘学士’充《明史》副总裁的时间当在顺治三年（1646）至四年（1647）之间，谅无问题”，顺治三年陈之遴尚无官职，顺治四年五月始授翰林院侍读学士，故朱先生之说有失当之处。

② 陈赓笙：《海宁渤海陈氏宗谱》，《清代民国名人家谱选刊续编》第75册，第455页。

郎兼都察院右都御使后的政绩，此时陈之遴尚未升任礼部尚书。这两项政绩在《海宁县志》中也有载：

> 顺治初召为侍读学士，迁宗伯。时文运肇启，之遴为制义数十篇，以程式多士，风气一变。复增解额（明清乡试名额），广明经（明清贡生尊称）。世祖甚重之，拜秘书院大学士。①

很明显，康熙间成书的《海宁县志》以上述两项政绩为陈之遴任礼部尚书之后所为，这与《海宁渤海陈氏宗谱》所记不同。《海宁渤海陈氏宗谱》之陈之遴大传成于乾隆间，作为晚出之作，从文字详略来看其撰写时必然参考过《海宁县志》。陈氏后人为祖先陈之遴作传时，若无确凿证据不会出现与《海宁县志》相左的情形，则晚出之《海宁渤海陈氏宗谱》与早出之《海宁县志》孰更可信？其“增解额，广明经”一事仅见于海宁地方文献，未见其他佐证，不可遽信，但“时文运肇启，公为文以程式多士，风气一归于正”一事有实物为证。陈之遴“程式多士”的数十篇“制义”在康熙三十八年被浙江桐乡人俞长城收入《可仪堂名家制义》以丛书形式梓行。俞长城在其中的《陈素庵稿》卷首刊有题识：

> 明文至于崇祯丁丑，夸多斗靡，涂面饰貌，盖不见文之真面目。素庵先生洗尽铅华，独留素质，非有特立之才，何能振拔如是？丙戌、丁亥，草昧未开，素庵作为宦稿，程式天下，老洁无枝，海内向风，复返先型。考其文章，固可与王宗贯、岳蒙泉并传矣。②

按康熙时俞长城所言，陈之遴以宦稿制义“程式天下”正值“丙戌、丁亥，草昧未开”之时。丁亥即顺治四年（1647），此年五月陈之遴方得授职翰林院侍读学士，而其任礼部尚书是在辛卯，即顺治八年（1651）闰二

① 许三礼：《海宁县志》，《中国方志丛书》华中地方第561号，第980页。
② 陈之遴：《陈素庵稿》俞长城题识。

月。是则俞长城也以陈之遴“程式多士”一事为其任礼部尚书前之事，正与《海宁渤海陈氏宗谱》所记相同。可见，《海宁渤海陈氏宗谱》所记较之《海宁县志》更为可信，“为文程式多士”和“增解额，广明经”当为陈之遴升任礼部尚书之前的两项政绩。

以上对多尔衮主政时期陈之遴仕清之路的考察，所据仅为传统明清史料。从《浮云集》看，初入清廷的陈之遴并未立刻被接纳。陈之遴在这个新的中央权力系统中四周一片陌生，其仕清之路因此而曾被渺茫和无助感所笼罩。所以，仕清初期的陈之遴面临的最大问题是京城交游空间的搭建。在这个空间搭建起来之前，陈之遴的生活状态主要是“触眼大都无故旧，剩身聊复共婆娑”般的寂寥以及由此而生发的对仕路的迷茫和无助，而非“经纶方始，治理需人”这一背景下的超擢所带来的喜悦感。对这点本章不展开论述，详见本书第四章第三节。

# 第三章 “真觉此身如一粟，莫从沧海问西东”

## ——顺治亲政后陈之遴的仕路起伏

顺治八年（1651）世祖亲政之初陈之遴由礼部侍郎擢任尚书，此后四年间又在弘文院大学士任上两起两落，最终于顺治十三年（1656）和十五年（1658）两度流徙盛京。在顺治亲政后陈之遴仕清之路起伏的这一过程中，伴随着张煊劾陈名夏案、阿拉善劾陈之遴案、黄膘李三案、重议任珍案、陈名夏被绞案、朱世德案和吴良辅案等与汉臣结党、满汉臣势力平衡及内监势力崛起有关的一系列案件。除了张煊劾陈名夏案，陈之遴在每一起政治案件中都身处旋涡之中。

## 第一节 汉臣结党背景下的政治幸运和所受牵连

### 一 顺治八年（1651）：朝廷“易主”时的汉臣结党背景与陈之遴升任礼部尚书

顺治七年（1650）腊月初九多尔衮去世，顺治八年（1651）二月以后其亲信或其主政期间的受重用之人多有被处死或贬黜者。在朝臣眼中陈之遴不容置疑地是受多尔衮“越迁”之人①，但陈之遴不仅未受到政治清算，反而连受擢拔。先是由礼部右侍郎晋升礼部尚书：

① 《蓝拜等题为遵旨审明阿拉善等参陈之遴诸款皆虚本》，《清代档案史料丛编》第13辑，第128页。

> 顺治八年闰二月戊辰（二十一日），以大学士洪承畴管都察院左都御史事，升礼部右侍郎陈之遴为本部尚书、吏部左侍郎张凤翔为工部尚书。①

半年后又以“加上皇太后尊号覃恩”与朝中群臣俱受加封，其中陈之遴以尚书身份获加太子太保衔：

> 顺治八年八月乙卯，以加上皇太后尊号覃恩，晋……尚书高尔俨、陈之遴、张凤翔，侍郎兼右都御史孙承泽、李光熙、房可壮、刘昌俱加太子太保……②

陈之遴之所以能够如此，当是主要得益于多尔衮主政时期在降清汉官中已经形成的南北党争这一政治环境。多尔衮主政的七年里，投诚汉官在朝中形成“南党”和“北党”，南党以陈名夏为首，北党以冯铨为首。在多尔衮主政的顺治元年（1644）至七年（1650），北党的势力要胜于南党。北党党首冯铨为多尔衮“书征”亲召而仕清，于顺治二年（1645）即任大学士，且多尔衮主政期间其在内阁中的排名一直在洪承畴、祁充格等老资格的满汉臣僚之前③；而南党党首陈名夏属自我投诚，顺治二年（1645）二月仕清后初任翰林院修撰，顺治五年（1648）清廷初设六部时得任吏部汉尚书直至多尔衮去世④。显然，顺治八年（1651）以前南北党势力的差距是显而易见的。正因为此，顺治及反多尔衮政治势力在顺治八年（1651）二月以后清算多尔衮残余势力时侧重于清剿以冯铨为首的北党，如在顺治八年（1651）闰二月十八日所下的《谕吏部：冯铨等人着分别致仕降革》圣旨中，遭“致仕降革”之满汉臣共计十二人，其中汉臣七人：冯铨、谢

---

① 《世祖章皇帝实录》卷五十七，《清实录》第3册，第431页。

② 《世祖章皇帝实录》卷五十九，《清实录》第3册，第464页。

③ 何龄修、张捷夫：《清代人物传稿》上编第一卷，中华书局1986年版，第147页。

④ 同上书，第318页。

启光、李若琳、徐起元、赵京仕、熊奋渭、戴明说[①]，这七人皆属北党。顺治等人对北党的清算，使同样曾依附于多尔衮的南党在这场政治斗争中不仅幸免于难，不少人反而因祸得福。与冯铨的下场相反，南党党首吏部尚书陈名夏先于顺治八年（1651）七月升弘文院大学士[②]，又于顺治八年（1651）八月乙卯在“以加上皇太后尊号覃恩”的加封中获封“宫保”衔[③]。可见，正是在多尔衮主政七年中汉臣南北党势力的形成，使陈之遴在朝廷针对多尔衮残余势力的政治清算中得以幸免并且受到重用。当然，这里面也包含着顺治在亲政之初需要通过扶植汉臣来消解满臣对自己的政治控制这一因素。

## 二 顺治八年（1651）：张煊劾陈名夏案对陈之遴的牵连

结党给陈之遴的政治生命带来了幸运，其因结党不仅于顺治八年（1651）避免了一场政治灾难，而且两获升擢。同时，结党也给陈之遴的政治生命带来了不可避免的麻烦，同样还是在顺治八年，其也受到了党争的牵连。《清世祖实录》对此事件的始末有简要记载：

> 顺治八年五月甲辰，外转御史张煊列吏部尚书陈名夏结党行私、铨选不公诸款讦于吏部，并语涉洪承畴、陈之遴等事。闻，下诸王、部臣鞫议。部议诸款多属赦前，且有不实；煊向为御史不言，今言于外转之后，心怀妒忌，诬蔑大臣；张煊应论死，名夏等免议。奏入，从之。[④]

张煊弹劾吏部尚书陈名夏时“语涉”陈之遴何事？考顺治八年（1651）五月二十三日的《满达海等题为会议张煊纠参陈名夏不实本》，其事有二：

一是张煊在参陈名夏的奏本中直接“语及”陈之遴。张煊在参本中称

① 张书才：《冯铨被劾案》，《历史档案》1981年第4期。
② 何龄修、张捷夫：《清代人物传稿》上编第一卷，中华书局1986年版，第319页。
③ 《世祖章皇帝实录》卷五十九，《清实录》第3册，第464页。
④ 《世祖章皇帝实录》卷五十七，《清实录》第3册，第452页。

陈名夏有十条“大罪”，其在“名夏私庇南人”一款中涉及陈之遴：

> 一、名夏私庇南人。如……又如陈之遴，以七品编修躐授四品学士，倏尔升礼部右侍郎，倏尔升礼部尚书，至以王铎以礼部尚书管左侍郎事，资俸俱在遴前，今遴反跃升王铎之上，非名夏私庇南人，何以迟速悬绝如是？①

对此，陈名夏供称：

> 陈之遴升尚书，乃有谭太公、侍郎李率太、哈哈木、周国佐、张凤翔、高尔俨等公议，非夏一人主持。即问礼部大人，是王铎好，是之遴好，若有云铎比之遴好，夏甘认罪。②

陈名夏在为自己辩护时，之所以敢于信誓旦旦地称“若有云铎比之遴好，夏甘认罪”，也是基于陈之遴在礼部右侍郎任上有目共睹的杰出表现。

二是在满达海等人审理此案的过程中，张煊在揭发他人的新罪行时再次“语及”陈之遴。在审理过程中，张煊又有新情况“举报”：

> 又据张煊供：“洪承畴曾启墨勒根王，将伊母搬取来京。后要送母回家，启过墨勒根王二次，未允。今竟不奏闻，将母私送回家。”
>
> 又据张煊供：“洪承畴、陈名夏、陈之遴于四月十一日，曾在火神庙屏去左右密议。”③

按张煊之辞，多尔衮在世时洪承畴为送母回乡曾向其请示过两次；多尔衮死后洪承畴送母回乡竟然未向顺治请示，是则洪承畴就有重多尔衮而轻顺治之嫌。在顺治八年（1651）上半年清算多尔衮残余势力的这个特殊时

① 《满达海等题为会议张煊纠参陈名夏不实本》，《清代档案史料丛编》第13辑，第118页。
② 同上。
③ 同上书，第120页。

期，张煊针对洪承畴之险恶用心已昭然可见。但最终结果如下：

> 审得凡在京官员，有母在家未曾来京者，有母在京而未奏闻回家者。承畴之母先年要回，因闽省道路未清。今路宁谧，送母回家，虽未奏闻，畴亦无罪。①

尤其是据洪承畴供称，其送母回家是在顺治四年（1647），时多尔衮尚在世，这就使得张煊的险恶用心不攻自破。接着，张煊又称洪承畴、陈名夏、陈之遴等人曾在火神庙“密议”，但所议何事不得而知。从这两条来看，张煊及其背后的北党在顺治八年（1651）上半年受到顺治和反多尔衮满族势力及南党打压之时，试图借此弹劾陈名夏之机将南党主要人物及与南党关系密切的洪承畴一举拿下。但从此案的审理结果看，张煊及其所属的北党在时机尚未成熟时的“翻身”举动给自己造成了严重后果。经满达海、尼堪、多泥三位亲王和棱德弘郡王等审理，经柏殷兔、哈尔出红、公阿代、谭太等固山额真、满尚书及希佛、范文程等满汉大学士共同会签，最后请旨：

> 今煊因掌道御使而甄别外升，顿起私憾，款皆陈名夏等专权徇私、蒙蔽圣总、庙会密议叛逃等语。果真，陈名夏、洪承畴、陈之遴罪在不宥。今质讯俱虚，且以赦前事诬揭大臣，而张煊反坐应绞。名夏等无干，俱免议。谨题请旨。②

这段请旨文字在行文上使用了汉臣惯常的老辣手法，在“今质讯俱虚”之前先讲明张煊所劾若为实情，则陈名夏等人“罪在不宥”，必遭处分，这就突出了张煊“诬揭”大臣给他人造成的严重危害。刚刚亲政的少年顺治显然受到了这种手段的影响，其批红曰：

---

① 《满达海等题为会议张煊纠参陈名夏不实本》，《清代档案史料丛编》第13辑，第120页。

② 同上书，第121页。

这等幺幺小民，无影捏害大臣，若不反坐以惩之，良善受诬者必多。依尔众议，张煊处绞，洪承畴、陈名夏、陈之遴免议。[①]

因南北党争而起的这一风波不可避免地涉及了陈之遴，虽然此案暂时以南党大获全胜而告终，但当时对陈之遴的影响很大。关于这点，在《贺大宗伯素庵陈公大拜序》中可以发现一丝端倪。《贺大宗伯素庵陈公大拜序》是陈之遴于顺治九年（1652）二月擢任大学士后不久，时任兵部尚书加少保兼太子太保金之俊为其作的一篇贺文。文中称：

公遂以宗伯爰立入相。先是，朝局波腾，因而齮龁及公，上卒白之，不为所挠。[②]

此时距张煊题参陈名夏时“语及”陈之遴一事已近一年，金之俊在一篇布满道喜和歌颂的贺文中专门重提这种令人不快之事，当是出于向陈之遴表达其名声并未因张煊一案而受到毁损这一美意，但这种表达的背后恰恰反映了张煊劾陈名夏一案给陈之遴造成的不良影响。

因多尔衮顺治七年（1650）腊月初九的去世，顺治八年（1651）的政治环境对全体满汉朝臣而言都是十分严厉而又凶险的。这一年的陈之遴可谓如履薄冰，其处处小心翼翼，在履行职务时竭力做到两点：

其一，牺牲眼前的个人利益以避开以权谋私的嫌疑。《海宁州志》对此有载：

乡副则顺治戊子（顺治五年）奉诏由廪生者贡吏部，谒选最者以推官用，次知县，次州郡参佐。由增附者入太学读书一年，送吏部考用如廪生，然未著为令。辛卯（顺治八年）顺天副榜张叔泰等上疏乞如戊子，旨下部议。时礼书陈之遴以子容永在副榜前列，引嫌未定。

① 《满达海等题为会议张煊纠参陈名夏不实本》，《清代档案史料丛编》第13辑，第122页。

② 金之俊：《金文通公集》卷三，《续修四库全书》第1392册，第646页。

明年，给事中王某请以前十名充贡，部议自后直隶大小省或二十名、十名、八名前准贡。①

副榜 陈容永，顺天榜甲午（顺治十一年，1654）顺天举人，并辛卯。②

本来，有顺治五年（1648）乡试副榜举人“谒选最者以推官用，次知县，次州郡参佐”这一先例，有“张叔泰等上疏乞如戊子，旨下部议”这一时机，又有陈容永在顺治八年（1651）的顺天乡试中“在副榜前列”这一条件，陈容永借此机会出仕对陈之遴而言既是顺水推舟之事，也属正常履行职务，但陈之遴在顺治八年（1651）那个特殊的政治环境中为求自保而选择了“以子容永在副榜前列，引嫌未定”，致使陈容永在三年后方获得举人资格。

其二，在礼部尚书任上竭力履职，以行动证明自己是“大宗伯”一职的不二人选。《贺大宗伯素庵陈公大拜序》称：

公典秩宗时，寅清直亮，诸凡郊祀、临御、大典，酌古准今，悉本掌故，为之因革其间，制作灿然明备，不待百年而礼乐遂兴。以之平章军国，黼黻丝纶，非公不可。③

金之俊所述陈之遴在礼部尚书任上的贡献主要体现在为定鼎初期的清廷因革厘定礼乐制度方面，当时金之俊以兵部尚书身份与陈之遴同朝共事，作为亲历者，其所述较为可信，《海宁渤海陈氏宗谱》中也有相同的记载：

公故通达国体，娴习掌故。时兴朝定鼎，一切缔造惟新，起公重

① 战鲁村：《海宁州志》，第1295—1296页。

② 同上书，第1299页。

③ 金之俊：《金文通公集》卷三，《续修四库全书》第1392册，第646页。

用，因革厘定出公手者居多。①

陈之遴“通达国体，娴习掌故”，以致在礼乐制度、军国大礼、修饰诏书等方面“非公不可”。

## 第二节 陈之遴初任大学士

### 一 顺治九年（1652）：擢居相位后因陈名夏失势而遭政敌追参

顺利度过顺治八年（1651）这一清廷最高权力交接期后，陈之遴迎来了其仕清后政治生涯的第一个高峰，据《清世祖实录》：

顺治九年二月辛酉。以太子太保礼部尚书陈之遴为内翰林弘文院大学士。②

这是陈之遴首次封相。其在明代以榜眼身份授翰林院编修，降清后在顺治四年（1647）五月以故明七品翰林的身份直接升任四品翰林院侍读学士。由四品学士至一品大学士，其用了不到五年时间。究其原因，一方面得益于当时的政治大环境：顺治八年（1651）和九年（1652）间，顺治在和反多尔衮势力一起清除曾依附于多尔衮的北党汉臣的同时，又为预防和摆脱反多尔衮满洲军事贵族的政治控制而大力培植南党汉臣；另一方面则得益于陈之遴自身在礼部尚书任上杰出的政治表现，此点参见上节，不复赘述。

陈之遴战战兢兢地顺利度过政治环境十分特殊的顺治八年（1651）后，于顺治九年（1652）二月封相。虽然位居大学士，但清廷中央权力交接所带来的政治险情尚未消除，因而这一年陈之遴的仕路仍是一波三折。

① 陈赓笙：《海宁渤海陈氏宗谱》卷二十四，《清代民国名人家谱选刊续编》第75册，第456页。

② 《世祖章皇帝实录》卷六十三，《清实录》第3册，第491页。

先是于三月乙未与希福、范文程、额色黑、洪承畴、宁完我等大学士和各级朝臣被任命为殿试读卷官[①]。殿试读卷官负责对进士们的殿试考卷进行等级评定，评定结果将成为皇帝“钦定”一甲状元、榜眼、探花的重要参考依据。从《清世祖实录》看，充任殿试读卷官者上有大学士，中有尚书、侍郎，下有礼部主事，官阶虽然不一而足，但在各级朝官中只有少数人能有机会在殿试时获任此职。因而，能在社会最高等级考试的最后一关充任“大评委”，是朝廷对获任者学识积累和政治品性的高度肯定。

在获此殊荣后未满两个月，陈之遴便因陈名夏遭查办而迎来了一次政治危机。南党党首陈名夏遭到顺治的查办是在顺治九年（1652）正月，整个过程在顺治的一篇“谕内三院”中记录较详：

> 原任吏部尚书谭泰……当朕亲政之初……藐朕幼冲而威权专擅……昨年五月，张煊愤不顾身列款参奏陈名夏、洪承畴。其时朕狩于外，……及朕回京敕诸王、贝勒、贝子、公侯暨众大臣质审廷议，谭泰咆哮攘臂，力庇党人，务欲杀张煊以塞言路。……入奏之时，朕一见罪款甚多，不胜惊讶。谭泰挺身至朕前，诳言告词全虚，又系赦前，诬陷忠臣于死罪，应反坐。……诸王大臣俱以为朕亲信谭泰，遂群起而附和之。朕虑延迟日久则国是渐非，而干连者益众矣，遂执谭泰，数其罪款，于昨年八月十七日正法。讫因思张煊当日告款甚多，骤寘重典疑恐有冤枉之处，故将名夏、承畴复发和硕郑亲王同承泽亲王及内院刑部大臣再为审理。承畴招对俱实，独名夏厉声强辩，闪烁其词，及诘问词穷，又哭诉投诚之功，朕始知名夏为辗转矫诈之小人也……今将名夏革任，其官品俸禄仍旧，发正黄旗汉军下，同闲散官随朝。洪承畴……仍留原任以责后效。[②]

通过顺治的这篇圣谕可以发现，顺治八年（1651）顺治联合满族反多尔衮

① 《世祖章皇帝实录》卷六十三，《清实录》第3册，第497页。
② 《世祖章皇帝实录》卷六十二，《清实录》第3册，第485页。

势力在清剿以北党汉臣为代表的多尔衮残余势力后，满族反多尔衮势力与南党汉臣也开始日益联结，以致吏部满尚书谭泰“藐朕幼冲而威权专擅”，在诸王、贝勒、贝子、公侯暨众大臣质审廷议时居然“咆哮攘臂”，甚至在入奏时竟有“挺身至朕前”这样的轻君僭越行为。于是顺治又开始打压谭泰这股新“露头”的满洲贵族势力及依附于其身边的南党汉臣，在顺治八年（1651）八月十七日将谭泰处死后，接着便处置亲附谭泰的南党党首陈名夏。顺治处置陈名夏的切入点是顺治八年五月的张煊劾陈名夏案，从记录此案的现存史料《满达海等题为会议张煊纠参陈名夏不实本》看，张煊劾陈名夏十二条罪状，其中有实有虚，实者又嫌证据不足，因而据张煊所参难以给陈名夏定罪[①]，故顺治最终于九年（1652）正月以“承畴招对俱实，独名夏厉声强辩，闪烁其词，及诘问词穷，又哭诉投诚之功，朕始知名夏为辗转矫诈之小人也”为由，将陈名夏“革任，其官品俸禄仍旧，发正黄旗汉军下，同闲散官随朝”。处置陈名夏的理由虽过牵强，惩处也不算严厉，但毕竟是对陈名夏及其南党略施了小戒。重审张煊案虽是对南党汉臣的小戒，但审理方式十分严厉。且看顺治九年（1652）六月初五《蓝拜等题为遵旨审明阿拉善等参陈之遴诸款皆虚本》中的一段记录：

> 陈之遴供称：“复审张煊事件时，若我有罪，众王与诸大臣为何不拘我去审？……”据阿拉善等供称：“你说此案与你无干，又不曾拘审，当日审洪承畴、陈名夏等时，因何将你令人看守？……”
>
> 问陈之遴：“在先着人看守你是实么？”陈之遴供称：“看守是实。”[②]

在案件审理过程中，时任礼部尚书陈之遴曾被“着人看守”，由此可见事态的严重性及其对陈之遴造成的巨大心理威慑。

---

① 《满达海等题为会议张煊纠参陈名夏不实本》，《清代档案史料丛编》第 13 辑，第 117—121 页。

② 《蓝拜等题为遵旨审明阿拉善等参陈之遴诸款皆虚本》，《清代档案史料丛编》第 13 辑，第 127—128 页。

借着顺治对南党汉臣的打压，一些满族势力为防止自己的政治权力在皇权和汉臣的结合之下被进一步消解，开始有意打击朝中的汉臣势力。此时北党汉臣尚未得到机会从顺治八年（1651）的元气大伤中恢复，南党自然就成了被打击的对象。在这种情形之下，南党的二号人物弘文院大学士陈之遴便成为了他们的打击目标。顺治九年（1652）五月初一，掌监察和弹劾之权的都察院承政阿拉善上《阿拉善等题为请将陈之遴革职本》：

> 即火神庙聚谋，陈名夏、洪承畴以甄别御使公事为辞，既系公事，即当在衙门公议，之遴原系礼部，何相干涉，而潜入其中以相附和乎？……且其任礼部时，墨勒根王称宗号帝诏文内有“大德者必有显名”等语，皆出之遴之手，则之遴……感墨勒根王为恩主矣。[①]

顺治阅后，批红“著交与吏部”。观阿拉善题本，主要参陈之遴任职礼部时的两条罪状：一是越职参与火神庙聚谋甄别御使；二是其所撰多尔衮“称宗号帝诏文”内有僭越之语，并以多尔衮为“恩主”。

接到顺治批本后，陈之遴的表现并不冷静，其于顺治九年五月十三日、十四日连上两道奏本为自己辩白。这一行为在后来的审理过程中遭阿拉善诘责：“圣旨已下吏部，你乃被参之人，不候部议，两次题本，于理合否?”[②] 但陈之遴这两道奏本也被顺治批转至吏部，吏部请旨“应交与刑部审实”。案子转到刑部后，刑部以“吏部看语内，止有‘交与刑部审实’字样，未见有‘质审’字样。然都察院职居言官，臣等未敢擅便”为由，请旨要求“质审”，得旨“著都察院与陈之遴对质”。[③]

关于参与火神庙甄别御使一事，陈之遴先后进行了三次申辩。

一是在五月十三日的奏本中辩称如下：

---

① 《阿拉善等题为请将陈之遴革职本》，《清代档案史料丛编》第13辑，第122页。

② 《蓝拜等题为遵旨审明阿拉善等参陈之遴诸款皆虚本》，《清代档案史料丛编》第13辑，第128页。

③ 同上书，第126页。

顺治八年四月，礼部侍郎王铎蒙皇上差往陕西、四川祭告，臣与陈名夏、洪承畴在火神庙会齐，与王铎饯行，别无私语，久经审明。今年（按：顺治九年）正月复审此案，圣旨、上传俱无臣名。[①]

刑部对此的审理结果是：

查得顺治九年正月复审张煊事件案……刊刻告示内无陈之遴姓名。[②]

二是在五月十四日的奏本中又辩称：

火神庙聚会一案，久经审明，圣旨、上传俱无臣名，……查顺治八年承畴甄别御使毕具题，奉旨依议，系闰二月科抄，见在吏部，可察。张煊告臣火神庙会聚，系四月十一日，原案现在刑部，可察，去甄别御使两个月矣，尚须入庙附和耶？[③]

刑部对此的调查结果是：

查得吏部甄别科抄系八年闰二月二十七日事，又查得刑部张煊首款内洪承畴、陈名夏、陈之遴于四月十一日在火神庙密议。[④]

三是陈之遴在刑部与阿拉善等人对质时辩称：

陈之遴供称：“我往火神庙相会，有都察院哪一个听见？”据都察

---

① 《陈之遴奏为恭陈被参诸款始末本》，《清代档案史料丛编》第13辑，第123页。

② 《蓝拜等题为遵旨审明阿拉善等参陈之遴诸款皆虚本》，《清代档案史料丛编》第13辑，第128页。

③ 《陈之遴奏为恭陈被参诸款始末本》，《清代档案史料丛编》第13辑，第124页。

④ 《蓝拜等题为遵旨审明阿拉善等参陈之遴诸款皆虚本》，《清代档案史料丛编》第13辑，第129页。

院承政阿拉善等供称："张煊首告时，听得洪承畴供出。"陈之遴供称："洪承畴供往甄别御使，却无我名字。"

刑部对此的调查结论如下：

问洪承畴："为甄别差遣御使，你曾供在火神庙会议四五次，陈之遴曾去几次？"

据供："自去年（按：顺治八年）闰二月授都察院左都御史，至四月与陈名夏在火神庙会议甄别御使四五次，并无有陈之遴。只至四月十一日，因礼部左侍郎王铎往陕西承祭，我同陈名夏、陈之遴相约在火神庙会一次，一则与王铎饯行，再因他会画，要求他的画去，所以相会。"

问陈名夏："你曾供相会数次，内有陈之遴几次？"

陈名夏供称："与王铎饯行，在火神庙一次是实，甄别御使并无陈之遴。"①

据此，陈之遴确实没有参与火神庙聚谋甄别御使一事，阿拉善的此条参款纯属虚妄之辞。

关于多尔衮"称宗号帝诏文"的起草和以多尔衮为"恩主"问题，陈之遴也曾先后两次申明情况。第一次是在五月十三日的奏本中：

若七年十二月墨勒根王诏文，奉旨承行有内院、礼部满汉诸大臣，臣时官止侍郎，岂有诏文皆出臣手之理？且臣曾屡言墨勒根王不应称宗入庙，院、部满汉诸臣无不闻知。即礼部题墨勒根王入庙日期，臣独不画题，原稿现在。②

---

① 《蓝拜等题为遵旨审明阿拉善等参陈之遴诸款皆虚本》，《清代档案史料丛编》第13辑，第130页。

② 《陈之遴奏为恭陈被参诸款始末本》，《清代档案史料丛编》第13辑，第124页。

对此，刑部的审理结果是：

问陈之遴：“你既称‘墨勒根王不应称宗入庙，满汉诸臣无不闻知’者，是谁？”

陈之遴供称：“有大学士宁完我、洪承畴听见。”

据大学士宁完我供称：“陈之遴说不应入庙，于题稿内伊名下不曾画题。”

大学士洪承畴供称：“彼时公议正忙，之遴说不应入庙，我原不曾亲身听得。查得礼部入庙题稿内有尚书、左侍郎画题字样，无右侍郎画题字样。”随问礼部侍郎祝万春、启心郎徐文奎：“彼时右侍郎系何人？”据供：“系陈之遴。”①

第二次是在五月十四日的奏本中：

乃参疏称诏文内有“大德者必有显名”等语皆出臣手。查当日颁行诏文内，有“至德斯享鸿名”，并无“大德者必有显名”，稿案现在内院，可察。……盖以“大德”系虞帝，“显名”系周武王，故将紧关字面捏造陷人耳。②

对此，刑部的调查结果是：

据阿拉善等供称：“封诏已经折毁，谁记得字样？我等参系陈之遴写的，之遴说不是亲身写的，却是谁写的？”

问陈之遴：“诏文承行有满汉诸大臣的，系何人？”据供：“除死故、降革外，有大学士洪承畴、宁完我同写诏稿。”

据宁完我供称：“写诏稿时，有冯铨、宋权、礼部尚书李若琳、

① 《蓝拜等题为遵旨审明阿拉善等参陈之遴诸款皆虚本》，《清代档案史料丛编》第13辑，第129页。

② 《陈之遴奏为恭陈被参诸款始末本》，《清代档案史料丛编》第13辑，第124页。

> 洪承畴、刚林、祁充格、陈之遴。其‘斯享鸿名’等语，我忘记了，见有底稿，然不系我写的。”又问：“陈之遴说同你与洪承畴公写。”宁完我供称：“不止我三人，前有名俱在内。是刚林、祁充格教速写，遂连夜写了。”
>
> 据洪承畴供称：“墨勒根王封帝称宗议写诏稿之时，有范、冯、洪、宁、宋，礼部李、陈，并学士王、蒋等俱同在。……做稿之时，众人公说公写……此诏稿亦系冯大学士执笔改正，然众人俱同看改。”
>
> 查得内院诏稿内有“至德斯享鸿名……”等语。[1]

无疑，阿拉善题参陈之遴的这款罪状亦属不实。

至此，《阿拉善等题为请将陈之遴革职本》“参款俱虚”，于是刑部拿出两套处理意见：一是将阿拉善和在题本上具名的都察院诸官员革去一个前程或拖沙喇哈番，各罚银一百两至五十两不等，皆“革去衙门”；而陈之遴“应免罪，照旧供职”。二是将阿拉善等都察院诸人罚银或罚俸，“俱照旧供职”；而陈之遴“奏本虽实，然被参只宜申辩自己为是，不合因辩本以‘欺罔皇上’大言说阿拉善等，议陈之遴降一级，罚俸五个月，应否去留原任，听吏部议。”最终得旨：“阿拉善、房可壮等念系言官，姑免罪；陈之遴亦免罪；各照旧供职。”[2]

以上是对顺治九年（1652）五月阿拉善题参陈之遴两款罪状的考述。阿拉善题参大学士陈之遴一案始于顺治九年（1652）五月初一，终于同年六月初六，历时一月有余。陈之遴虽然有惊无险地度过此劫，但其中有两点情况比较反常：

其一，阿拉善所参陈之遴两款罪状且不论属实与否，但有两点是肯定的。一是“以上二事，俱在皇上亲政、皇太后加上尊号恩赦之前”。二是顺治对陈之遴与火神庙聚谋无关一事心知肚明。火神庙聚谋一案，历经顺治八年（1651）五月和顺治九年（1652）正月两次审理，都证明陈之遴与

---

① 《蓝拜等题为遵旨审明阿拉善等参陈之遴诸款皆虚本》，《清代档案史料丛编》第 13 辑，第 131 页。

② 同上书，第 133 页。

此案无涉。第二次审理是在顺治为处置陈名夏而亲自主导之下进行的，至阿拉善题参陈之遴不过三个月，顺治对陈之遴没有参与火神庙聚谋一事岂有不知之理？但顺治在阿拉善的题本后面批红"这本参陈之遴，著交与吏部"，为一桩自己十分清楚内情且因"恩赦"而无须再审的"诬告"事件启动了兴师动众的审理程序。

其二，阿拉善等人题参陈之遴的行为明显是诬告，陈之遴在申辩过程中也有不合程序和表现过激之处，控辩双方按理本应如刑部建议的第二套方案各受到一定处罚，但顺治最终对阿拉善等人和陈之遴都进行了免罪处理。

将上述两种情况结合起来看，就会发现其中隐藏的一丝端倪。都察院和陈之遴双方皆被免罪这一处理结果令我们想到，在阿拉善的题本后面顺治的批红"这本参陈之遴，著交与吏部"应该是"明知故为"之举。顺治明知大学士陈之遴无罪，但仍要将其置于极具政治威慑力的刑部审理程序之中。都察院题参大学士陈之遴的审理过程看似一场闹剧，实是顺治在处置完以谭泰为代表的侵蚀皇权的满洲贵族势力之后，进一步打压依附于谭泰的南党汉臣的一次政治行为。在对南党党首陈名夏略施小戒后方三个月，又借阿拉善题参之机继续对南党汉臣的二号人物陈之遴进行"敲打"，这是顺治在亲政初期巩固皇权的一次政治手腕。同时，阿拉善题参大学士陈之遴这一行为本身也是满洲贵族势力为防止自己的政治权力在皇权和汉臣的结合之下被进一步消解而采取的一项打压南党的措施。因此，顺治对此案的处理结果可谓"三方共赢"。可见，在上述两种反常现象的背后依然是皇帝、满洲贵族和汉臣的政治权力之争。

顺治九年（1652）二月，陈之遴以太子太保礼部尚书的身份被首次擢为内翰林弘文院大学士。次年二月，因在"黄膘李三案"中表现失当，被削大学士职，"仍以太子太保调户部尚书"①。陈之遴初次擢任大学士后刚满一年便被削职，但在这一年的大学士之路上其政治才华还是得到了充分

---

① 《世祖章皇帝实录》卷七十二，《清实录》第3册，第572页。

体现。

其一，据《海宁县志》：

世祖甚重之，拜秘书院（按：当为弘文院）大学士。广辟言路，起用谏臣，又密请裁汰兵将以纾国用，遇廷议大事，持正不阿。①

又据《海宁渤海陈氏宗谱》之陈之遴大传：

壬辰（顺治九年），特简内秘书院（按：当为弘文院）大学士。广辟言路，起用谏臣。时方议裁兵以纾国用，公密陈调遣机宜，俾无失所，军无怨讟。②

《海宁县志》成书于康熙十四年（1675），而《陈之遴大传》成文于乾隆初年，两相比对，后者行文当袭自前者。这里记载了陈之遴初任大学士时候的两项政绩：一是起用谏臣，二是“密请”裁汰兵将。此种记载或出自方志，或出自海宁渤海陈氏宗谱，皆为陈之遴乡人或后人所言，其中必有不可尽信之处，但考诸史料，竟有与之暗合者。金之俊在顺治九年所撰《贺大宗伯素庵陈公大拜序》中称：

公一入政府，凡所以讲求治理、振饬纪纲与夫爱养人才、扶植善类，种种殚竭谋猷，动中肯綮。中外之人无论识与不识，皆得而见公之学问才品不愧古名宰辅。至于遇大事、决大议，为世道治乱所系，君德损益所关，小臣不敢言，大臣不能言，疏远之臣不敢言，亲近之臣不能言者，公为之随事纳忠，嘿（按：同“默”）效启沃（按：谓开导、辅佐郡王），俾一时传之四方，朝无阙政，他日书之史册，君无过举（按：谓误加擢用）。此皆外廷所不能知，公亦绝口不以语人。

① 许三礼：《海宁县志》名臣卷，《中国方志丛书》华中地方第561号，第980页。

② 陈赓笙：《海宁渤海陈氏宗谱》，《清代民国名人家谱选刊续编》第75册，第456页。

鸣呼！揆之书传辅弼之义，公真可谓无忝也。[①]

此处金之俊所称之“爱养人才、扶植善类”与《海宁县志》之“广辟言路，起用谏臣”相合，而金之俊所称他人“不敢言”、“不能言”之“大事”、“大议”，陈之遴能“为之随事纳忠，嘿效启沃”者，也正与《县志》和《海宁渤海陈氏宗谱》所记“密请裁汰兵将以纾国用”、“密陈调遣机宜，俾无失所，军无怨讟”所言为同一事。当日金之俊所不能直言者如“嘿效启沃”等等，《海宁县志》和《海宁渤海陈氏宗谱》中却讲得十分具体，故《贺大宗伯素庵陈公大拜序》中虽不乏同僚过誉浮夸之处，但其中能与《县志》和《海宁渤海陈氏宗谱》相互印证者当为可信之辞。

其二，顺治九年（1652）九月，陈之遴和洪承畴一起做了一件让顺治为之感触良深的事情。据《清世祖实录》：

顺治九年九月……戊戌，大学士洪承畴、陈之遴奏言：“臣等阅钦天监奏云‘昨太白星、与日争光……’上天垂象，诚宜警惕。且今年南方苦旱，北方苦涝，□山戊不，□饥寇警，处处入告。宗社重大，非圣躬远幸之时……达赖喇嘛自远方来，遣一大臣迎接已足见优待之意，亦可服蒙古之心，又何劳圣驾亲往为也……”[②]

读了这篇奏稿后，亲政未满两年的顺治深感自己对“上天垂象”不够警惕，对四方民情不够了解，对“圣躬远幸”这一接待喇嘛方式的安排也欠妥，于是当天便遣内大臣伯索尼传谕洪承畴和陈之遴等人：

卿等谏朕勿往迎喇嘛，此言甚是，朕即停止。以卿等贤能，故擢赞密勿。嗣后国家一切机务及百姓疾苦之处，如何始合民心、如何不

① 金之俊：《金文通公集》卷三，《续修四库全书》第1392册，第646页。

② 《世祖章皇帝实录》卷六十八，《清实录》第3册，第540页。

> 合民心，卿等有所见闻即详明敷陈，勿得隐讳。朕生长深宫，无由洞悉民隐。凡有所奏可行即行，纵不可行朕亦不尔责也。①

顺治九年（1652）的最后一天，顺治“宴内大臣、大学士、汉尚书、侍卫于中和殿”，或许是出于对满臣和汉臣之争以及汉臣南北党之争的警觉，顺治在“赐大学士洪承畴、陈名夏、陈之遴，尚书高尔俨、胡世安、金之俊、李化熙、张凤翔貂镶朝服各一袭”后，在这场类似于年终总结会的酒宴上发表了一番意味深长的讲话：

> 尔等皆朕倚任大臣，若能洁己奉公，属员自当效法。倘贪黩相尚，必至颠倒是非，不但公论不容，抑且国法难宥。尔等其思之。②

但陈之遴在蒙赐“貂镶朝服”并聆听宴席“垂训”后刚刚半个月，便因在“黄膘李三案”中的失当表现激怒了顺治。

## 二 顺治十年（1653）：黄膘李三案始末与陈之遴被免大学士

黄膘李三案，用今日的话讲，即一起发生于京师的具有黑社会性质的团伙犯罪案，然此案对顺治的震动极为巨大，成为顺治对陈之遴态度的转折点。陈之遴因在此案中的表现于顺治十年被削去大学士一职，甚至可以认为，黄膘李三案引发了顺治十年（1653）清廷汉臣政治格局的变动。

如此重要的黄膘李三案，治清史者也频频提及，但对其进行专门关注者甚少，至今未见言其详者。陈东林在20世纪80年代初对此案进行过简要考述，其所据史料为《清世祖实录》相关记载、《明清史料》中的一篇上传稿、周寿昌《思益堂日札》和缪荃孙《艺风堂杂抄》中的两则笔记③。今重新检核上述史料，发现下述问题：第一，《艺风堂杂抄》中“记黄膘李三”条为缪荃孙所作，后面附有许宝蘅所加按语，此按语和《思益堂日

① 《世祖章皇帝实录》卷六十八，《清实录》第3册，第540页。

② 《世祖章皇帝实录》卷七十，《清实录》第3册，第558页。

③ 陈东林：《顺治皇帝枭斩“黄膘李三”》，《紫禁城》1987年第4期。

札》中“黄膘李潘文学”条与《清世祖实录》相关内容较为一致，从文字看，皆据顺治时的“邸报”之类材料而成，故其史料价值远不如《清世祖实录》本身。第二，缪荃孙在《艺风堂杂抄》中所记文字专为揭示李三背景身份而作，但不知何故未被陈东林当年采用。第三，徐宝蘅于甲午(1894，光绪二十年）九月在缪荃孙“记黄膘李三”条后所加按语可据今天掌握的史料加以考补，解决其当日未决之疑。

因上述几个问题的存在，又因我们于《清世祖实录》、《梼杌近志》中新发现数则关于此案的材料，故在此试图简要还原黄膘李三案的来龙去脉，以期理清此案对时任弘文院大学士陈之遴的影响。

（一）黄膘李三其人

据缪荃孙在《艺风堂杂抄》中的记载：

> 黄膘李三，通州人也，姓李行三，黄膘其别号也。[①]

顺治在关于黄膘李三案的一篇《上传稿》中称：

> 李应将（按：据《清世祖实录》，当为李应试），混名黄膘李三。[②]

黄膘李三不仅膂力过人，而且遇事冷静机智：

> 素有膂力，家贫，事母孝。明崇祯间，尝担菜鬻以供母。一日，鬻得钱系于担头而荷之肩，有伟汉策骑而过，呼：“小子送钱来！”李三以担头举而授之，伟汉在马上把其担而解其钱，忽大惊……伟汉退其钱……结为兄弟，曰：“他日举义，毋相忘！。”……李三……初以钱授，非畏也，将以试之。使彼竟持钱去，三将以担击刺堕马。伟汉把其担，铁担也，乃遂改容而礼，得免。[③]

① 缪荃孙：《艺风堂杂抄》，第178页。
② 《上传稿》，《明清史料》丙编第四本，第332页。
③ 缪荃孙：《艺风堂杂抄》，第178页。

有了这段渊源，后来李三加入盗群，终成长为盗贼首领：

> 母死，李三遂入盗党。所掠资财，慷慨仗义，人多归之；谋略、技艺，诸响马咸出其下，遂不敢比肩，尊以为目，购大宅院奉之，居于京。①

（二）黄膘李三在京师的影响

顺治在给刑部的一篇上谕中曾说：

> 乃有元凶巨盗李应试、潘文学盘踞都下，多历年所，官民震慑，莫敢撄锋。②

此处所言“官民震慑，莫敢撄锋”绝非夸张之词，那么李三对京师官民的震慑到了何种地步？有四则事例可以说明这个问题：

其一，《清世祖实录》中有载：

> （顺治）问大学士陈之遴、陈名夏曰：“黄膘李三一小民耳，廷臣畏惮，不敢举发，其故何也?”陈之遴等奏曰：“如讦奏其事，皇上睿明即行正法，诚善。傥宥其死，则讦奏之人必隐受其害，是以畏而不敢言耳。”③

实际上，连陈之遴这样“位极人臣”的大学士都对京师黑社会头目黄膘李三心存忌惮：

> 和硕郑亲王济尔哈朗等奏：“李应试一案奉上旨发审时，大学士洪承畴反覆诘问，独陈之遴默无一言。臣等问其故，之遴答云：‘皇

---

① 缪荃孙：《艺风堂杂抄》，第178页。

② 《世祖章皇帝实录》卷七十，《清实录》第3册，第556页。

③ 《世祖章皇帝实录》卷七十一，《清实录》第3册，第564页。

上果立置应试于法则已；如或免死，则我身必为所害，是以不言。’夫应试一奸民尔，而之遴畏惧如此。……”[①]

上又曰：“黄膘李三为民大害，诸臣畏不敢言。鞫审之日，宁完我、陈之遴默无一语。”[②]

是时宁完我和陈之遴已是位居内弘文院大学士之人，尤其宁完我还是老资格的大学士，以身居相位之威，居然对黑社会头目李应试畏惧如此。畏惮黄膘李三的“廷臣”竟然涵盖至“大学士”这个层面，而一个堂堂大学士居然因担心自己的生命受到威胁而对存在多年的黄膘李三案一直隐而不发，参与审讯时又默无一言，这实在令人惊诧。

其二，顺治针对都察院六科十四道的一道上谕：

近如李应试、潘文学等通盗害民，适遇他事发觉，获以穷究根底，立正典刑。其未经发觉以前，李应试把持衙门，毒害小民，举国痛恨入髓。尔等职居言路，何以默无一言？果属不知，已为溺职。若恶迹既著，惮于举发，养奸长恶之罪，尔等何辞？[③]

都察院这些科道官员平日动辄敢于上疏弹劾大学士这个级别的人物，而面对黄膘李三“把持衙门”这一现象，上下竟无一人敢于举发。

其三，顺治在给刑部的一道上谕中提到：

兵科都给事中李运长，身为言官，反与李应试侄李天凤联宗，认为兄弟。应试恶迹盈满，举国痛恨。运长既，往来亲密。将天凤子李蓁冒作己子，充送官监。及事发觉运长又不举首。仍藏匿天凤子，希图幸免。[④]

---

① 《世祖章皇帝实录》卷七十二，《清实录》第3册，第571页。

② 《世祖章皇帝实录》卷七十一，《清实录》第3册，第568页。

③ 《世祖章皇帝实录》卷七十，《清实录》第3册，第557页。

④ 同上书，第556页。

兵科给事中李运长因与黄膘李三的侄子往来甚密，在案发前“不能剔发奸恶”尚可理解，但在案发后竟然“又不举首”，甚至“仍藏匿天凤子，希图幸免”。由此可推知，黄膘李三案虽由天子亲自督办，但李运长仍感觉李三此番必能幸免，从中可见李三渗透朝官的广度和深度。

其四，顺治在《上传稿》中称：

> 首告之人亲见肘锁，犹恐其不即正刑，尚顾忌不敢指证，因特命郑亲王及多尔机昂邦、内院大臣公同亲审。[①]

是则首告之人对黄膘李三势力的恐惧程度让顺治都感到惊讶。

缪荃孙也曾记载黄膘李三在京师的影响，其称自己关于黄膘李三的记载来自聂璜《幸存录》，此聂璜盖为康熙时人，生平不可知，其书亦未得见，现将相关文字迻录如下：

> 凡北五省之盗，皆出其门下，而为三之鹰犬。李三居京师数年，挥金如土，匪但结交津要及豪门官族，即部科衙门各该当长班以及生员、地棍、游手之辈，无不以恩结之，利动之。下及卑田乞儿，莫不知有黄膘李三也。凡有缓急，谋之李三，无不应命。三囊无余钱，但以一简书银数，散之群盗，盈千累万，顷刻而至。辇毂之下，有钱通神，何事不可为？以故群盗凡又犯者，李三皆能曲全而出其罪，或脱之狱。即有问决者，亦能于临刑之时，捉生替死。李三尝以衣服、饮食恩给乞儿，每于秋决之候，贿通在官人役，于出狱之顷，李三命乞儿腾挪替换，代为点名。及上堂判由，将反接，则以木塞其口，乞儿欲辨无由，真盗屡屡漏网。由是群盗无不奉如神明，仰若父母。[②]

从缪荃孙的文字看，聂璜的记载民间色彩较为浓厚，但这种民间色彩恰可

---

① 《上传稿》，《明清史料》丙编第四本，第 332—333 页。

② 缪荃孙：《艺风堂杂抄》，第 178—179 页。

帮助说明当日黄膘李三在京师的社会影响力。不仅如此，聂璜的一些说法还可与顺治的一篇《上传稿》相互印证：

黄膘李三……盗贼藉为窟穴，奸恶倚为性命。意之所喜，众共奉承惠，不必由己出；意之所憎，众共倾陷，祸不知从何生。京城前三门，如有身家铺面不投伊名下，不输纳常规，则生意不准行。直省数千里，如有经商行旅得伊图画，呼伊姓名，则长往无畏途。且崇文税务包揽侵分，凡南来货物，先收其驼担银钱，然后及于国课。……更交通官长，衙蠹皆为之颐使。大作威福，正人尽为之屏息。强盗土贼，虽真犯可免；善类良民，诬扳可毙。①

由此可见，聂璜那篇民间色彩浓厚的文字也并非无据之言。《上传稿》所记黄膘李三之所为，读起来居然如小说家言，可见当日其在京师一带的影响力几至荒诞的地步。

（三）黄膘李三所犯罪行

《清世祖实录》中对李三案所犯罪行记录如下：

李应试……专一豢养强盗，勾聚奸枭；交结官司，役使衙蠹；远近盗贼，竞输重赀；南城铺行，尽纳常例；明作威福，暗操生杀。所喜者，即有邪党代为市恩。所憎者，即有凶徒力为倾害。他若崇文门一应税务，自立规则，擅抽课钱；恶侄杀人，死者之家不敢申诉。诸如此类，罪不胜数。②

顺治十年正月乙酉，上幸内院，谓大学士洪承畴……等曰：“顷乱法被诛之黄膘李三，一细民耳，而住居之外复多造房屋，每间修饰整齐，其故何也？”承畴对曰：“其修造房屋分照六部，或某部人至，或自外来有事于某部者，即延入某部房内。”上曰：“以一细民而越分

① 《上传稿》，《明清史料》丙编第四本，第332页。

② 《世祖章皇帝实录》卷七十，《清实录》第3册，第556页。

妄行如此，故天使之败。"①

《明清史料》中所存顺治一篇《上传稿》中也有相似记载，并将其罪行总结为两点：一是"以编民擅公家之利"，二是"以匹夫窃生杀之权"。② 对照《上传稿》和《清世祖实录》中相关黄膘李三案的记载，清无名氏《梼杌近志》中"清初唯一之蠹吏"条③的文字虽多有不可遽信者，但其所载李三罪行有为《清世祖实录》所不载者，兹引于下，以供参考：

> 起大宅京师，园林邸第，拟于王公。两廊下如六部例，分置各房，榜曰某部某部。凡来关说某事者，则入某房，而潘（按，当为李）总其成。朝政交部议者，非盈其欲壑不得直，且遭严谴。家藏伪章，文书下行直省，多潜易之，奉行者莫辨焉。④

据以上正史和野史所记，李三所犯罪行不仅涉及经济犯罪、民事犯罪、刑事犯罪，而且涉及政治犯罪，已经部分地侵蚀了皇权。

（四）黄膘李三案的案发过程及其背后

据《清世祖实录》中对黄膘李三案的数则记载，可考知该案的案发时间、审理过程和案发原因及背景。

其一，案发时间。顺治九年十二月壬戌，刑部收得宣布该案处理结果的上谕，顺治对李三及其党羽作出如下处置：

> 将李应试、潘文学并伊子侄俱行枭斩，又蠹恶高思敬、高三、王国祯、顾麟、槐启樟、李之栋、李东明、刘文登等或窝盗得赃，或行贿纵寇，及诸不赦罪状，俱有书信文约确据，遂一并正法。⑤

---

① 《世祖章皇帝实录》卷七十一，《清实录》第3册，第564—565页。

② 《上传稿》，《明清史料》丙编第四本，第332页。

③ 观其行文，所言"潘某者，忘其姓名"即黄膘李三案中的二号人物潘文学，而后面所述事迹实为黄膘李三李应试所为。盖因日久失传，《梼杌近志》之编纂者将李应试误为潘文学。

④ 裘毓麐：《清代轶闻》卷七，《中华文史丛书》之八十六，第427页。

⑤ 《世祖章皇帝实录》卷七十，《清实录》第3册，第556页。

据此，顺治九年十二月壬戌之前黄膘李三案已审理结束，则其案发也当在此前不久。

其二，审理过程。据《清世祖实录》：

> 顺治九年十二月壬戌，谕刑部：……乃有元凶巨盗李应试、潘文学盘踞都下，多历年所。……今因别事发觉，朕命叔和硕郑亲王及内大臣、内院、刑部大臣公同鞫问。①
>
> 和硕郑亲王济尔哈朗等奏：“李应试一案，奉上旨发审时，大学士洪承畴反覆诘问……”②

由此可见，黄膘李三案的审理是奉旨而审，由郑亲王济尔哈朗率御前侍卫官、内院大学士和刑部尚书等满汉重臣“公同鞫问”，此规格等同于对内三院大学士所犯案件的审理。对朝廷而言，黄膘李三不过一介奸民，一御使足以治之，何以如此兴师动众？在正式审讯黄膘李三之前，顺治并不知其在京官中的威慑力足以致使宁完我、陈之遴等大学士在审讯时“默无一语”，那么，造成如此高规格审理方式的原因就只能通过黄膘李三案的案发背景去分析。

其三，案发原因及背景。黄膘李三案的案发原因，历来成谜。今考之史料，总结出关于该案案发原因的三种推测，现分述如下：

甲、黄膘李三的背后有一位影响力极大的满洲贵族或中官，此贵族或中官案发而牵连出李三。清末许宝蘅在缪荃孙《记黄膘李三》后的按语中称：

> 观陈（之遴）、洪（承畴）所对，可见陈、洪当知时皆早知李三之行为，幸得不加根究。至于发觉之原因，则不可考。③

---

① 《世祖章皇帝实录》卷七十，《清实录》第3册，第556页。

② 《世祖章皇帝实录》卷七十二，《清实录》第3册，第571页。

③ 缪荃孙：《艺风堂杂抄》，第180—181页。

许宝蘅称“至于发觉之原因，则不可考”当为实情。今考之《清世祖实录》，顺治曾两次提及该案的案发原因，皆十分隐晦：

> 顺治九年十二月壬戌。谕刑部：“……乃有元凶巨盗李应试、潘文学盘踞都下，多历年所。……今因别事发觉。”①
>
> 顺治十年正月乙酉，上幸内院，谓大学士洪承畴……等曰：“顷乱法被诛之黄膘李三……致他案发觉，得置于法耳。”②

顺治称黄膘李三案的案发系由“别事发觉”、“他案发觉”，该案的案发时间在顺治九年（1652）十二月壬戌之前不久，查考《清世祖实录》此时间之前的数月内并无处理满汉官员的相关案件记载，则“别事”、“他案”实在无从考起。

《清世祖实录》中另有一条线索虽不能使我们考清顺治所言“别事”、“他案”为何，但有助于我们弄清黄膘李三被捉拿归案的原因。在黄膘李三案结案一年零两个月后，宁完我为证明自己弹劾大学士陈名夏并非出于私利而添加注脚时曾提到：

> 臣……十年间忍性缄口，不复作狂吠之犬。然而愚直性生，每遇事而勃发。李应试、潘文学向非臣言复擒，早已兔脱矣。③

从“非臣言复擒，早已兔脱矣”可看出，在朝廷查办顺治所谓“别事”、“他案”时，曾一度将黄膘李三等人拿获，但因某种缘由又将其释放，后经宁完我进言“复擒”，李三等人才又重被缉拿归案。值得注意的是，向顺治进言“复擒”黄膘李三的宁完我，在参与鞫审李三之日，居然和陈之遴一样“默无一语”，并因此而在事后受到顺治批评④。宁完我既敢于进言

---

① 《世祖章皇帝实录》卷七十，《清实录》第3册，第556页。

② 《世祖章皇帝实录》卷七十一，《清实录》第3册，第564—565页。

③ 《世祖章皇帝实录》卷八十二，《清实录》第3册，第642页。

④ 《世祖章皇帝实录》卷七十一，《清实录》第3册，第568页。

“复擒”黄膘李三，在审讯时又有何畏？如前所引《清世祖实录》所言，黄膘李三等人盘踞京师多年，不仅“豢养强盗，勾聚奸枭；交结官司，役使衙蠹；远近盗贼，竞输重赀；南城铺行，尽纳常例”，而且“明作威福，暗操生杀”，甚至公然出现“崇文门一应税务，自立规则，擅抽课钱”、“修造房屋分照六部，或某部人至，或自外来有事于某部者，即延入某部房内”这种“越分妄行”，以致都察院六科十四道都“惮于举发”，甚至宁完我、陈之遴等内院大学士都对其十分畏惧。而据杨海英的研究结果，连“洪承畴开始也像陈名夏、陈之遴，噤口不言”[①]。如此则黄膘李三朝中“后台”的权势或影响力当远在洪承畴、宁完我、陈名夏、陈之遴这些汉人大学士之上。

另有二事亦可说明李三朝中“后台”的影响力。

一是谈迁在《北游录》中提到李应试时称：

> 李应试住外城马市，为大驵。事诸王贝勒等，得其欢。时汉官疏离，冀通肺腑，并藉径应试交关请托，权倾一时。[②]

谈迁称李应试住马市，身份是重量级的马市经纪人，这些说法和《清世祖实录》所记不同，盖将潘文学事与李应试相混淆的结果。但其称李应试得以权倾一时的原因则在于其后台是诸王贝勒等满洲贵族，汉官欲通气息于顺治和这些人，只好通过李应试。

二是顺治九年（1652）十二月壬戌，顺治在给刑部的上谕中决定：

> 将李应试、潘文学并伊子侄俱行枭斩。[③]

但到了顺治十年（1653）正月己卯，其又谕刑部：

---

① 杨海英：《洪承畴与明清易代研究》，第257页。

② 谈迁：《北游录》，第374页。

③ 《世祖章皇帝实录》卷七十，《清实录》第3册，第556页。

李应试等以罪恶正法，其兄弟、子孙、亲戚皆免拏问。令改恶迁善，务为良民。尔部即行传谕。①

黄膘李三的子侄本应一并正法，但上谕下达未满一月便改为“皆免拏问”。对这一变化，缪荃孙所引聂璜《幸存录》的记载颇能说明问题：

捕而立斩于市，籍其家。顷之，又有关说者启之御前，世祖益怪李三之神通，而恨剪除之不早也。②

顺治修改圣谕赦免黄膘李三的子侄，正是“关说者启之御前”的结果，由此亦可见黄膘李三朝中“后台”的权势或影响力之大。明乎此，则可知宁完我、陈之遴在参与审讯黄膘李三时“默无一语”的原因。黄膘李三朝中“后台”到底为何人？虑及《清世祖实录》的隐晦文字和敢于在案发后在御前“关说”这两个因素，我们猜测顺治所谓“别事”、“他案”当涉及一位极为重要的满洲贵族，抑或与顺治关系极为亲近的中官。否则，黄膘李三在京官中的影响和威慑力决不至于达到如此骇人听闻的地步，而相关此事的记载在编纂实录时因某种令人忌讳的原因被删削掉了。

乙、由受害“小民”告发。上面我们关于黄膘李三案案发原因及背景的推测本来顺理成章，但顺治在其处理该案的《上传稿》中的一句话又使我们的这一推论变得不牢靠。顺治曾说：

京都内有大奸大盗盘踞数十年，远近震慑，官吏莫敢谁何。今乃得之细人告发，明正典刑。③

显然，按顺治在此处的说法，该案系由受害小民告发。黄膘李三案既然是由小民告发而被顺治发觉，则明显与《清世祖实录》中顺治所言“别事发

① 《世祖章皇帝实录》卷七十一，《清实录》第3册，第563页。
② 缪荃孙：《艺风堂杂抄》，第179页。
③ 《上传稿》，《明清史料》丙编第四本，第332页。

觉”、“他案发觉”相矛盾。

丙、顺治亲自访知该案。这一说法来自缪荃孙的《艺风堂杂抄》，许宝蘅在其《记黄膘李三》一文后的按语中称：

聂（按：聂璜《幸存录》）谓世祖亲访得实，或不诬也。[①]

按此所言，顺治亲访这一说法来自聂璜，而许宝蘅对顺治亲访一事也不能完全肯定，于是称“或不诬也”。顺治在出宫时“亲访”到黄膘李三在京师之横行，也并不是没有可能。

（五）黄膘李三案的余绪

因黄膘李三案的发生，陈之遴不仅引起了顺治的不满，而且在事后遭到郑亲王济尔哈朗的题参，最终被削掉大学士一职。且看《清世祖实录》所记陈之遴在黄膘李三案中的表现：

其一，顺治十年（1653）正月辛巳条：

上幸内院……览吏部覆重犯塔八未获疏，问大学士陈之遴、陈名夏曰：“黄膘李三一小民耳，廷臣畏惮，不敢举发，其故何也？”陈之遴等奏曰：“如讦奏其事，皇上睿明即行正法诚善；傥宥其死，则讦奏之人必隐受其害，是以畏而不敢言耳。”上曰：“身为大臣，见此巨恶不以奏闻，乃瞻顾利害，岂忠臣耶？”之遴不能对。[②]

陈之遴的回答近乎人情，也是实情，但显然顺治对这一回答很不满意。

其二，郑亲王济尔哈朗率内大臣、内院刑部大臣审结黄膘李三案之后，因对时任弘文院大学士陈之遴在鞫审过程中的表现极为不满，为此给顺治专上一折以禀明陈之遴当日之表现，并申明陈之遴不适合任大学士一职：

---

① 缪荃孙：《艺风堂杂抄》，第181页。

② 《世祖章皇帝实录》卷七十一，《清实录》第3册，第564页。

和硕郑亲王济尔哈朗等奏："李应试一案奉上旨发审时，大学士洪承畴反覆诘问，独陈之遴默无一言。臣等问其故，之遴答云：'皇上果立置应试于法则已；如或免死，则我身必为所害，是以不言。'夫应试一奸民尔，而之遴畏惧如此。其为身谋则得矣，如事君之道何？密勿近地，似此缄默取容之人，恐不堪重职。"上命之遴回奏。①

顺治获悉此情后，心中对陈之遴也是十分不满：

顺治十年正月丁酉万寿节。是日上御太和殿，……召大学士陈名夏至……上又曰："黄膘李三为民大害，诸臣畏不敢言，鞫审之日，宁完我、陈之遴默无一语。叔和硕郑亲王诘责之，之遴始云：'李三巨恶，诛之则已；傥不行正法，之遴必被陷害。'"观之遴此言，岂非重身家性命乎？②

陈之遴在案件审理过程中的表现引起了顺治的不满，那黄膘李三所为会引发顺治怎样的反应呢？据前所述黄膘李三案的始末，可知黄膘李三案对顺治的内心造成了巨大冲击，而最令这个少年天子困惑的是"李三孑然小民，何以官民皆惮之"这一问题。对此，陈名夏的回答吸取了上次陈之遴的教训，因而颇为到位：

名夏奏曰："李三诚非大害，官民果实畏之。盖都城五方杂处，如李三者尚不乏人。今日一李三正法，明日又一李三出矣。李三与各衙门胥役结纳最广，故使人皆惮之。其要莫如拔本塞源，令人皆凛凛不敢效尤。彼李三者，何足论也。"③

陈名夏的一句"彼李三者，何足论也"使顺治幡然意识到自己以帝王之尊

① 《世祖章皇帝实录》卷七十二，《清实录》第3册，第571页。

② 同上书，第568页。

③ 同上。

反复纠缠于“孑然小民”李三这一行为的失态，于是其为自己解嘲：

> 上曰：“李三一小人，勿谓朕屡言及之。朕之所以屡言者，欲诸臣改心易虑，有所见闻即行陈奏耳。朕自今以后，不复更言李三矣。”①

顺治之所以在黄膘李三身上纠缠不休，屡屡提及此案，正是由于李三一“孑然小民”居然能在皇城下蚕食皇权“多历年所”，而从都察院到内三院大学士居然无一人敢言这一怪诞现象令其感到惊骇。

顺治既对陈之遴在鞫审过程的表现感到不满，内心又受到李三现象的巨大冲击，最终其对陈之遴做了两件事情：

一是在万寿节那天与陈名夏谈完黄膘李三后，要求陈名夏将“朕之所以屡言者，欲诸臣改心易虑，有所见闻即行陈奏耳”之意传达给陈之遴等人：

> 上曰：“尔可将朕言传谕陈之遴、宁完我知之。”②

二是在陈之遴奉旨回奏济尔哈朗对他的题参后，对其作出了最终处理：

> 顺治十年……二月……壬子，至是之遴上疏认罪。上以之遴既知悔过，著调用，以观其自新。③
>
> 顺治十年……二月……甲寅，上以吏部职掌铨衡，关系最重，命大学士陈名夏署吏部尚书。陈之遴仍以太子太保调户部尚书。④

至此，陈之遴内弘文院大学士一职被削，此时距其由礼部尚书升任大学士

① 《世祖章皇帝实录》卷七十二，《清实录》第3册，第568页。

② 同上。

③ 同上。

④ 同上。

恰好满一年。黄膘李三案在当时影响巨大，各种史料中对李三所作所为的描述也的确表明其在京师的势力已超乎我们的想象。陈之遴当时的行为确为情势所逼，但他的习惯性自保①使其在处理这一事件的过程中“干上怒”而导致落职。

（六）陈之遴缘何惧怕黄膘李三

在顺治询问陈之遴廷臣缘何畏惧黄膘李三而对其所为隐而不发时，陈之遴奏曰：

> 如讦奏其事，皇上睿明即行正法，诚善。傥宥其死，则讦奏之人必隐受其害，是以畏而不敢言耳。②

在参与审讯李三时，陈之遴默无一言，案件总负责人郑亲王济尔哈朗问其缘故，陈之遴答云：

> 皇上果立置应试于法则已；如或免死，则我身必为所害，是以不言。③

问题是，陈之遴所谓“隐受其害”、“身必为所害”之“害”为何害？是仕途之害、牢狱之害还是身家性命之害？

其一，清无名氏《梼杌近志》中认为此害是身家性命之害：

> 有不慊意，辄暗杀之，莫得主名，内外大吏皆惮之，无有敢举发者。④

若在京朝官辄被暗杀，则被杀者绝非一人。京官被杀既非个案，内外大吏

---

① 参见本书第一章第四节其在黄道周劾杨嗣昌案中的表现。

② 《世祖章皇帝实录》卷七十一，《清实录》第3册，第564页。

③ 《世祖章皇帝实录》卷七十二，《清实录》第3册，第571页。

④ 裘毓麐：《清代轶闻》卷七，《中华文史丛书》之八十六，第427页。

又咸知为李三所为，朝廷必会上下震动，顺治岂有不闻之理？话虽如此，但一个明显的道理是，以陈之遴为例，即便陈之遴能保证自己不遭亡命之徒的暗杀，却不能保全家人不受其害。故《梼杌近志》中此说的荒谬之处虽显而易见，但也不无道理。

其二，若果真如我们前面所推论的那样，黄膘李三的背后有一位权势或影响力远在大学士洪承畴、宁完我、陈之遴等人之上的“靠山”，则陈之遴所担心的是仕途之害和牢狱之害。

其三，陈之遴并没有什么性命之虞，其所谓“隐受其害”、“身必为所害”只是其临时托辞而已。此说有二证：

甲、《梼杌近志》中载，李三、潘文学等人交刑部治罪后，办案人员有如下发现：

> 籍其家，得内外大吏交通文书两巨箧。吏不敢匿，以闻。世祖不欲深治，诏焚之。[1]

从《清世祖实录》所记李三“修造房屋分照六部，或某部人至，或自外来有事于某部者，即延入某部房内”[2] 这一事实看，历任礼部侍郎、礼部尚书的大学士陈之遴不可能和李三没有瓜葛。在籍没李三家时所起获的两大箧来往书信中，也就可能有涉及陈之遴者。既有把柄在李三手中而恐其举发，在审讯李三时自然也就只能默无一言。面对济尔哈朗的质问，陈之遴身为涉事其中的受贿者，即便升任大学士后不再与李三往来，其抹不掉的历史自然也是难言之隐，只能以“身必为所害”为托辞。这个说法可从《清世祖实录》中的顺治和陈名夏的一段君臣对话得到印证：

> 上又曰：“李三孑然小民，何以官民皆惮之?”
>
> 名夏奏曰：“……李三与各衙门胥役结纳最广，故使人皆惮之。

---

① 裘毓麐：《清代轶闻》卷七，《中华文史丛书》之八十六，第427页。

② 《世祖章皇帝实录》卷七十一，《清实录》第3册，第564—565页。

其要莫如拔本塞源，令人皆凛凛不敢效尤。……”

上曰：“李三一小人，勿谓朕屡言及之。……朕自今以后、不复更言李三矣。[①]

陈名夏认为廷臣之所以忌惮黄膘李三，是因为与李三“结纳”，而要防止再次发生类似事件，根本则在于官员要自己要杜绝这种“结纳”现象。很明显，结果是顺治认同了陈名夏的回答。

乙、顺治十一年（1654）的《王秉乾题为陈之遴妄行遮饰请敕会议质对本》中有这样的文字：

之遴向审李应试一案，得通州高中军银三千两，隐默不言，曾蒙叔和硕郑亲王烛奸特摘。[②]

在刑部调查时，王秉乾又称：

高中军钻谋遵化大厅，寻李应试、潘文学求情，椿树胡同医生章炳拿高中军银三千两与陈之遴，同许管家打点得遵化巡抚大厅。不意高中军向潘文学家赴席，为李应试事犯，皇上差大人拿李应试、潘文学、高中军。第二日朝审，陈之遴见了三个人，讲不出话来。[③]

王秉乾一开始在参本中称陈之遴在会审李应试时因为受高中军贿赂请托而故意“隐默不言”，是为陈之遴消极审讯；后又称陈之遴因曾接受李应试请托并收受贿赂为高中军谋得职位而在会审时不敢言，是为陈之遴有把柄在李应试手中。王秉乾前后所言的矛盾之处在于高中军向陈之遴行贿的目的，而对陈之遴受高中军贿赂一事的则始终说法一致。最终刑部因当事人陈之遴、许管家、章炳都断然否认此事，就以“无一人证见”为由认为王

---

① 《世祖章皇帝实录》卷七十二，《清实录》第3册，第568页。

② 《王秉乾题为陈之遴妄行遮饰请敕会议质对本》，《清代档案史料丛编》第13辑，第246页。

③ 《刘正宗等题为王秉乾所参陈之遴诸款皆虚本》，《清代档案史料丛编》第13辑，第259页。

秉乾此条所参“明系虚妄”[①]。但王秉乾坚称此事“通京共知”[②]，从中还是能看出陈之遴和李应试的结纳的一些蛛丝马迹。

所以，陈之遴所谓“隐受其害”、“身必为所害”之“害”可能指仕途之害、牢狱之害，也可能指身家性命之害，但更大的可能是这仅仅是一个掩盖自己难言之隐的托辞而已。

以上我们考察了顺治十年（1653）震动京师的黄膘李三案及其对时任大学士陈之遴的影响，以陈之遴、宁完我两名大学士为代表的汉臣群体在黄膘李三案审理过程中的不妥表现，使得该案成为顺治对陈之遴态度的转折点，甚至成为其对整个南党汉臣群体态度的转折点。此后，顺治开始对汉臣群体尤其是南党汉臣产生了一定程度上的偏见。接下来的重议任珍案又加重了顺治对陈之遴及整个南党汉臣群休的这种偏见。

## 三 顺治十年（1653）：重议[③]任珍案的性质与陈之遴被降处

### （一）重议任珍案的过程及其背后

关于重议任珍案一事，《清世祖实录》中先后共有六条记载，现将其从《实录》中抽出，按时间和逻辑线索加以排比分析。

据《清世祖实录》：

> 顺治十年……二月……辛酉，初，精奇尼哈番任珍任兴安总兵官时，妻妾与人通奸，私行杀死。惧罪，遣家人到京行贿兵、刑二部。事觉，下法司勘问。部议：……任珍应革世职，赎身。议上，得上旨：……任珍革世职一半。[④]
>
> 家婢讦任珍罪谪后家居怨望，出言不轨，并指奸谋，陷诸丑行。刑部审讯，任珍应论死。奉上旨：任珍曾立大功，所犯情罪亦重大可

① 《刘正宗等题为王秉乾所参陈之遴诸款皆虚本》，《清代档案史料丛编》第13辑，第260页。

② 同上。

③ 按：论者多称“重审”任珍案，不确。因为从《清世祖实录》所记的任珍案整个过程看，该案并未重审，而是满汉诸臣被顺治要求按照刑部的调查结果重新拟出对任珍的处理意见。

④ 《世祖章皇帝实录》卷七十二，《清实录》第3册，第573页。

耻。尔部将此本兼写满汉字，会集九卿、科道并新入旗阿达哈哈番以上官员，再行定拟具奏。①

可见，任珍因私自杀人并行贿兵、刑二部以图免罪而于顺治十年（1653）二月被革去世职一半，领罪后又因“居家怨望”等事而遭家中奴婢告发。案发后，刑部拟论任珍死罪。疏上后，顺治下旨称“任珍曾立大功，所犯情罪亦重大可耻”，要求“再行定拟具奏”。这是一道模棱两可的圣旨：顺治并未明确说明打算如何处置任珍。但按常理揣摩，既然没有直接同意刑部的意见，又要求“再行定拟”，则应该是不想定任珍死罪。而且，从重审任珍案的最后结果来看，顺治不仅并未如刑部所拟处死任珍，而且法外施恩，准其子承袭世职：

顺治十年……四月……癸丑，刑部覆勘任珍罪案，仍照原拟，应论死，籍没家产。具奏。上以任珍曾立军功，免死安置盛京。其子仍令袭职，以彰法外之恩。②

这样，一个问题便显现出来：为何顺治一开始不直接否定刑部对任珍的拟处理意见，而是要求刑部“将此本兼写满汉字，会集九卿、科道并新入旗阿达哈哈番以上官员”重新对任珍定罪？而且，从顺治的这句话看，被要求参加重议任珍案的官员数量十分庞大，甚至包含了尚不通汉字的满官，这就更加令人心生疑窦。

在分析这个问题之前，先看另外一个问题。刑部会集九卿科道并新入旗阿达哈哈番以上满汉官员重议任珍案后，对任珍的拟罪出现两种意见：

顺治十年……四月……甲辰，刑部满汉官并九卿、科道等衙门满洲官仍如原拟。大学士署吏部尚书事陈名夏、户部尚书陈之遴、都察

① 《世祖章皇帝实录》卷七十四，《清实录》第3册，第582页。

② 同上书，第584—585页。

院左都御史金之俊等汉官二十七人一议：原讦重大情节任珍俱不承认，若以此定案，反开展辩之端，不若坐以应得之罪。[①]

在奉旨重新对任珍拟罪时，刑部满汉官员和九卿科道满洲官员似乎没有揣摩圣意，旗帜鲜明地坚持刑部原来的意见，提出处任珍死罪。而以陈名夏、陈之遴、金之俊为首的二十七名汉官却以“原讦重大情节任珍俱不承认”为由，提出“不若坐以应得之罪”。这是一个十分圆滑的处理意见，根本没有明确表明自己的态度，将顺治踢来的“皮球”硬生生地踢了回去。从揣摩圣意的角度看，陈名夏、陈之遴等人的做法要胜于刑部满汉官员和九卿科道满洲官员，其意见虽然圆滑，却更接近于顺治不想处死任珍的意图，但陈名夏、陈之遴等人的做法反而使得顺治大为恼怒。

且看在陈名夏、陈之遴等二十七名汉臣的意见奏入之后，接下来顺治和他们之间三个回合的交手。

第一个回合：

得旨：“汉官所议，有‘反开展辩之端，坐以应得之罪’等语，是谁展辩，应得何罪，著明白具奏。”[②]

名夏等回奏云：“任珍不承大罪，犹然巧辩。若止据告词定罪，恐无以服其心。臣等所谓恐反开展辩者此也。然负恩犯法，原议处死，臣等所谓应得之罪者此也。但律无正条，似应勒令自尽。”[③]

第二个回合：

得旨：“回奏内既云‘应得之罪，律无正条’，又云‘似应勒令自尽’，勒令自尽是何盛世典例？欲致君尧舜者，岂有进此言之理？凡人自知有过，即从实引咎，乃大臣之道。若执为己是，以巧生事，又

① 《世祖章皇帝实录》卷七十四，《清实录》第3册，第582页。

② 同上。

③ 同上。

欲以巧止事，甚属不合。尔群臣当副朕期望至意，洗涤更新，奈何溺党类而踵敝习？著逐件再明白速奏。”①

名夏等又回奏云：“臣等妄拟勒令任珍自尽，实非盛世典例，又不折其巧辩，但罪以丑恶。臣等之议，实属谬误，谨束身待罪。”②

第三个回合：

得旨：“朕览回奏词语，全是朦混支吾，竟不身任咎过，更巧为遮饰，将有心之事佯作误失。大臣之道，果如是乎？陈名夏、陈之遴等有曾获大罪者，有革职者，亦有被论者，朕每从宽宥，使之改新。今复如此，朕之期望尽虚矣。且屡谕众官修省，奈何依然不改踵袭宿弊，一至于此？朕不时召见，耳提面命，将此恩遇竟置何地耶？理宜从重议处，著内三院、九卿、满汉官六科、十四道、翰林七品以上并六部郎中等官即集午门外，严行议罪，作速奏闻，毋得延缓。”③

显然，从第一个回合开始，陈名夏、陈之遴等人便开始理亏，以致顺治在这件事情上对他们越来越恼火。这就出现了我们上文所言需要“先看”的“另外一个问题”：顺治本可顺着陈名夏、陈之遴等二十七名汉臣的台阶直接免任珍死罪，却为何因此而大动肝火？

从上面所论顺治和汉臣之间的三个回合看，顺治对以陈名夏、陈之遴为首的二十七名汉臣大动肝火的原因主要有二：

一是陈名夏、陈之遴等人的君臣态度问题。从顺治的两句话可以窥见此点：

欲致君尧舜者，岂有进此言之理？凡人自知有过，即从实引咎，

① 《世祖章皇帝实录》卷七十四，《清实录》第3册，第582页。
② 同上。
③ 同上书，第582—583页。

乃大臣之道。若执为己是，以巧生事，又欲以巧止事，甚属不合。[①]

回奏词语，全是朦混支吾，竟不身任咎过，更巧为遮饰，将有心之事佯作误失。大臣之道，果如是乎？[②]

在黄膘李三案中，陈之遴被削去大学士一职降调为户部尚书，就是因其处处回护自我、明哲保身的言行与“大臣之道”不相合，这一点对顺治的刺激犹大，直接引发了其对朝中群臣尤其是汉臣对朝廷“忠心度”和“报效度”的反思。但时间未满两个月，陈之遴就忘记了这个教训或者其从未吸取过这个教训，在重议任珍案时又与陈名夏等人一道反复上奏在顺治看来不合“大臣之道”的言论。因此，此时顺治的恼火可想而知：

陈名夏、陈之遴等有曾获大罪者，有革职者，亦有被论者，朕每从宽宥，使之改新。今复如此，朕之期望尽虚矣。[③]

看来，陈名夏、陈之遴等人在重议任珍案中的表现也确实印证了顺治对汉臣“忠心度”和“报效度”的疑虑。

二是汉臣结党问题。在重议任珍罪的过程中，除刑部满、汉大臣意见一致，九卿和科道各衙门则是满官和汉臣意见泾渭分明：满官皆拟任珍死罪，而二十七名汉臣皆拟“不若坐以应得之罪”。汉臣的态度圆滑暂且不论，二十七人来自不同衙门，其意见却不约而同地高度一致。在顺治看来，这样的事情若不是结党，还能作何解释？于是，顺治直接批评陈名夏、陈之遴等汉官：

尔群臣当副朕期望至意，洗涤更新，奈何溺党类而踵敝习？[④]

且屡谕众官修省，奈何依然不改踵袭宿弊，一至于此？朕不时召

---

① 《世祖章皇帝实录》卷七十四，《清实录》第3册，第582页。

② 同上。

③ 同上书，第583页。

④ 同上书，第582页。

见，耳提面命，将此恩遇竟置何地耶？①

需要注意的是此处的“溺党类而踵敝习”很能说明问题。从“溺党类”看，顺治认为二十七名汉臣之所以不拟任珍死罪，就是因为任珍和这些汉臣同属一党。

通过以上两点，就可揭示出顺治当初不直接否定刑部对任珍的拟处理意见，而是要求满汉官员大规模地重议任珍案的原因。顺治想借重议任珍案达到两个目的：一是考验朝中满汉群臣对朝廷“忠心度”和“报效度”，二是通过引蛇出洞让结党者自显其形。这也是顺治要求重议任珍案背后所隐藏的东西。

顺着这一线索，我们就可以理解顺治为何对陈名夏、陈之遴等人在事后进行下面这样的训话：

顺治十年……四月……乙巳，上命大学士范文程、洪承畴、额色黑召集陈名夏等二十八人于午门，谕曰：“……凡事会议，理应画一，何以满汉异议？虽事亦或有当异议者，保以满洲官议内无一汉官，汉官议内无一满洲官，此皆尔等心志未协之故也。本朝之兴，岂曾谋之尔汉官辈乎？故明之败，岂属误于满官之言乎？奈何不务和衷，而恒见乖违也？”②

顺治为何借着此案批评满汉朝臣心力不协这一问题？

顺治朝中、前期中官势力尚未明显地显现出来③，因而中央权力之争主要表现为皇权、满洲贵族、南党汉臣、北党汉臣四者之间的博弈。顺治为巩固皇权，既要联合汉臣打压满洲贵族，又要联合满洲贵族打压汉臣。

① 《世祖章皇帝实录》卷七十四，《清实录》第3册，第583页。

② 同上。

③ 按：顺治十年（1653）六月二十九日辰时内三院接到《上传稿》，文中讲述了顺治对决定设立内十三衙门的安排，这应是顺治朝内监势力崛起的标志（参见《明清史料》丙编第四本第343页）。随着内监势力的发展，到了顺治十五年（1658）三月发生了倡立内十三衙门的权监吴良辅交结外官案（参见《世祖章皇帝实录》卷一一五）。

满洲贵族为侵蚀部分皇权，要联合汉臣；同时，为防止皇权和汉臣的过度结合，又要打压汉臣。汉臣为保彰自身权力，既要联合皇权，又要联合满洲贵族。而“凡事会议，理应画一”就意味着满洲贵族和汉臣势力的高度联结，这绝不是顺治想看到的局面。那顺治又缘何借着重审任珍案要求满汉大臣高度统一？这个问题还要从皇权、满洲贵族、南党汉臣、北党汉臣四者之间的权力博弈入手解决。

汉臣群体过大，因不同的利益俗求而分成南北两党，汉臣的这一内部分裂，又使得中央权力之争变得更加复杂起来，这种复杂性的一个显著表现就是北党汉臣和南党汉臣的权力在顺治朝不同时期的交替起伏。多尔衮在世时，皇权只是附庸，其对立面是满洲贵族和全体汉臣，而北党汉臣的力量又胜于南党汉臣。顺治八年（1651）顺治亲政初期，皇权开始谋求独立，为摆脱和打压满洲贵族势力，采取扶植南党汉臣而打压北党汉臣的手法；同时满洲贵族为防止皇权和南党汉臣的进一步结合，北党汉臣则为绝地反击，双方都抓住一切可以利用的时机对南党汉臣实施打压。置身其中的顺治及其背后“高人”对此必是了然于心，并且善于利用各方力量，因而满洲贵族的势力起伏不定，南党、北党汉臣也互为消长。到了顺治十年（1653），一个显著的事实是，随着皇权在与满洲贵族之争中的完美胜出，北党汉臣的势力已被南党汉臣完全打压下去，朝中汉臣形成以陈名夏、陈之遴为代表的南党汉臣一家独大的局面。与此同时，顺治及其背后势力苦心孤诣所维护的皇权，居然被以一介小民黄膘李三在京师蚕食多年，这对其造成了极为巨大的震动；而南党汉臣二号人物陈之遴在处理黄膘李三案中的表现也引起了顺治对汉臣的警觉和疑虑，他不得不思考并着手处理南党汉臣在朝中势力过大但忠诚度和报效度却不高这一问题[①]，重议任珍案正是其中的一项措施。重议任珍案表明对皇帝缺乏忠诚心和报效心的南党

---

① 此说在《世祖章皇帝实录》中可觅得四证：其一，在陈之遴因黄膘李三案被处理数天之后，顺治十年二月庚申便将北党人物高尔俨升任大学士。其二，不到半个月，顺治十年三月丁亥又将顺治八年清除多尔衮残余势力时被削职的北党党首冯铨召回京师任大学士。其三，顺治赞同冯铨“南人优于文而行不符”这一对南党汉臣的评价。其四，到顺治十年南党屡遭严斥，而新提拔的大学士成克巩、张端、刘正宗都是北方籍（此说参见《清代人物传稿》上编第二卷第321页《陈名夏传》）。

汉臣在朝中已经可以和满洲贵族公然分庭抗礼甚至开始压过了满洲贵族。南党汉臣权力的这种发展态势和满洲贵族势力的衰落使得顺治感到皇权受到了威胁，于是说出下面这些带有极端情绪的话来：

> 本朝之兴，岂曾谋之尔汉官辈乎？故明之败，岂属误于满官之言乎？[1]

看来，顺治要求朝臣满高度汉合一的这一“悖论性”举动，实际暗含着对削减南党汉臣势力的诉求和决心。这一点很快便被重议任珍案后顺治对南党汉臣的处理结果、处理方式和次年处死了南党汉臣党首陈名夏这三点所证明。

（二）重议任珍案的结果

在重议任珍案中陈名夏、陈之遴等二十七名汉臣与顺治进行了第三次交手之后，顺治下旨“从重议处，著内三院、九卿、满汉官六科、十四道、翰林七品以上并六部郎中等官即集午门外，严行议罪，作速奏闻”，群臣午门作速议处的结果如下：

> 于是会议：名夏、之遴屡获大罪，俱蒙恩留用，今复巧为欺朦，俱应论死。之俊职司耳目，反依附党类，亦应论死。尚书胡世安、王永吉、刘昌，副都御史傅景星，科臣魏象枢、杨璜、高桂、姚文然、袁懋功、刘显绩，御史朱鼎延、冯右京、张瑃徇党负恩，欺诳巧饰，应流徙。侍郎孙廷銈、张端、吕崇烈、张秉贞、张鼎延、卫周允，卿徐起元、韩源俱徇党附和，应革职，永不叙用。侍郎孙承泽、成克巩，御史潘朝选回奏未列名，应革职。御史朱绂未与前议，应降一级调外用。[2]

---

① 《世祖章皇帝实录》卷七十四，《清实录》第3册，第583页。

② 同上。

此时的刑部汉尚书是李化熙[1]，乃北党人物。看来，受到打压的满洲贵族和北党汉臣企图借此将南党汉臣一网打尽。但顺治也不希望出现北党汉臣一家独大的局面，其打压南党汉臣的策略是循序渐进。此说有二证，一是顺治因重议任珍案对南党汉臣怒火虽大，但处理很轻：

> 得上旨：陈名夏、陈之遴、金之俊等深负朕恩，本当依拟，姑从宽典。著各削去宫衔二级，罚俸一年，仍供原职。陈名夏著罢署吏部事，自今以后，从新省改。胡世安等十三员免流徙，各降一级，罚俸一年，仍供原职。孙廷铨等八员免革职，各罚俸九个月。孙承泽等三员免革职，各罚俸六个月。朱绂先未曾与议，未详事由，免其降调。[2]

二是南党汉臣因重议任珍案被处理十个月后，顺治就撤销了对他们的处分：

> 顺治十一年……二月……乙丑，谕吏部：前因会议任珍一事回奏朦混，与议各官俱经分别降处。朕念诸臣皆系股肱耳目之司，朝廷素所优待，今循省既久，量已改过，著各复原衔。自今以后，当涤旧图新，各殚忠诚，益思报效，毋负朕期望至意。尔部即遵谕奉行。[3]

（三）重议任珍案对陈之遴的影响

在重议任珍案中，陈名夏受处分较重，失去对吏部的控制权，而陈之遴所受处分则较轻，仅被“削去宫衔二级，罚俸一年，仍供原职”。得益于顺治有意控制南北党汉臣的消长速度这一因素，在重议任珍案这场政治风波中陈之遴似乎有惊无险，但董潮在《东皋杂钞》中对此另有

---

① 按：李化熙，山东淄川人。据《清世祖实录》卷六十九、卷七十五，顺治九年（1652）十月丙寅由兵部左侍郎升刑部尚书，顺治十年（1653）五月癸未上疏乞终养获准。

② 《世祖章皇帝实录》卷七十四，《清实录》第3册，第583页。

③ 《世祖章皇帝实录》卷八十一，《清实录》第3册，第634页。

说法：

> 素庵相国仕本朝，世祖章皇帝宠眷优渥，而性颇忮刻，为满大臣所怒，上亦稍疏之。会太夫人七秩寿，圣祖御笔画松竹赐之。谓曰："汝将自行祝寿乎？抑遣人乎？"实谕之归也。相国以遣子对，上默然。①

虽不知董潮之说所本为何，但《清世祖实录》中有一段与之相似的记载：

> 顺治十年四月辛丑，上御南台后殿，赐宴谓大学士洪承畴、范文程、冯铨、额色黑、宁完我、陈名夏，尚书陈之遴、金之俊、王永吉、胡世安、李化熙、刘昌，左都御史徐起元等曰："……凡人孝莫大于事亲，古云'父母之年，不可不知'。承欢奉养，一自父母，有故岂能再得？若不能尽孝于生前，而欲尽孝于殁后，朕不以为孝也。"群臣奏曰："圣谕诚是。"之遴因奏曰："臣母尚在，臣虽有弟二人侍母，终不如臣亲养。但虽欲归省，每以皇上恩泽深厚，未敢遽请。"化熙奏曰："臣母亦在，敢请归省。"名夏奏曰："臣父母俱于顺治七年亡故，曾请假治丧，因限期促迫，权厝未葬。今乞圣恩，允臣暂假归葬。臣所请之情，更与诸臣不同。"上曰："尔三人之言，朕悉知之。"②

顺治向群臣抛出"若不能尽孝于生前，而欲尽孝于殁后，朕不以为孝也"这一观点后，群臣面临的压力和尴尬处境可想而知：其父母尚在者，若不能亲自奉养，则属不孝，这是公然违背圣裁。令陈之遴感到局促不安的是其母一直居于海宁老家，自己在顺治眼中自然站在不孝的行列，于是其首先发言为自己辩解。当时回话的三人是南、北党汉臣的代

① 董潮：《东皋杂钞》，《丛书集成初编》第2963册，第37页。

② 《世祖章皇帝实录》卷七十四，《清实录》第3册，第582页。

表人物，北党人物刑部尚书李化熙提出请假归省，南党人物陈名夏也提出请假归葬，唯独陈之遴没有提出请假归乡省母。在这样的情境下，顺治“尔三人之言，朕悉知之”这一没有任何态度的表态便和董潮所谓“相国以遣子对，上默然”的情形十分相似。由此我们推测，顺治在重议任珍案后向群臣抛出“若不能尽孝于生前，而欲尽孝于殁后，朕不以为孝也”这一观点，其目的正是董潮所言“实谕之归也”。在重议任珍案后，顺治逐步削弱南党汉臣的势力，于是便借奉养父母一事对南党代表人物陈名夏、陈之遴等人进行劝退，可惜他们并没沿着顺治给的这个台阶往下走。只是《清世祖实录》中的这场君臣对话，到了董潮的《东皋杂钞》中则被演绎得更具深意。

顺治十年（1653），陈之遴在仕路上先后遭遇到黄膘李三案和重议任珍案，因为陈之遴自身以牺牲皇权利益为代价的明哲保身的言行，其在第一个案件中成为顺治的核心打击对象。在第二个案件中其虽不是顺治的直接打击目标，但因身为南党汉臣的二号人物，其仍处于这场政治风波的“震中”地带。将黄膘李三案和重议任珍案“并案”处理后，我们发现这两起案件有着共同的背景，并且存在前后一贯的逻辑关系，而涉事其中的陈之遴正是这两起案件的联结点。陈之遴在黄膘李三案中的言行引发了顺治对满汉群臣特别是汉臣“忠诚度”和“报效度”的怀疑和焦虑，这促使他对群臣进行了反思，并由此想到了汉臣的结党以及南党汉臣、北党汉臣和满洲贵族三者之间的权力平衡问题，于是其借着对任珍案的处理对朝臣进行了一次检验。结果表明，南党汉臣不仅“忠诚度”和“报效度”不高，而且结党现象已到了十分严重的地步，甚至其权势已开始压过满洲贵族，对皇权已构成潜在威胁。于是顺治开始从陈名夏、陈之遴入手打压南党汉臣，其手段便是起用顺治八年（1651）清剿多尔衮残余势力时被打压的北党党首冯铨、重用和南党汉臣党首陈名夏素有矛盾的宁完我以及大规模擢拔北方籍汉臣入阁。北党汉臣和满洲贵族也想借机对南党汉臣进行反扑，但顺治采取的是稳步推进保持平衡的做法，这就减缓了南党汉臣势力的迅速衰减。在这一背景下，已由大学士落职为户部尚书的南党汉臣二号人物陈之遴在顺治十年（1653）虽频频涉险但尚算平安。

## 第三节　陈之遴再任大学士

### 一　顺治十一年（1654）：陈名夏因罪被绞后陈之遴遭政敌追参

（一）陈名夏案发

顺治十年（1653）重议任珍案后，顺治对北党汉臣的逐步扶植和对南党汉臣的逐步打压日见成效。到顺治十一年（1654）三月辛卯（初一），内翰林国史院大学士宁完我上了一篇逾两千字的《劾大学士陈名夏结党怀奸、情事叵测疏》，他在疏中将陈名夏“结党奸宄事迹”六条“实证确据者”“列款为皇上陈之”后，又论述了朝臣结党之害要甚于贪酷犯科，最后其称：

> 陈名夏奸乱日甚，党局日成，人鉴张煊而莫敢声言。臣舍残躯以报答圣主，伏乞皇上将臣本发大臣确审具奏，法断施行，则奸党除而国家治安矣。①

是则杀陈名夏则可除奸党而安国家。疏入，得上旨：

> 这所参事情，著内三院、九卿、科道、詹事等官会同逐款详问，从重详罪具奏。②

最终，三月辛丑（十一）顺治下旨：

> 先是，吏部等衙门会鞫大学士宁完我劾奏陈名夏诸款俱实，陈名夏论斩，家产籍没，妻子流徙盛京。随命议政诸王、贝勒、大臣核

① 《世祖章皇帝实录》卷八十二，《清实录》第3册，第643页。
② 同上。

议。至是，和硕承泽亲王硕塞等会议陈名夏情罪重大，仍应论斩，妻子家产分散为奴，伊子陈掖臣提到另行审结。疏入，得旨：陈名夏所犯之罪实大，理应处斩。但念久任近密，不忍肆之于市，著处绞。妻子家产免分散为奴。余依议。①

南党汉臣党首陈名夏从被题参、吏部刑部会审、议政王等覆议到顺治批复处死，历时仅十天。顺治对陈名夏的处置可谓疾如闪电，令之措手不及。陈名夏被处绞后，北党汉臣对陈之遴的题参和追击同样迅疾，令他应接不暇。

（二）陈名夏案发对陈之遴的影响

陈名夏被处死后，北党汉臣对南党汉臣进行了趁热打铁式的乘胜追击，场面一度混乱，以致顺治十一年（1654）四月癸酉顺治专门下旨制止这一现象：

谕都察院科道等官：朕览近日言官纠参章疏都牵连陈名夏，或曰名夏亲戚，或曰名夏党与。似此纷纭，举朝几无善类矣。……以后……不许再借陈名夏亲戚党与进奏。如有违犯者，定行重治，必不轻恕。②

在南党汉臣的这场劫难中，南党二号人物陈之遴的境遇可想而知。从今日可见的史料看，仅巡视北城、山东道监察御史王秉乾一人就在一个月的时间内连上四本题参陈之遴。

（1）第一次题参。顺治十一年（1654）三月二十日，王秉乾上《题为请黜附势鄙臣陈之遴等人本》。通观此本，题参陈之遴之处字数不过五十：

至其旧日之党如陈之遴，通谱兄弟，朝夕密谋。其火神庙聚议一

---

① 《世祖章皇帝实录》卷八十二，《清实录》第3册，第644页。

② 《世祖章皇帝实录》卷八十三，《清实录》第3册，第650页。

案，圣心久已洞见，虽后阴同阳异，终不能掩，无俟臣赘。[①]

这段话结束后，王秉乾用了三百余字详述吕宫、邓旭二人与陈名夏的结党及违法丑行。鉴于此点，又考虑到火神庙一案在顺治九年（1652）几经反复，早已水落石出，则陈之遴在此本中只是一个“话引子”而已，但与陈名夏通谱一事还是引起了顺治的留意，其在王秉乾题本的批红中有这样的文字：

陈之遴屡有犯过，宽宥任用……当矢忠图报，何得依附奸臣……著从实自行回奏。[②]

三月二十四日，陈之遴对此回奏如下：

臣浙江海宁人，陈名夏江南溧阳县人。因向来汉臣陋习，各省同姓之官多有称兄弟者，臣初与名夏交往，曾随俗通宗是实。后见名夏虚诈刚傲，遂与散宗，不称兄弟，此顺治六年事也。自后称呼拜柬，长安共闻共见。[③]

不止如此，与陈名夏散宗之后：

名夏因此而嗔臣忌臣，而臣性戆口直，往往面折其过，竟成嫌怨。[④]

并举出四条事证：

顺治八年，院部诸臣在翰林院公阅贡卷，名夏一手翻定，众心不

① 《王秉乾题为请黜附势鄙臣陈之遴等人本》，《清代档案史料丛编》第13辑，第219页。
② 同上书，第220页。
③ 《陈之遴奏为遵旨陈明被参诸款实情本》，《清代档案史料丛编》第13辑，第222—223页。
④ 同上书，第223页。

服，臣与之奋争。

九年冬，名夏复任内院，臣与共事一月余，每遭名夏陵轹。即议治河一事，争折累日，名夏盛气相加。

又名夏拟圣谕稿未妥，臣与同官公同改抹，名夏怒责不已。

十年二月，臣因审李应试等议案被参，彼时名夏原非同审之官，乃亦与议列名参臣，幸蒙圣恩宽宥。[①]

有此四条事证作支撑，最后陈之遴颇有底气地反问：

向使臣果依附名夏，岂应若此？[②]

按陈之遴所言，自顺治八年（1651）后自已与陈名夏不仅没有结党，反而成为政敌，正如其所辩：

止有与名夏相左之事，从无与名夏依附之事。[③]

事实果否如此呢？且看下面二事：

一是顺治十年（1653）陈之遴深陷黄膘李三案时，陈名夏曾借顺治召对之机为其御前“讲情”：

上又曰：“黄膘李三……鞫审之日……陈之遴默无一语。叔和硕郑亲王诘责之，之遴始云：‘李三巨恶，诛之则已。傥不行正法，之遴必被陷害。’观之遴此言，岂非重身家性命乎？”[④]

面对这一询问，陈名夏回答如下：

① 《陈之遴奏为遵旨陈明被参诸款实情本》，《清代档案史料丛编》第13辑，第223页。

② 同上。

③ 同上。

④ 《世祖章皇帝实录》卷七十二，《清实录》第3册，第568页。

名夏奏曰："……李三广通线索，言出祸随。顾惜身家，亦人之恒情也。今皇上日召见臣等，满汉一体，视如家人父子，自今以后诸臣必同心报国，不复有所顾惜矣。"①

若陈名夏在顺治八年（1651）后就已与陈之遴为敌，其岂会错过这一难得一遇的落井下石之机，反而以"顾惜身家，亦人之恒情也"为陈之遴辩白。

二是顺治十年（1653）的重议任珍案，正是由于陈名夏和陈之遴等汉臣过于"团结一致"，与满官形成对峙局面，才最终因重蹈结党弊习而同受处分。

从此二事即足可见在顺治十年（1653）陈名夏、陈之遴仍有朋党之行，顺治对此岂有不知之理？况且后来顺治十三年（1656）二月丙子顺治曾对朝臣讲：

朕非不知之遴等而用之，即若辈朋党之行，朕亦深悉。但欲资其才，故任以职。②

尽管如此，顺治仍在陈之遴的回奏本上批红道：

同姓通宗，原系陋习，念事属以往，姑不追论。……当尽心供职，以副朕宽宥任用之意。③

陈之遴此番回奏的欺君强辩之处如此明显，顺治却将其轻易放过，那么"事属以往"就只是个借口罢了。顺治不借陈名夏案之机处置陈之遴的真正原因有如下两点：

一是在南党汉臣党首陈名夏被处死后，为照顾到南、北党汉臣势力的

① 《世祖章皇帝实录》卷七十二，《清实录》第3册，第568页。

② 《世祖章皇帝实录》卷九十八，《清实录》第3册，第764页。

③ 《陈之遴奏为遵旨陈明被参诸款实情本》，《清代档案史料丛编》第13辑，第223页。

均衡性，目前不宜将南党汉臣的二号人物陈之遴置之死地。

二是陈之遴所举自己与陈名夏反目的四条事证也是事实。这似乎与我们对顺治时期朝臣结党问题的通常认识相悖：南党和北党应该是两块铁板，似乎各自无懈可击，密不透风；陈之遴和陈名夏既属同党，怎会有如此反目的表现？实际上，朝臣结党的实质正如顺治十三年（1656）二月丙子顺治所体察的那样：

> 今人多结朋党，究其结党之意，不过互相攀援，以求富贵耳。……朕常为党人思之：既恐党类之不合，复恐声名之不闻与往来周旋之不至，又恐事发祸随或被人举首。……纵使党与已成，及陷诛戮，孰能庇免？即如诛陈名夏、黜龚鼎孳时，其党曾有一人出而救之，或分受其过者乎？且多有因而下石者，是名为朋党而徒受党之害也。[①]

就以陈名夏、陈之遴为核心的汉臣南党来看，无论在形成的过程中还是在获得势力之后，其内部在为了共同利益而团结对外的同时，由于利益的分配、地位的变动、心理的失衡等因素也一直伴随着不同成员之间的矛盾和争端。且看据《清世祖实录》整理的顺治十一年之前陈名夏、陈之遴二人的官职变化情况：

顺治二年　陈名夏正月任翰林院修撰；二月任吏部左侍郎兼翰林院侍读学士。
陈之遴尚未得官。

顺治三年　陈名夏二月暂假归家葬父；六月请守制未获准，展假六个月。
陈之遴尚未得官。

顺治四年　陈名夏为父守丧假满复官，仍任吏部左侍郎兼翰林院

① 《世祖章皇帝实录》卷九十八，《清实录》第3册，第764页。

| | |
|---|---|
| | 侍读学士。 |
| | 陈之遴五月任内翰林秘书院侍读学士。 |
| 顺治五年 | 陈名夏六月任吏部尚书。 |
| | 陈之遴八月任礼部右侍郎兼侍读学士。 |
| 顺治六年 | 陈名夏十月任吏部尚书加太子太保。 |
| | 陈之遴九月任礼部右侍郎兼侍读学士、都察院右都御使。 |
| 顺治七年 | 无变化 |
| 顺治八年 | 陈名夏七月任弘文院大学士，八月任弘文院大学士加宫保。 |
| | 陈之遴二月任礼部尚书，八月任礼部尚书加太子太保。 |
| 顺治九年 | 陈名夏正月被革任，官品俸禄照旧，发正黄旗汉军下同闲散官随朝。 |
| | 陈之遴二月任弘文院大学士。 |
| 顺治十年 | 陈名夏正月任秘书院大学士、《太宗实录》总裁官；二月以秘书院大学士署礼部尚书事；四月削宫衔两级，罢礼部尚书，仍任秘书院大学士。 |
| | 陈之遴二月罢弘文院大学士，任太子太保、户部尚书；三月削衔两级仍任户部尚书。 |

顺治八年（1651）以前，陈名夏和陈之遴都依附于多尔衮，但二人的地位和势力差距较大。顺治八年（1651）陈之遴任礼部尚书后，因实权在手而具备了与陈名夏比肩的可能性，在日常行使职权时二人难免开始产生龃龉。顺治九年（1652）二人地位发生逆转，陈名夏由大学士变成散官，而陈之遴却直入内阁。顺治十年（1653）二人地位再次逆转，陈名夏重新入阁，而陈之遴却失去大学士一职。顺治九年、十年间二人官职的变化所引发的地位、势力、心理等一系列联动性反应可想而知。于是，便有了陈之遴所举自己与陈名夏反目之四事。

（2）第二次题参。王秉乾三月二十日第一次题参陈之遴的结果是顺治下旨“不再追论”，但其仍然在三月二十八日再上《题为复参陈之遴、吕宫依附陈名夏本》，除对陈之遴三月二十四日所上《奏为遵旨陈明被参诸款实情本》提出质疑外，又新检举陈之遴在礼部、户部任职时的几条罪状：一是任礼部侍郎和尚书时袒护陈名夏之子贿卖乡试试题；二是任户部尚书时违规护佑同乡严我公，受门属王瑛贿赂而授其“肥差”和为给“邪党”张缙彦谋利而妄题请敕记功[①]。顺治阅此奏本后批红：

> 陈之遴、吕宫与陈名夏结党事情，已有旨了。其本内所参王瑛等事情，著确察具奏。[②]

可见顺治对陈之遴与陈名夏同党一事不打算再继续深究，但对陈之遴在户部尚书任上的相关情况还想作进一步了解。

陈之遴接旨后，于四月初四连上两本为自己辩解。第一本是《陈之遴奏为详陈被参诸款实情并请敕部质对本》，针对王秉乾《题为复参陈之遴、吕宫依附陈名夏本》中所参诸条逐一进行了辩驳。顺治批红：

> 这奏辩事情，著一并质对议奏。[③]

第二本是《陈之遴奏为恭陈下悃并请重加罪黜本》，此本开始对王秉乾接二连三的攻势进行回击：

> 王秉乾久列台班，夙称耳目，臣果有劣迹，早应指实参劾，何待今日，借题诬奏……乃先以党附事情窥探圣意，及其言不确，方上今疏。又恐今疏不胜，复云款恶尚多，容体访辄告。此实明季巧诈之

① 《王秉乾题为复参陈之遴、吕宫依附陈名夏本》，《清代档案史料丛编》第13辑，第236页。

② 同上书，第237页。

③ 《陈之遴奏为详陈被参诸款实情并请敕部质对本》，《清代档案史料丛编》第13辑，第241页。

习，圣朝法令所无。不知秉乾被谁教唆愚弄，敢于圣明之前，作此机局……臣若不受罪革退，必至秉乾聚谋诬陷，交章驱除。今日皇上有宽宥任用之意，臣尚敢哀鸣，他日臣堕入计中，不特报效无地，并控诉无门矣……伏乞皇上将臣重加罪黜。①

在这个奏本中陈之遴不仅变守为攻，反指王秉乾的背后有个“教唆愚弄”他攻击己的“党首”；而且以退为进，声称党争险恶，并要求致仕。顺治针对陈之遴在此本中所谈的党争问题作出批红：

这事情已有屡旨，即宜祗遵供职，不必求罢。②

（3）第三次题参。顺治对陈之遴四月初四日所上《奏为详陈被参诸款实情并请敕部质对本》已经批红，同意对质。但王秉乾似乎急不可耐，于四月初七日又上《题为陈之遴妄行遮饰请敕会议质对本》，对陈之遴在《奏为详陈被参诸款实情并请敕部质对本》中进行的辩解逐条进行驳斥，并添加一条受贿罪：

之遴向审李应试一案，得通州高中军银三千两，隐默不言。③

虽然顺治在批红中同意“一并质对议奏”，但对王秉乾的做法也十分不满：

以后参疏奉旨的，原参官与被参官俱当静听，互相讦辩成何体统，著严饬行！④

---

① 《陈之遴奏为详陈被参诸款实情并请敕部质对本》，《清代档案史料丛编》第 13 辑，第 241—241 页。

② 同上书，第 242 页。

③ 《王秉乾题为陈之遴妄行遮饰请敕会议质对本》，《清代档案史料丛编》第 13 辑，第 246 页。

④ 同上书，第 247—248 页。

（4）第四次题参。王秉乾在四月初七上疏后，遭顺治严斥，要求“原参官”在奉旨等待质对期间当“静听”，不得与被参官以上疏的形式在皇帝面前相互讦辩。可能顺治的批红在四月初十尚未下至各部，所以王秉乾在这天又上《题为陈之遴刊书谤讪朝政本》，参陈之遴在京城编印分发《圣恩录》一书不下千余本，其中内容有心怀叵测、谤讪圣上之处。顺治批红曰：

> 这所参事情，著一并质对议奏。[①]

实际上，《圣恩录》一书的内容是顺治九年（1652）五月阿拉善弹劾新任大学士陈之遴一案中的五个奏本及顺治批红，包括阿拉善参本一个、陈之遴辩本两个、陈之遴谢恩求去本一个、陈之遴因求去未准谢恩本一个[②]。显然，这是一本既为自己漂白又向同僚炫耀圣泽的书。

前面对第一次题参已有详考，第二、三、四次题参皆奉旨交刑部“一并质对”，刑部经过一个月的审理，于五月十八日将审理过程和结果整理成《刘正宗等题为王秉乾所参陈之遴诸款皆虚本》上奏顺治。今观刘正宗此本，王秉乾所参数条罪状未见一条证据确凿者，而陈之遴所辩却是“备查科抄、题稿、历年卷案，明白经书，开载有据”，其相关受贿数事也无人证。若仅据此奏本而言，王秉乾所参确是“俱系玄虚无影”之言，所以顺治最终批红“陈之遴免议”。[③] 但于陈之遴数次受贿一事，我们还是心存疑问。刑部既未对陈之遴抄家起获赃物，又未获取其他人证，仅是对受贿者、行贿者和过付者进行简单的口头调查。此三者皆有生死牵连，在此情形下岂有不打自招之理？

（三）陈之遴没受陈名夏案牵连的原因

陈名夏死于结党，但陈之遴身为南党的二号人物在这场政治震荡中居然安然无恙。造成这一奇怪现象的原因主要有两点：

---

① 《王秉乾题为陈之遴妄行遮饰请敕会议质对本》，《清代档案史料丛编》第13辑，第248页。

② 《刘正宗等题为王秉乾所参陈之遴诸款皆虚本》，《清代档案史料丛编》第13辑，第257页。

③ 同上书，第250—260页。

一是如前所述，陈名夏被处死后北党汉臣势力已远胜南党，而顺治追求的是南北力量的平衡。在这种局势下，尚有保存南党汉臣二号人物的必要。

二是顺治也虑及陈之遴此前的职务贡献，为用其才而留其任。此说的根据是顺治十三年（1656）的一段圣谕：

> 朕非不知之遴等而用之，即若辈朋党之行，朕亦深悉。但欲资其才，故任以职。①

对陈之遴顺治十年（1653）二月任户部尚书以来的政绩，康熙《海宁县志》记述如下：

> 寻出为大司农。钱粮谷簿，指画立办。时西南宿重兵争，忧措饷。遴乃告之曰："为国而忧贫，足（按：足，止也）加赋之渐（按：渐，加剧也）也，但苦莫能视国如家尔。终吾任，必不以匮乏为公□（案：漫漶）忧。'故二年间，国有余财，民无重赋。②

《明清史料》中保存了陈之遴顺治十年（1653）四月间在户部尚书任上的两件揭帖，从中也可窥见陈之遴的政治才华。其四月二十三日的揭帖为解决地方官在征粮时通过对百姓"明加暗派"的方式中饱私囊这一弊端而作，认为导致此弊的原因在于"民不知应征钱粮数目"，只能任地方官"敲朴侵肥"而"无凭申诉"，提出严格落实"颁给易知单一法足制其弊"。易知单之法早已有之，但由地方政府自行印制，因缺乏监督而形同虚设。陈之遴对此法进行了改良和完善，提出由中央统一印制并监督，并对开列款项、颁发对象、颁发数量、颁发流程、处罚措施进行了详细规定。③ 其四月二十七日的揭帖为解决"漕粮频年挂欠"这一问题而作，认为造成这

① 《世祖章皇帝实录》卷九十八，《清实录》第3册，第764页。
② 许三礼：《海宁县志》，名臣卷，《中国方志丛书》华中地方第561号，第980页。
③ 《户部尚书陈之遴揭帖》，《明清史料》丙编第四本，第339页。

一问题的原因在于“监比无措”之下“领运弁丁”的贪蚀，提出“非专官管理莫救此弊”。[1] 从整篇文字看，陈之遴对漕运的具体过程和清廷的人事运作情况有着精详的了解，并能多方权衡，进行周密考虑，作出妥善安排。这两件揭帖开篇皆称“揭为仰奉纶音，恭陈愚见”，则都是为奉旨而作。顺治在处理积弊多年的关系国计民生的重大社会事务时，陈之遴总能在短时间内拿出切中时弊而行之有效的方案。因而每当陈之遴处在政治旋涡中时，顺治就不能不顾及其职务能力和职务贡献对自己和朝廷的重要性。

## 二　顺治十二年（1655）：因弥补满汉官缝隙而再升大学士

顺治十年（1653）四月重议任珍案后，南党汉臣遭到群体性打压。为保持汉臣南北党势力的均衡性，顺治又于十一年（1654）二月将“前因会议任珍一事回奏朦混，与议各官俱经分别降处”者“各复原衔”[2]，但一个月后又将南党汉臣党首陈名夏闪电般处死。

陈名夏之死是南党汉臣势力削弱的标志，重议任珍案在其死因中扮演着重要角色。通过重议任珍案，顺治对满洲贵族在朝中绝对优势地位的丧失感到恐惧和忧虑，其只能对多尔衮死后自己一手扶植的势力过大的南党汉臣实施打压。从表面上看，在重议任珍案中顺治对满洲贵族有着明显的同情和袒护，并将汉臣势力的强大归因于结党。顺治对南党汉臣党首陈名夏果断而急速地痛下杀手，不能不引起陈之遴对自我和朝廷局势的反思。

陈之遴应该看到了此点，于是其在试图寻找时机弥补满汉官之间缝隙的同时，也采取了一些表面看起来旨在消除南北党差异的做法。

其一，提出若满洲官员犯罪，不宜革除世职。

> 顺治十二年正月辛亥，太子太保户部尚书陈之遴奏言：满洲官员

① 《户部尚书陈之遴揭帖》，《明清史料》内编第四本，第340页。
② 《世祖章皇帝实录》卷八十一，《清实录》第3册，第634页。

有罪，多有籍家产革世职者，实为太过。夫世职皆由死难捐躯而得，世职既削，无禄何以养生。祈敕会议，查照律条成例以定籍没之法，分别流衔世职以垂降革之规，则感恩益深而根本益固矣。①

顺治对此批红“下所司议”，但不知何故，十个月后方有结果：

顺治十二年十月丁卯兵部议覆户部尚书陈之遴疏……今后世袭官员如在军前犯事，应照律例议及世袭等官；其余犯罪应照流衔酌议降革，无流衔者亦照应降职衔住俸。若犯罪重大，另行题请。得上旨：满洲大小官员所得世袭职官果系登城克敌、捐躯尽忠者，俱依议行。如系恩诏考满所得职衔，仍照旧例行。②

但其上疏一个月后便重获大学士一职：

顺治十二年二月戊寅，谕吏部：弘文院大学士吕宫、国史院大学士党崇雅员缺，即会同九卿詹事科道等官将品行清直、学问渊博者推举数员具奏。……庚辰，以户部尚书陈之遴为内翰林弘文院大学士，户部仓场侍郎王永吉为内翰林国史院大学士。

其二，提出解决满洲兵民“年来穷苦日甚”问题。据陈之遴《满洲兵民生计疏》：

窃惟满洲兵民实为国家根本，年来穷苦日甚，关系非小。但富强霸术，利害相参。赈济恩施，久远难恃。臣谨以大道永计，为皇上陈之。一曰修举农功……一曰宽恤兵力……一曰节省财用……③

---

① 《世祖章皇帝实录》卷八十八，《清实录》第3册，第696页。

② 《世祖章皇帝实录》卷九十四，《清实录》第3册，第740页。

③ 陈之遴：《满洲兵民生计疏》，贺长龄：《皇朝经世文编》卷三十五。

《满洲兵民生计疏》作于顺治十二年，但是否为陈之遴再任大学士之前所上就不得而知了。但陈之遴保护满洲兵民利益的举动必会投合重议任珍案后要求“满汉一体”的圣意。

其三，充任大学士后，有意援引北方籍汉臣。据康熙《海宁县志》：

> 寻出为大司农。……二年间，国有余财，民无重赋。入为弘文院大学士，其所荐引若李际期、张秉贞、崔宗泰等皆为名臣，遴未尝□面也。[①]

李际期是河南孟津人，张秉贞是奉天人，崔宗泰是江南桐城人。南北党的构成绝非地域的划分那么简单，虽不能完全从籍贯来区分，但地域绝对是一个重要的参考指标。从《海宁县志》此处的记载看，其本意在于突出陈之遴在举荐提携人才方面公正清廉、唯才是举，但也可从中看出其有意突破南北地域的界限，旨在向顺治显现自己消除和脱离党争以不负圣恩的决心和行动。

有着上述表现，陈之遴很快便迎来了仕清后政治生涯的第二个高峰。先是于顺治十二年（1655）四月乙未加少保兼太子太保[②]，又在十月甲寅充武殿试读卷官[③]。从表面看，陈之遴恢复了其在顺治九年（1652）的一切政治待遇和荣耀。

## 第四节 陈之遴两次流徙盛京

### 一 顺治十三年（1656）：朱世德案与陈之遴初谴盛京

顺治十三年（1656）二月戊辰（十九），陈之遴获赐《汉字表忠录》

---

① 许三礼：《海宁县志》名臣卷，《中国方志丛书》华中地方第561号，第980页。

② 《世祖章皇帝实录》卷九十一，《清实录》第3册，第713页。

③ 《世祖章皇帝实录》卷九十四，《清实录》第3册，第737页。

一部[①]，熟料三日之后竟圣怒临头。我们先从朱世德案谈起，且看何为朱世德案：

> 先是，河西务分司员外郎朱世德亏空额税一万三千余两，会有讦其多徵、侵、盗诸款者，事未审结，户部将缺额银两援赦议免，吏部亦照议覆。上以缺额过多，或有情弊，命都察院察议。[②]

至顺治十三年（1656）二月辛未（二十二），都察院对朱世德案“察议”的结果如下：

> 至是，议朱世德应革职，交刑部审拟。[③]

朱世德涉案金额高达一万三千余两，都察院建议革职，而当初户部、吏部居然对其“援赦议免”，于是便发生了下面的事情：

> 上因切责部臣如此大弊不行察核，令回奏。于是部臣奏言：“因屡次催提人犯，议俟到日另结，至轻援恩赦，疏忽何辞？”得上旨：“尔部考核司官，务宜秉公详察。朱世德缺额既多，又经告发，尔等不严行确究，乃以人犯到日另结为辞，含糊引赦，代为出脱，情弊显然。此回奏殊属支饰，著议政王、贝勒、大臣、九卿、詹事、科道会同从重议处具奏。”[④]

顺治命议政王负责对涉案户部、吏部大臣“从重议处”，可见其对二部大臣十分不满。观此段文字，顺治的不满有三点：一是朱世德之罪情节严重却未受处罚；二是二部大臣对朱世德“轻援恩赦”之行必有“情弊”；三

---

① 《世祖章皇帝实录》卷九十八，《清实录》第3册，第762页。

② 同上书，第763页。

③ 同上。

④ 同上。

是二部大臣在奉旨解释缘由时没有如实交代并请罪，而是以“疏忽”为借口。到二月丙子（二十七），议政王的调查工作仍在进行之中，但顺治的怒火已不可遏制：

> 顺治十三年……二月……丙子，上召吏部尚书王永吉、户部尚书戴明说等，责其轻出朱世德之罪。复谕大学士陈之遴曰：“朕不念尔前罪，复地简用，且屡加诫谕。尔曾以朕言告人乎？抑自思所行，亦曾少改乎？”之遴奏曰：“皇上教臣，臣安敢不改。特臣才疏学浅，罪过多端，不能仰报皇上耳。”上曰：“朕非不知之遴等而用之，即若辈朋党之行，朕亦深悉。但欲资其才，故任以职，且时时教饬之者，亦冀其改过效忠耳。”因责都察院左副都御史魏裔介等曰：“尔等职司言责，当大破情面。乃婾阿缄默，何为也？前此明知陈名夏之恶，皆畏其威，罔敢摘发，今尔等能无自愧乎？尔等既有专职，乃绝不一言，或虽言而不直。朕用尔为言官何益？是不如不用之为愈也！”①

此段文字共记录三事：一是诘责王永吉、戴明说轻出朱世德之罪②；二是诘责陈之遴于结党之行不思悔改；三是诘责魏裔介等言官在检举朝臣结党方面工作不力。这三者之间有何关系？

从顺治十三年（1656）四月庚戌对议朱世德案涉案诸臣的处理结果看，朝臣上至公室、尚书，下至启心郎、理事官，受处分者近三十人③，但其中并无陈之遴，可见陈之遴与朱世德案并无关联。既然如此，顺治在诘责王永吉、戴明说之后，为何又将怒火烧到陈之遴身上？观上段所议顺治对户部、吏部大臣不满的三点原因，第二点事涉结党，第三点事涉欺君，正为近年来顺治所痛恨并严厉打击者，而这两点也是陈之遴屡屡所犯

---

① 《世祖章皇帝实录》卷九十八，《清实录》第 3 册，第 764 页。

② 按：朱世德最终被绞。《世祖章皇帝实录》卷一百一：“十三年……五月……庚戌，刑部等衙门议河西务钞关员外郎朱世德多徵税课入己，又侵盗库银，受贿委官，各款俱实，应绞。从之。”见《清实录》第 3 册第 782 页。

③ 《世祖章皇帝实录》卷一百，《清实录》第 3 册，第 773 页。

并自取其咎者。这样，顺治在王永吉、戴明说身上的怒火便顺势引燃到陈之遴身上，而陈之遴以“臣才疏学浅，罪过多端”来应答顺治“自思所行，亦曾少改乎”之问，又恰属顺治所痛恨的朦胧支饰之辞。于是，顺治在群臣面前说出“朕非不知之遴等而用之，即若辈朋党之行，朕亦深悉。但欲资其才，故任以职”这般大破情面的话来，并指斥都察院左副都御史魏裔介等言官在参劾朝臣的此类言行方面毫无作为。

顺治称“朕用尔为言官何益？是不如不用之为愈也！”可见其对都察院言官的怒火之大。在遭受严厉训斥的第三天，魏裔介便上疏参劾陈之遴：

> 顺治十三年……二月……戊寅（二十九），都察院左副都御史魏裔介劾奏：大学士陈之遴当皇上诘问之时，不自言其结党之私，力图洗涤，以成善类；而但云学疏才浅，不能报称。其良心之昧已甚矣。如安肃知县沈令式庸劣不堪，之遴讽礼部尚书胡世安保荐知府，令式旋被总督李荫祖纠参。植党营私，确有可据。密勿之地，恐之遴一日不可复居也。疏入，得上旨：陈之遴身为大臣，奏对自当以实。昨经朕面诘，止以才疎学浅引咎，朦胧支饰，全无诚心，殊非大臣事君之道。此所参事情，著据实明白回奏。①

魏裔介所参陈之遴二事，一为结党营私，二为在应答皇帝诘问时不诚实交代问题反而朦胧支饰。这对二月丙子（二十七）那天顺治发怒的原因揣摩得十分到位。接下来的数天之内，陈之遴又遭其他二人检举：

> 顺治十三年……三月……壬午（初三），户科都给事中王祯劾奏：大学士陈之遴系前朝被革词臣来投阙下，不数年间超擢尚书，旋登政府。不图报效，市权豪恣。昨南苑赐宴，皇上面加呵斥，凛凛天威；而之遴不思闭阁省罪，即于次日遨游灵佑宫，逍遥恣肆。罪不容诛，

① 《世祖章皇帝实录》卷九十八，《清实录》第3册，第766页。

乞重加处分，以儆邪污。疏上，命之遴据实回奏，不得仍前支饰，以蹈欺蒙之咎。[1]

顺治十三年……三月……甲申（初五），广东道监察御史焦毓瑞劾奏：礼部尚书胡世安受大学士陈之遴嘱托，滥举之遴同乡安肃知县沈令式堪任知府。徇私背公，法应连坐。得上旨：之遴、世安一并明白回奏。[2]

王祯所举发者是否属实已不得而知，焦毓瑞所劾奏者则被证明与陈之遴无关：

顺治十三年三月丙申（十七）礼部尚书胡世安回奏：保举知县沈令式凭学臣盐臣荐章，非因陈之遴推奖。疏下，部议以失于详慎，罚俸一年。从之。[3]

但我们要注意的是，顺治在魏裔介、王祯奏本上的批红中连续对陈之遴强调“朦胧支饰，全无诚心”、“不得仍前支饰”，可见陈之遴在这方面的确惯于此道。可惜陈之遴并未能及时领悟到顺治对他这种做法万分痛恨，故其在奉旨回奏魏裔介等人的参劾时继续犯此忌讳：

顺治十三年……三月……乙酉（初六），大学士陈之遴引罪回奏。得上旨：陈之遴既知罪戾甚多，此回奏又不明言罪状，但请处分。沈令式是否乡亲，并未说明。既称其颇有能声，即系徇私推奖，何得朦混推辞？奏内“南北各亲其亲，各友其友”等语，朕所痛恶。平日诫谕。何等严切，乃不思省改。自认姻戚乡曲，往来会晤，明系故违朕谕，殊为可恨。著吏部严察议奏。[4]

---

① 《世祖章皇帝实录》卷九十九，《清实录》第3册，第767页。
② 同上书，第768页。
③ 同上书，第770页。
④ 同上书，第768页。

吏部部议后于三月乙未（十六）“疏拟革之遴职，永不叙用”，但最终顺治作出如下决定：

陈之遴经朕训诫不啻再三，望其省改过恶，尽去偏心，以图报称。乃毫不自悔，任意结党营私，大负朕恩。本当罢斥示惩，念其既已擢用位至大臣，不忍即行革职。著以原官发盛京地方居住。①

陈之遴到盛京半年后，顺治便将其召回京师：

顺治十三年……十月……癸卯（二十九），谕吏部：朕向因大学士陈之遴赋性偏执，屡经训饬，不肯悛改，故令盛京居住，用示惩创。今伊自应省悟前非，且念其效力多年，不忍终弃。著回京入旗，以示朕始终曲成至意。尔部即遵谕行。②

纵观朱世德案前后，陈之遴的遭遇确实有些冤枉。我们以为顺治知道此番处置陈之遴是在怒火攻心之下行为，在很大程度上带有情绪宣泄色彩，故其半年之后即赦免其罪。但董潮《东皋杂钞》却有不同说法：

后怒者益甚，安置沈阳，仍予大学士一品俸衔，许不久即召。居既久，因谋赐环，命家人褚正阳以黄金三百赂中官某于上前道及。③

陈之遴交通中官的问题，下面我们将有详论，此不赘述。

## 二　顺治十五年（1658）：吴良辅案始末与陈之遴流徙盛京

### （一）吴良辅案始末

据《清世祖实录》：

① 《世祖章皇帝实录》卷九十九，《清实录》第3册，第770页。

② 《世祖章皇帝实录》卷一百四，《清实录》第3册，第810页。

③ 董潮：《东皋杂钞》卷三，《丛书集成初编》第2963册，第37页。

顺治十五年……三月……甲辰（初七），谕吏部：内监吴良辅等交通内外官员人等作弊纳贿，罪状显著，研审情真。①

吴良辅案是《清世祖实录》中有关内监犯案的唯一记载，也是清代最早的一次有记录的内监犯案。称其最早，所据如下：

顺治十年六月二十九日辰时，内三院钦奉上传：……唐虞夏商未用侍人，自周以来始具其职……未尝干预外事，秦汉以后……乃委以事权，加之爵禄，典兵干政，流祸无穷……历观覆辙，可谓鉴戒。我太祖太宗洞悉前弊，不用此曹，良有确见。但宫禁役使，须用寺人……②

从顺治的这篇上传稿可以看出，清代在顺治以前并未在宫中使用内监，宫中开始出现内监是顺治迁都北京之后的事情。对此，《清史稿》的文字更为直截了当：

太祖、太宗鉴往易轨，不置宦官。世祖入关，依明宫寝旧制，裁定员额，数止千馀。③

据此，我们认为吴良辅案是清代最早的一次有记录的内监犯案。

关于对吴良辅案的处理情况，且看《清世祖实录》中与此案有关的记载：

顺治十五年……三月……甲辰（初七），谕吏部：内监吴良辅等交通内外官员人等作弊纳贿，罪状显著，研审情真。有王之纲、王秉乾结交通贿请托营私，吴良辅等已经供出，即行提拏。其余行贿钻

① 《世祖章皇帝实录》卷一一五，《清实录》第3册，第900页。

② 《明清史料》内编第四本，第343页。

③ 赵尔巽：《清史稿》卷一一八，第12册，第3443页。

营，有见获名帖书柬者，有馈送金银币帛等物者；若俱按迹穷究，犯罪株连者甚多，姑从宽一概免究官员人等。如此情弊，朕已洞悉，勿自谓奸弊隐密，窃幸朕不及知。自今以后，务须痛改前非，各供厥职，凡交通请托、行贿营求等弊尽皆断绝。如仍蹈前辙，作奸犯法者必从重治罪，决不宽贷。①

顺治十五年……四月……壬辰（二十六），吏部等衙门会议陈之遴、陈维新、吴维华、胡名远、王回子等贿结犯监吴良辅，鞫讯得实，各拟立决。得上旨：陈之遴受朕擢用深恩，屡有罪愆，叠经贷宥。前犯罪应置重典，特从宽以原官徙住盛京；后不忍终弃，召还旗下。乃不思痛改前过，以图报效，又行贿赂，交结犯监，大干法纪，深负朕恩。本当依拟正法，姑免死，著革职，并父母兄弟妻子流徙盛京，家产籍没。陈维新姑免死，并父母兄弟妻子流徙盛京，家产籍没。吴惟华、胡名远、王回子等俱姑免死，各责四十板，并父母兄弟妻子，流徙宁古塔，家产籍没。②

顺治十五年……七月……甲辰（初九），内大臣、巴图鲁公鳌拜等会审广东雷州道王秉乾以地方僻远，希图规避，贿嘱内监吴良辅彻回另选，得实，拟立斩。得上旨：王秉乾著免死，革职籍没，鞭一百，发宁古塔给披甲人为奴。③

这是我们在《清世祖实录》中所能检索到的有关吴良辅案的全部史料，细读之后，有如下疑点：

甲、顺治在处理相关涉案者时有出尔反尔之嫌。顺治在十五年（1658）三月甲辰给吏部的圣谕中称“若俱按迹穷究，犯罪株连者甚多，姑从宽一概免究官员人等”。据此，则除王之纲、王秉乾二人外，其余和

---

① 《世祖章皇帝实录》卷一一五，《清实录》第3册，第900页。

② 《世祖章皇帝实录》卷一一六，《清实录》第3册，第907—908页。

③ 《世祖章皇帝实录》卷一一九，《清实录》第3册，第923页。

吴良辅有关涉者皆不再追究。从《清世祖实录》所载的实际结果来看，王之纲下场不明，王秉乾在七月免死发宁古塔给披甲人为奴，但事情并未到此为止，顺治不仅没有“从宽一概免究官员人等”，反而命吏部牵头会议陈之遴、陈维新、吴维华、胡名远、王回子等贿结吴良辅一事，并将这些涉案者全部流放盛京或宁古塔，这个处分仅次于死刑。

乙、顺治并未处罚主犯吴良辅。吴良辅案牵连众多，处罚严重，影响巨大，就连顺治的汉学老师、身为顺治“特别助理”和“机要秘书”的近侍内监曹化淳都引以为戒[①]。然而，从《清世祖实录》看，顺治却未对该案的主犯吴良辅作出处罚。吴良辅始受处罚是在十八年（1661）正月顺治去世后，据《清圣祖实录》：

> 顺治十八年……二月……乙未（十五），谕吏部、刑部等大小各衙门：朕惟历代理乱不同，皆系用人之得失。大抵委任宦寺，未有不召乱者。……我太祖太宗痛鉴往辙，不设宦官。先帝以宫闱使令之役偶用斯辈，继而深悉其奸。是以遗诏有云：“祖宗创业，未尝任用中官，且明朝亡国亦因委用宦寺。”朕凛承先志，厘剔弊端，因而详加体察。乃知满洲佟义、内官吴良辅阴险狡诈，巧售其奸，荧惑欺蒙，变易祖宗旧制，倡立十三衙门名色，广招党类……此二人者，朋比作奸，挠乱法纪，坏本朝淳朴之风俗，变祖宗久定之典章。其情罪重大……虽置于法，未足蔽辜。吴良辅已经处斩，佟义若存，法亦难贷，已服冥诛，著削其世职……[②]

康熙的这篇圣谕中称“吴良辅已经处斩”，此圣谕作于顺治十八年二月乙未（十五），而顺治于十八年正月初七（丁巳）去世，是则顺治去世方满一月，吴良辅即被处斩。顺治离世后，群臣曾“守制禁中，凡二十七日”[③]，这二十七日内处决吴良辅的可能性极小。二十七日期满后便是二月

① 谢正光：《新君旧主与遗臣》，《中国社会科学》2009年第3期，第200页。

② 《圣祖仁皇帝实录》卷一，《清实录》第4册，第49页。

③ 孟森：《世祖出家事考实》，《清初三大疑案考实》，第20页。

甲申（初四），吴良辅被斩当在这一天或此后数日，是则禁中守制期满，吴良辅即被正法。

有上述两个疑点，顺治在处理这一案件时对主犯吴良辅的回护已是十分明显。但通观《清世祖实录》，顺治对廷臣一向要求严苛，不时教训，所以我们仍然疑心这样一个严于约束臣下的帝王在回护吴良辅一事上不至如此明目张胆。要消除这一疑虑，我们需要考察吴良辅在此案后的行踪。由于《清世祖实录》对吴良辅案的记载因掩饰而支离破碎，故而其中毫无线索可寻，幸赖孟森在《世祖出家考实》一文中对吴良辅案略有所考，其中一则史料可解我们此疑。孟森在此文中曾引民国二十年（1931）四月上海《人文杂志》中的一篇杂记，据其考证，此杂记为张宸所记。现摘引篇首数句：

> 辛丑正月，世祖皇帝宾天。予守制禁中，凡二十七日。先是正月初二日，上幸悯忠寺，观内珰吴良辅祝发。[①]

通观张宸整篇笔记，皆为顺治崩前数日及其入宫为顺治守制二十七日间的见闻，当为可信之辞。我们将据此篇首数句推测自顺治十五年（1658）三月案发至十八年（1661）正月初二这两年多的时间里主犯吴良辅的行踪。顺治十五年（1658）三月的圣谕中既称“内监吴良辅等交通内外官员人等作弊纳贿，罪状显著，研审情真”，则吴良辅在案发初期曾和陈之遴等人一样曾按规定遭羁押审讯，但案情大白后在落实处分时，吴良辅和行贿诸臣的结果就有了天壤之别。从顺治十八年（1661）“正月初二日，上幸悯忠寺，观内珰吴良辅祝发”看，行贿诸臣纷纷遭受了免死流放之惩处，而吴良辅则却借着顺治的回护一直安居宫中，抑或暂避于悯忠寺。而顺治对吴良辅的最终安置，是送其入离皇宫不远的悯忠寺[②]落发为僧。当吴良辅落发之日，顺治曾亲临悯忠寺观瞻，其圣眷优渥由此可见一斑，其当日在

① 孟森：《世祖出家事考实》，《清初三大疑案考实》，第 20 页。

② 从百度地图看，今北京悯忠寺距故宫约 7 公里。

廷臣中的影响力亦可由此想见。

顺治对吴良辅犯案的态度与《清世祖实录》中所记其对内监的态度十分矛盾。据《清世祖实录》，顺治向来对内监申斥甚严。在顺治十年(1653)年初设内十三衙门时，顺治就对内监的利弊有十分清醒而深刻的认识，在设立内十三衙门的同时也对内监作出了严厉的规定：

顺治十年……六月……癸亥（二十九），谕内院：……秦汉以后诸君不能防患，乃委以事权，加之爵禄，典兵干政，流祸无穷。岂其君尽闇哉？缘此辈小忠小信，足以固结主心。日近日亲，易致潜持朝政。且其伯叔弟侄、宗族亲戚，实繁有徒，结纳缙绅，关通郡县，朋比夤缘，作奸受贿。窥探喜怒，以张威福，当宫庭邃密，深居燕闲，稍露端倪，辄为假托。或欲言而故默，或借公以行私，颠倒贤奸，混淆邪正。依附者巧致云霄，迕抗者谋沉渊阱。虽有英毅之主，不觉堕其术中。权既旁移，变多中发。历观覆辙，可为鉴戒。但宫禁役使，此辈势难尽革。朕酌古因时，量为设置。首为乾清宫执事官，次为……。满洲近臣、与寺人兼用。各衙门官品虽有高下，寺人不过四品。凡系内员非奉差遣，不许擅出皇城；职司之外不许干涉一事；不许招引外人；不许交结外官；不许使弟侄亲戚暗相交结；不许假弟侄等人名色置买田屋，因而把持官府，扰害人民。其在外官员亦不许与内官互相交结，如有内外交结者，同官觉举，院部察奏，科道纠参，审实一并正法。①

顺治十二年六月辛巳顺治又立内十三衙门铁牌，对内监进行警诫：

顺治十二年……六月……辛巳（二十八），命工部立内十三衙门铁牌。敕谕曰：中官之设虽自古不废，然任使失宜，遂贻祸乱。近如明朝王振、汪直、曹吉祥、刘瑾、魏忠贤等专擅威权，干预朝政，开

① 《世祖章皇帝实录》卷七十六，《清实录》第3册，第602页。

厂缉事，枉杀无辜，出镇典兵，流毒边境，甚至谋为不轨，陷害忠良，煽引党类，称功颂德，以致国事日非，覆败相寻，足为鉴戒。朕今裁定内官衙门及员数职掌，法制甚明。以后但有犯法干政，窃权纳贿，嘱托内外衙门，交结满汉官员，越分擅奏外事，上言官吏贤否者，即行凌迟处死，定不姑贷。特立铁牌，世世遵守。①

从上述两条史料可见顺治对内监的危害有着深刻认知，也作出严厉申斥，但对吴良辅的处置结果却与此大相径庭。这着实令人费解，以致孟森生发“抑本以此奄为代帝出家，未可知也”之疑②，后来又申之以“其为自知不起，令吴监避祸耶？抑自恐命促，令所爱代为出家以媚佛求佑”③。吴良辅所犯为“即行凌迟处死，定不姑贷”之罪却毫发无损，而其同犯陈之遴等众人却免死流放苦寒之地。吴良辅于顺治在位时何以善终？这恐怕要归因于顺治和内监之间非同寻常的情感，遗憾的是因史料隐微，我们未能对吴良辅进行全面考察，但从内监曹化淳身上，我们比较全面而具体地体察到了顺治和近侍内监之间的亲近关系。曹化淳与顺治的亲近关系，谢正光曾有周密考述④，此不赘言。顺治在此案中对吴良辅这种不合常理的回护，不由让我们想起顺治十年（1653）的黄膘李三案。在讨论黄膘李三案时，面对种种疑点，我们曾推测黄膘李三的背后有一位影响力远在大学士之上的满洲贵族或中官，此中官是否就是吴良辅或曹化淳呢？可惜无法获得确证，只能留此存疑。

吴良辅在顺治守制期满后立即被处死，这自然是太后和辅政大臣的手段⑤。从《清圣祖实录》看，处置吴良辅的文本依据为顺治遗诏，而吴良辅被斩的事实依据则有二：一是荧惑欺蒙顺治变易祖宗旧制设十三衙门；二是有朋比作奸、挠乱法纪，坏本朝淳朴之风俗的犯罪事实。但这只是表

---

① 《世祖章皇帝实录》卷九十二，《清实录》第 3 册，第 724 页。

② 孟森：《世祖出家事考实》，《清初三大疑案考实》，第 27 页。

③ 孟森：《明清史讲义》下册，第 397 页。

④ 谢正光：《新君旧主与遗臣》，《中国社会科学》2009 年第 3 期，第 187—190 页。

⑤ 孟森：《世祖出家事考实》，《清初三大疑案考实》，第 27、31 页。

象，顺治在崩前数日内亲送吴良辅出家为僧，一个受顺治如此厚爱之人，在其崩后尸骨未寒之时立即被处死，其中必有可深究之因。现分析如下：

一是与顺治亲政后内监势力的迅猛崛起相关。顺治迁都北京后，明宫残余内监势力一直在寻找机会重新崛起。与此同时，鉴于明末内监之祸，在顺治朝一开始汉臣便极力打压内监势力的萌芽。据《清世祖实录》：

顺治元年……十月……戊辰（十四），户科给事中郝杰奏言：……至刑余宦寺，特备洒扫，供使令耳，从不敢于大庭广众之中与朝臣齿。明洪武时中官不许识字，诚慎之也，诚贱之也。挽末宠任厂卫，遂贻杜勋、阎思印、边永清等开门迎贼之祸。我国家深鉴往弊，痛绝中官。一切厂监钱粮，悉归有司，远迩臣庶，无不歌颂。乃者颁诏大典赐宴廷臣，实有内监数辈先行拜舞，辱朝廷而羞当世，莫此为甚。伏乞敕下礼部，凡遇朝贺，悉照旧典，内监不得入班行礼。尤有请者，先朝原有牙牌旧制，非独别品级，实以防奸伪也，今应仍照品级悬带。至于杂流贤员，不得滥越词林科道侍从之前，庶观瞻肃而体统明于礼法，所关非小也。得旨：内监原未赞礼，何得溷入朝班？悬带牙牌事宜，还著定议奏闻。①

顺治二年……十二月……丙午（二十八），礼部奏言：内监仍故明例，每遇朝参行礼，在文武诸臣之前，于体未合。嗣后内监人员概不许与朝参，亦不必排班伺候。从之。②

但这种打压并未见效，在吴良辅等人的努力下，到了顺治十年（1653）顺治决定在宫中仿明旧制设立十三衙门，这也是顺治朝内监势力崛起的标志。由于《清世祖实录》对吴良辅案的记载只是一些关于处理结果的碎片，故其中所显示的内监势力只是实际情形的一丝端倪而已，但透过这种端倪已足见内监势力的庞大。内监势力的膨胀给皇权、满洲贵族和汉臣三

① 《世祖章皇帝实录》卷十，《清实录》第3册，第101页。

② 《世祖章皇帝实录》卷二十二，《清实录》第3册，第197页。

方造成了巨大威胁。吴良辅是倡立十三衙门的骨干，虽在案发后已出家为僧，但通过顺治在其落发时的恩宠可以想象其在宫中内监衙门的影响力。在这种情形下，顺治死后太后和辅政大臣在第一时间内将其清除也是情理中事。处斩吴良辅的依据是顺治遗诏，此遗诏中罪己条目多达十四条，曾被太后和辅政大臣增减润饰①，已不易区分哪些条目为顺治本意。今观顺治遗诏，有两条内容与我们此处讨论的问题相关，现摘引如下：

> 朕于廷臣中，有明知其不肖，不即罢斥，仍复优容姑息。如刘正宗者，偏私躁忌，朕已洞悉于心，乃容其久任政地。诚可谓见贤而不能举，见不肖而不能退，是朕之罪一也。
>
> 祖宗创业未尝任用中官，且明朝亡国亦因委任宦寺，朕明知其弊，不以为戒，设立内十三衙门，委用任使，与明无异，以致营私作弊，更逾往时，是朕之罪一也。②

遗诏内虽提到不该设立内十三衙门，但并未提到吴良辅的名字，吴良辅却被处死；而刘正宗为顺治所痛恨厌恶，并且在遗诏中直接点名要求处置，这样的人反遭赦免，其党类亦皆赦宥③。此可为顺治死后太后和辅政大臣刻意打压势头正盛的内监势力之一证。

二是吴良辅与顺治的暴亡有直接关联。据孟森的考察结论，顺治或于十七年（1660）腊月末即已不豫，但时好时坏；或于十八年（1661）正月初二始不豫，至初七即亡。④ 顺治正月初二出宫至悯忠寺观看吴良辅落发仪式一事正处在顺治因患痘暴亡的时间节点上。顺治崩前的身体状况若属孟森所言的第一种情形，则顺治必会因出宫观吴良辅落发“受风”而加重病情。若属第二种情形，则顺治必是因此番出宫而染痘，后果更为严重。

---

① 孟森：《世祖出家事考实》，《清初三大疑案考实》，第27页。

② 王先谦：《东华录》顺治三十六，光绪年撷华书局版，第2页。

③ 按：《圣祖仁皇帝实录》卷一：“顺治十八年……二月……己未（十五），顺治吴良辅已经处斩……十三衙门尽行革去，凡事皆遵太祖太宗时定制行，内官俱永不用。又刘正宗亦当仰遵遗诏，置之重典，念其年老，姑从宽免，其党类亦皆赦宥。”见《清实录》第4册，第49页。

④ 孟森：《世祖出家事考实》，《清初三大疑案考实》，第18页。

无论如何，吴良辅都和顺治的暴亡脱不了干系。顺治亲政后内监势力的迅速崛起和顺治对吴良辅犯案后的处置态度及处置方式本就招致太后、满洲贵族和汉臣的怨怒，顺治英年暴亡对这种怨怒而言无疑是一件火上浇油的事情，而吴良辅又是导致顺治暴亡的一个直接诱因，其自然会成为喷发这种怨怒的火山口。明乎此，吴良辅在顺治离世后的迅疾被斩便是情理之中的事情。

以上所考为顺治朝吴良辅案的一些情况。接着，我们将探讨陈之遴与此案的关系。

（二）陈之遴贿结吴良辅的原因

且看顺治十五年（1658）四月时在关于陈之遴贿结吴良辅的处理意见中的一段文字：

> 陈之遴受朕擢用深恩，屡有罪愆，叠经贷宥。前犯罪应置重典，特从宽以原官徙住盛京；后不忍终弃，召还旗下。乃不思痛改前过，以图报效，又行贿赂，交结犯监，大干法纪，深负朕恩。[①]

据前面我们对顺治亲政后陈之遴仕清之路的考述，顺治的这段话可谓字字属实。具体到《实录》的这段话来看，顺治十三年（1656）三月陈之遴因受朱世德案牵连被流徙盛京，半年后又召还回京入旗。回京后，陈之遴行贿交结吴良辅，直至顺治十五年（1658）案发被查处。早在顺治十年（1653）就有规定：“其在外官员亦不许与内官互相交结，如有内外交结者，同官觉举，院部察奏，科道纠参，审实一并正法”，“正法”即死刑。我们的疑问是，“屡有罪愆，叠经贷宥”的陈之遴在还京入旗后缘何冒“大干法纪，深负朕恩”的杀头风险贿结吴良辅？对这一疑问，我们将从三个角度进行考察。

一是顺治十三年十月陈之遴被召还回京后的职务及其处境。顺治十三年（1656）三月在处理朱世德案时，顺治的怒火顺着“结党情弊”和“支

---

① 《世祖章皇帝实录》卷一一六，《清实录》第3册，第907—908页。

饰欺君”这两条导火索突然烧到原本与此案无甚关联的弘文院大学士陈之遴身上，其本当“革职，永不叙用”，最终被“以原官发盛京地方居住”[①]。据此，则陈之遴流徙盛京时的职务仍是大学士，其宫衔等政治待遇也未发生变化。半年后，顺治“念其效力多年，不忍终弃。著回京入旗，以示朕始终曲成至意”[②]。问题就出在“著回京入旗”上，召还京师只是“回京入旗”，回京后其官职如何顺治并未说明。按常理，其回京入旗后的官职应是回京面圣后再作安排，但我们从现在能找到的史料中未能发现相关记载，《清世祖实录》在顺治十三年（1656）十月之后涉及陈之遴之处也并无提到其职衔。因此，我们还得从“回京入旗”入手。何为回京入旗？顺治九年（1652）正月壬午（初十）陈名夏因重议张煊案所受处分如下：

> 今将名夏革任，其官品俸禄仍旧，发正黄旗汉军下，同闲散官随朝。[③]

陈之遴的“回京入旗”可能和当年陈名夏被“发正黄旗汉军下”的情形一样，虽然官品和俸禄依旧，但并无实职。这样，原来握有实权的大学士陈之遴在回京入旗后并无任何具体职务，只是拥有一个较高级别的虚衔。而且，这种带有免罪性质的入旗日子似乎并不好过。陈名夏在《答圣秋书》一文中曾对自己“发正黄旗汉军下”的生活状态作过描述：

> 幸蒙恩宥，放归旗下。足不敢出城，口不敢言事。春秋祭祀，孑立几筵，不能呼诸子以从。父母丘垅在江宁山麓，未能瞻视松柏……[④]

如此，则陈名夏在放归旗下后人身自由和活动范围受到很大限制，以致不

---

① 《世祖章皇帝实录》卷九十九，《清实录》第3册，第770页。

② 《世祖章皇帝实录》卷一百四，《清实录》第3册，第810页。

③ 《世祖章皇帝实录》卷六十二，《清实录》第3册，第485页。

④ 陈名夏：《依水园文集》卷十五，《四库全书存目丛书补编》集部第55册，第259页。

得至父母墓前瞻视，而且子女不得随居[1]。吴伟业和陈之遴是儿女亲家，其在悼念女儿的《亡女权厝志》中的一段文字也涉及了陈之遴入旗后的一些情况：

司农再相，未一岁，用言者谪居沈阳……已而相国召入京为宿卫，视旧人，在诸子法当从。会余丁嗣母丧，女执手诀曰："儿从夫长作京师人矣。父老病，无意复出，儿非有事不得还江南。"[2]

与陈名夏入旗相比，顺治对陈之遴多了一些人性化的照顾。陈名夏在春秋祭祀时没有子女在身边，故有“孑立几筵”之怜。陈之遴却因顺治念其为“旧人”而受到“在诸子法当从”的照顾。所谓“在诸子法当从”，盖指子女之在京师随居者可随同入旗，而对子女之不在京师随居者则无此要求。此推测所据为吴伟业《亡女权厝志》：

司农再相，未一岁，用言者谪居沈阳（顺治十三年，1656）四月，取最少子从，其二在南，独留直方京师。[3]

则陈直方及其幼弟为一直在京随居者，此番蒙旨随父入旗，故陈之遴入京为宿卫后，其妻发出“儿从夫长作京师人矣”之叹。《亡女权厝志》又载：

陈氏家方隆盛时，子弟厚自封殖，即难作而室中装为在南者分持去……直方右目眇，于律废疾者赎……二女甥四五岁，颇慧黠，长者教之礼佛，祈直方早归。女凝视长吁曰："汝父不还矣。"余讶问故。曰："吾舅姑已行，若止一子，以赎论易耳。余株送者尽室在南安坐，

---

① 按：据《嘉庆溧阳县志》卷十一，陈名夏有掖臣、鼎臣、佑臣三子。掖臣应居乡，曾被劾。其他二子不明。见陈鸿寿《中国地方志集成》江苏县府志辑，第32册，第268页。

② 吴伟业：《梅村家藏稿》卷四十九，《续修四库全书》第1396册，第274页。

③ 同上。

无行色。部檄屡不前，事且有变，变则祸重，至渠何以独免乎？①

这段讲的是陈之遴因吴良辅案发被流徙盛京后，其在家乡居住的两个儿子的相关情况，由此亦可知陈之遴此二子因未在京随居而免于随之入旗。因此，“在诸子法当从”当指在京随居诸子须随陈之遴入旗。从“儿从夫长作京师人矣”看，陈之遴和在京诸子的人身自由也受到了局限，当是不得擅自离开京城，否则不至有“儿从夫长作京师人矣”之叹。陈之遴自己也曾记述过此时的生活状态，其《浮云集》中有《至京师》、《丙申除夕》、《感旧》三首诗，此三诗为其接旨回京入旗后所作，按序排在卷七末尾，从中依次可见陈之遴返京后的境遇。《至京师》有“还朝适际三阳春，入国欣看万象新”句，《丙申除夕》有“虽非故里亲差近，已入新春夜不寒”句，从中可见其初返京城入旗时的喜悦感，但到了除夕过后的顺治十四年（1657），陈之遴入旗后的境遇迅速发生了改变，其喜悦感一扫而空，而代之以《感旧》所言“古丘残树暮江南，阵阵霜风逼素骖。……枕上涕痕消不尽，夜来魂梦渡龙潭”的整日悲戚和恶梦不止。陈之遴要恢复原职或以其他方式改变这种状况，就需要能在顺治身边发挥力量的人为之周旋，而顺治十年（1653）始设内十三衙门就是吴良辅在顺治身边影响力的一个力证。这样，陈之遴就具备了贿结吴良辅的必要性。

二是顺治十三年（1656）十月陈之遴回京后朝廷的政治环境。前面分析吴良辅在顺治崩后迅即被斩的原因时，我们曾提到在顺治十年（1653）时内监势力的崛起已经改变了中央权力原有的政治生态，现在我们将考察陈之遴由盛京返京师后至吴良辅案发这段时间中央权力的分布形势和平衡状况。顺治在十三年（1656）十月发旨，陈之遴接旨回京最快也要在年底；而十五年（1658）三月吴良辅案已经查实，则其案发时间当更早，所以顺治十四年（1657）的中央权力变化情况将是我们考察的重点。

在此之前，我们先以陈之遴为视角观察此前数年内南北党汉臣势力的变化情况。顺治十一年（1654）三月南党汉臣党首陈名夏被处死，陈之遴

① 吴伟业：《梅村家藏稿》卷四十九，《续修四库全书》第1396册，第274页。

平安摆脱了北党借陈名夏案的穷追猛打之后，及时反思并揣摩圣意，在弥补满汉臣缝隙、消除南、北党汉臣界域方面表现较为得力，因而自顺治十二年（1655）二月起在户部尚书任上陆续恢复了大学士职务和宫衔。此时陈之遴的影响力看似“如初”，实则不然。一是此时其在内院的排名由顺治九、十年的第七、八位降至第十二位[①]；二是其于顺治十三年（1656）三月又在大学士任上以原官发盛京居住，十月赦免回京入旗，回京后一直没有安排实际职务。仅从陈之遴仕清十年来的仕宦沉浮来看，自陈名夏被处死后南党在朝中已经没有什么力量，陈之遴等南党人物成为“孤臣”。伴随着南党的衰落，北党和皇权以及满洲贵族的结合也达到了顶峰，此为有关顺治亲政后政坛研究之通识，不复赘言。

接着，我们开始看顺治十四年（1657）中央权力的分布形势。三院大学士的任职情况是中央满汉官权力变化的风向标，我们且看顺治十四年（1657）三院大学士的任职及排名状况：

> 宁完我、洪承畴、额色黑、图海、成克巩、刘正宗、金之俊、蒋赫德、傅以渐、车克、王永吉、巴哈纳[②]

在此十二位大学士之中，曾经与陈之遴关系较为密切者只有洪承畴、金之俊、王永吉三人。洪承畴在顺治十年（1653）五月后离京“出征西南，再未卷入顺治一朝满汉关系扑朔迷离的泥潭”[③]；而金之俊和王永吉本身即处“孤臣”之列，况且也不能排除这些人就是陈名夏在《答圣秋书》中所言“彼年多难，游徒叛散。挤井下石，反面市恩”的“平昔握手欢好之人”[④]。所以到顺治十四年（1657），“龙游浅滩”的陈之遴在大学士之中已没有什么力量可以借助。顺治亲政初期中央权力大致分布于以下几个板块：皇帝、议政王大臣、满臣、南党汉臣、北党汉臣。但在顺治十四年（1657）

---

① 钱实甫：《清代职官年表》第一册，第6、8页。
② 同上书，第8页。
③ 《洪承畴与明清易代研究》，第264页。
④ 陈名夏：《石云居文集》，《四库全书存目丛书补编》集部第55册，第259页。

时，在清朝中央权力的分布图上内监力量已经异军突起，这股新兴势力大有后来居上之势。借助于皇帝的亲宠，内监可以分享部分皇权或直接影响皇权的实施，这是议政王大臣和其他满汉群臣所不能企及的。顺治时的内监又不能再如明末那样直接参与中央权力，其对皇权的分享也需要通过交结外官来实现。在这种权力格局之下，陈之遴若想自保或改变自身的“孤臣”之境，内监便成了最有可能也是最有力量的借助对象。若此，则陈之遴就具备贿结吴良辅的可行性。

三是陈之遴在顺治十年（1653）三月至十月期间流徙盛京时的生活状态。这次流徙盛京，是以原官身份居住。其在盛京也的确以原官行事，王一元在《辽左见闻录》中曾记载其初次发盛京时的生活境况：

> 顺治间为大学士，偶失上意，以原官闲住奉天。遇公事，位在诸卿之上，犹然大学士也。[①]

《辽左见闻录》是王一元在康熙六十一年（1722）整理旧稿而成，这段文字是其康熙三十一年（1692）之前居铁岭一带时所记，应是辽东故老口耳相传之事，有一定可信度。按王一元的描述，陈之遴在以原官发盛京居住这段日子里，可谓生活优游，不失大学士之体面，和原来相比只不过是暂时远离皇帝身边和京城权力中心而已。陈之遴《浮云集》卷七《初发盛京》，作于其顺治十三年（1656）接旨回京入旗之时，诗中“寓公谢病门常杜，地主多贤辙竞攀”写的也是这一情形。吴伟业《亡女权厝志》中在记载顺治十五年（1658）陈之遴全家流徙盛京时，曾将当时情形与顺治十三年（1656）其以原官发盛京居住时的情形作过对比，其称：

> 狱旬月而后，□全家徙辽左，用流人法，不得为前日比。[②]

① 王一元：《辽左见闻录》，第12页。

② 吴伟业：《梅村家藏稿》卷四十九，《续修四库全书》第1396册，第274页。

从“不得为前日比”也可见陈之遴以原官发盛京居住时的优游状态。从《浮云集》所收诗看，这段时间陈之遴虽有思乡念家之苦，但这种“犹然大学士”的闲居生活使其没有机会反思自己的仕清之路，以致没有意识到自己是“屡有罪愆，叠经贷宥”的罪臣之身。这就为其回京后步步走向“又行贿赂，交结犯监，大干法纪，深负朕恩”的深渊埋下了伏笔。

由于上述三个因素的共同作用，顺治十四年（1657）陈之遴开始交结吴良辅，而其初次贿结当始于顺治十三年（1656）初次流放沈阳时。据董潮《东皋杂钞》：

> 后怒者益甚，安置沈阳，仍予大学士一品俸衔。居既久，因谋赐环，命家人褚正阳以黄金三百赂中官某于上前道及。后阉以他事籍没，事露，为御使以交结近侍参奏，革职长流居辽。①

这段文字的可疑之处颇多，一是既属“怒者益甚，安置沈阳”，又何来“许不久即召”？尤其“许”字，陈之遴此番遭流徙岂非君臣儿戏或政治作秀？二是从“后阉以他事籍没，事露，为御使以交结近侍参奏”看，董潮将顺治十五年（1658）吴良辅案发后陈之遴遭流，归因为其顺治十三年（1656）贿赂吴良辅在召还回京一事上为之斡旋。显然，这与《实录》“前犯罪应置重典，特从宽以原官徙住盛京；后不忍终弃，召还旗下。乃不思痛改前过，以图报效，又行贿赂，交结犯监”一说大不相符。以上两点虽是可疑，但我们不能排除“命家人褚正阳以黄金三百赂中官某于上前道及”有可信之处。徐树丕《识小录》中也曾隐约提到此事：

> 丙申（顺治十三年，1656）四月有沈阳之窜，旋营谋召还为旗下人。②

---

① 董潮：《东皋杂钞》，《丛书集成初编》第2963册，第37页。

② 徐树丕：《识小录》卷四，《笔记小说大观》第40编，第3册，第680页。

那么这次获救使陈之遴再次看到了内监的力量。陈之遴曾亲历明亡，其在明末曾亲历内监左右朝政的时局，这一经历必会给他留下极深的感触。现在，宦官和顺治的亲近和影响力与明末何其相似！陈之遴必然知晓此点，在当时的处境之下自是难抑结交内监的冲动。

（三）吴良辅案对陈之遴的影响及原因

《清世祖实录》中自顺治十三年（1656）十月陈之遴奉旨回京入旗至顺治十五年（1658）三月吴良辅案发这一年多的时间里，居然没有出现过陈之遴的名字，而吴良辅案发后亦未见关于陈之遴的职务描述。由此我们推测，直到吴良辅案发前陈之遴也并未从吴良辅那里获得想要的东西。吴良辅并未给陈之遴提供帮助，可能是陈之遴对其求助的时间较晚，也可能是吴良辅正在等待时机，毕竟陈之遴所要谋取的是内院大学士，至少也应是六部尚书。无奈陈之遴贿结吴良辅未成事而遭流放盛京，且“父母兄弟妻子”并流，累及一家老少三代。关于陈之遴及其家人在流放地盛京的生活场景，我们将在下章考察，此处不复多言。需要说明的是，相对于被处置的同案诸人，顺治对陈之遴的安排已是体现了个人情感。据吴兆骞在《上父母书三》中所言：

> 方年伯尝云：“人说黄泉路，若到了宁古塔，便有十个黄泉也不怕了。”又云：“他生若得流徙沈阳，便是天堂之福。”此皆历历之语，非过激也。①

清初的盛京虽然条件异常艰苦，但和宁古塔相比已有天壤之别。陈之遴同案诸人皆被流徙宁古塔，独其与陈维新二人流徙盛京，可见顺治对其进行处置时还是有所怜悯，应该念及往日陈之遴的职务贡献和君臣之情。尽管如此，顺治在处理吴良辅案时还是彻底抛弃了陈之遴。

陈之遴被顺治彻底抛弃，原因有以下数点：

一是顺治十五年（1658）时，顺治仍是性情乖异，动辄暴怒，而陈之

---

① 吴兆骞：《归来草堂尺牍》，《秋笳集》附录一，第289页。

遴被处分，正是顺治随性暴怒的结果。顺治以少年天子亲政，自有其老成之处，但其毕竟年轻，性格心思有时难免会有“孩子气”。且看《清世祖实录》中所记顺治十六年（1659）三月丁酉（初六）其对大学士刘正宗的训斥之言：

谕吏部：大学士刘正宗经朕简用，赞理机务，望其涵养恢弘，克持大体，以副倚任。今观其器量狭隘，负气多矜，持论矫偏，处事执谬，不过以诗文沽名自喜，罔顾大臣之道，即在朕前议论，一有未合其意则变色不平，务以己意为是。……尔部即遵谕严饬。[①]

此时顺治已亲政八年，莫说汉臣刘正宗，即便是满臣在君臣之间议论朝政时也断不敢“一有未合其意则变色不平，务以己意为是”。因此，此处顺治必是在与刘正宗讲论诗文时居于下风而心生郁闷，但其居然为此而给吏部特下专旨对刘正宗进行“严饬”。再看顺治日常的一些乖异暴戾之举：

师闻上龙性难婴，不时鞭扑左右……师曰：“忞素知皇上长空皓月，不迁不贰，但我皇喜怒与别个不同。恒言有之：‘天子一怒，伏尸万里。’待过后不记早已迟了。”上乃点首曰：“知道了。”后近侍李国柱语师：“如今万岁爷非但不打人，即骂亦希逢矣……”[②]

上述文字出自木陈忞《北游集》，木陈忞曾于顺治十六年（1659）九月至十七年（1660）五月间入宫居住[③]，《北游集》这段文字所记正为此间之事。是则顺治十六年（1659）、十七年（1660）间顺治在宫中尚有鞭扑奴仆之习。通过上述二事，我们有必要考察顺治十五年（1658）吴良辅案发前后顺治的心理状态及情绪反应。治清史者常以媚佛亲宦批评后期的顺

① 《世祖章皇帝实录》卷一二四，《清实录》第3册，第985页。

② 真朴：《弘觉忞禅师北游集》卷四。

③ 陈垣：《汤若望与木陈忞》，《陈垣学术论文集》第一集，第483—484页。

治，但对顺治亲政后的人生稍加体察，即可体味这个少年皇帝的内心。且看《弘觉忞禅师北游集卷》中的数则记载，其一记载了顺治亲政九年来在读书做人方面的自励和清苦：

上一日语师："朕……年至十四，九王薨，方始亲政，阅诸臣奏章茫然不解，由是发愤读书。每晨牌至午，理军国大事外即读至晚，然顽心尚在，多不能记。逮五更起读，天宇空明，始能背诵。"师曰："如五百言一篇文字，皇上要几遍可背？"上曰："六七遍亦强记得来，然半月十日即忘杀矣。朕书皆诵至五十遍，如经四则已背温七次，计前后诸书读了九年，曾经欧血。从老和尚来后，始不苦读，今唯广览而已。"①

上律身极节俭，凡诸服御概从朴素。一日语师曰："朕衣裳非左右请浣，则终岁不更。"举秋罗中衣示师曰："今日斋戒祭祀乃易此耳，然亵服尤然纻葛数经浣濯者。"复指青袍与履曰："出见群臣不好意思，服此妆个体面。若在宫则布鞋布袜，即此靴亦不穿也。"又举腰间黄条曰："此带亦系了五年。"师为熟视，觉已破损。②

其二记载了顺治的身体和精神状况已出现了严重问题：

上一日语师："老和尚许朕三十岁来为祝寿，庶或可待报恩。和尚来祝四十，朕决候他不得矣。"师曰："皇上当万有千岁，覆帱生民，何出此言？"上弹颊曰："老和尚相朕面孔略好看？"揣怀曰："此骨已瘦如柴，似此病躯，如何挨得长久？"师曰："皇上劳心太甚，幸拨置诸缘，以早睡安神为妙。"上曰："朕若早睡，则终宵反侧，愈觉不安，必谯楼四鼓，倦极而眠，始得安枕耳。"……上曰："……年来读书耗气，复有欧血之病，坐此正难调摄耳。"③

---

① 真朴：《弘觉忞禅师北游集》卷三。

② 同上书，卷四。

③ 同上。

上命侍臣取来与师共读，时日已入酉矣。师曰："道忞老眼昏华，跟随我皇不上。"上乃同师立檐前。读竟复入，就坐少顷，上忽作恶，就外欧吐，还语师曰："朕迩来脾气不佳，适行者然烛，触硫黄气，故欧耳。"……师曰："圣躬太劳，乞回宫安息。"上曰："适才老和尚话尤未了。"师为叙讫，上乃回宫。①

上一日语师："朕再与人同睡不得，凡临睡时，一切诸人俱命他出去了方睡得着。若闻有一些气息，则通夕为之不寐矣。"②

在朝廷有政务之压和权力平衡之压，在宫中有自我砥砺和苦行苦学之压，从顺治的身体和精神状况来看，其身体和精力被过度透支。过度透支身体和精力的结果便是厌倦这种生活方式，当时开始厌倦朝政并生发出家之念：

上曰："朕想前身的确是僧，今每常到寺，见僧家明窗净几，辄低回不能去。"又言："财宝妻孥，人生最贪恋摆扑不下底。朕于财宝固然不在意中，即妻孥觉亦风云聚散，没甚关情。若非皇太后一人挂念，便可随老和尚出家去。"③

因身心俱疲而心生厌倦，情绪暴躁易怒，甚至萌生过出家之念。这些迹象表明，巨大的压力使得顺治的身体和心理都出现了严重的问题。而其于佛学当中不仅可以获得一些自我安宁，而且和高僧相处时，因为不必过于讲求君臣之别，佛家的睿智和随意使其非常放松，《北游集》中的顺治常有愉悦开心之时：

携学士王熙、冯溥、曹本荣，状元孙承恩、徐元文至方丈，赐坐，上命学士问。……问："如何是正法眼藏?"师竖拳云："突出难

① 真朴：《弘觉忞禅师北游集》卷四。
② 同上，
③ 同上书，卷二。

> 辨。”又问：“如何是观自在?”师鼓掌云：“还闻么?”复问：“大学之道，在明明德。朱子云：‘明，明之也。’如何是‘明之’底道理?”师云：“问取朱文公去。”士皆无语。上发笑。[1]
>
> 上一日问师：“闻具德为一粗行僧痛打一顿，真有此事否?”师曰：“有之。”上曰：“者僧何处人，见甚么道理敢打善知识?”师曰：“闻是河南固始人，科头赤脚，到处丛林，行杜多苦，行便以己方人，见知识过，如为神农之言者责滕君历民自养底意思。故非但灵隐，即报恩和尚亦思痛下一番毒手，因伺候两月不得其便乃止。”上曰：“老和尚曾着他手么?”师云：“道忞在维扬，曾来会下住了数日，幸而得免。想叨皇上威灵故耳。”上为大笑。[2]

凡此类顺治发笑、大笑之处在《北游集》中不少。作为君王，顺治在“体制内”没有可以交心的朋友，而木陈忞这些“体制外”的有深厚传统学问功底和佛学造诣又善解人意的高僧自然便成了顺治无话不说难以割舍的友人。且看木陈忞离宫还山时顺治的表现：

> 上择五月望旦差包里臣刘之武送师还山。上自凌晨躬候登程，时师早餐未毕，已传圣驾将出矣。师趋立门左，上单骑卒至，见师下马。师前慰上曰：“道忞还山，愿皇上定虑凝神，保佑圣躬……”上曰：“都知道了，老和尚不须挂念。”师曰：“即请皇上还宫。”上曰：“请老和尚上马。”师率诸弟子就道，上骑忽出师右。诸人见驾来，俱欲下马。上止曰：“你们骑马不惯，下了难上，不要回互罢。”上与师并驾行，将及一望，师再三请上还宫，上始回缰。少间，师已抵北苑门矣。上骑复至，促师马首曰：“老和尚还山可着人看朕，朕常着人看老和尚，不要疏间了。”师曰：“恭奉慈命。”上乃与师握手而别。[3]

---

① 真朴：《弘觉忞禅师北游集》卷三。
② 同上。
③ 同上书，卷四。

顺治和木陈忞相处不过半年有余，对其感情和依赖就到这个程度，其和内监相处近二十年，与此必有仿佛之处，焉得不媚佛亲宦？此时，高僧和内监靠自己的身份和职业优势对顺治压力过大的日常生活起到了化解和调剂作用。吴良辅案发时，正值顺治心理问题较为严重的时期。于是在处理吴良辅案时便顺性而为，将主犯吴良辅保护起来，而处置了陈之遴等一批汉官。杨钟羲也主此说，其在《雪桥诗话续集》中谈陈之遴诗词时，开篇即言：

> 章皇帝每大怒，必笑。每大笑不止，则必有大处分。溧阳海昌，或盘水加剑，或窜死穷荒，皆由乾纲独断。[①]

在杨钟羲看来，陈之遴被流放盛京也是顺治性情非常、顺性而为的结果，没有理性目的。

二是顺治朝汉臣结党现象十分严重，又屡教不改，后期顺治对汉臣失望已极。顺治对汉臣结党和屡教不改二事极为反感和痛恨，时时对群臣加以申斥，而陈之遴贿结吴良辅引发了顺治心中对汉臣这两个恶习的积恨。考察《清世祖实录》可知陈之遴在贿结吴良辅一事上正犯此忌。顺治十六年（1659）三月，顺治在教训刘正宗时曾提到：

> 大学士刘正宗……暴戾褊浅，失大臣体，朕仍含容至今。讵意暴戾之性，迄无悛改，褊浅之见，遇事日增。前者陈名夏、陈之遴屡经诫谕，冀其省改，乃罔若罔闻，不自悔艾，卒于宪典，负朕厚恩。今正宗本当从重处分，以示惩戒。但朕……不忍治罪，特加申诫。[②]

按顺治此说，陈之遴之所以因吴良辅案受到极为严厉的处罚，原因便是其屡教不改。顺治在申斥刘正宗时，冀其能够改正前非，故以陈名夏、陈之

① 杨钟羲，《雪桥诗话续集》卷一，第57页。
② 《世祖章皇帝实录》卷一二四，《清实录》第3册，第985页。

遴屡教不改之下场申斥之。由于对汉臣的极度失望，顺治曾生发自己无臣之慨。据《清世祖实录》：

顺治十六年……十一月……壬申（十五），上驻跸昌平州。是日，驾过明崇祯帝陵，凄然泣下，酹酒于陵前。[①]

顺治当时在崇祯陵前凄然泣下的具体情形，李清《三垣笔记》曾载：

又尝登上陵，失声而泣，呼曰："大哥大哥，我与若皆有君无臣。"[②]

基于上述两点分析结论，加之吴良辅案已东窗事发，若不照朝纲而行处置一批涉案者，便无法向朝臣交代，也难遏言官之口，顺治便因吴良辅案发而处置了陈之遴等一批南北党汉臣。

（四）陈之遴流徙盛京的几个细节问题

关于陈之遴一家流徙盛京一事，有四个细节可以考察。

一是在这场举家并流的灾难中，其子妇和孙辈不在发遣之列。吴伟业在《亡女权厝志》中称：

全家徙辽左，用流人法，不得为前日比，独子妇不在遣中。相国命将幼稚归，寓书余曰："余子女不少，患难苦辛惟有容儿夫妇耳。"……女归，舟中举（生育）一男，名之曰环志。……女积忧劳久，病咯血，返而就医郡城。余怜其无依，父子尝相守，二女甥四五岁，颇慧黠。[③]

除吴伟业之女以"子妇"身份不在发遣之列外，陈之遴另有两个"四五

① 《世祖章皇帝实录》卷一三〇，《清实录》第3册，第1005页。

② 李清：《三垣笔记》，顾思校点，中华书局1982年版，第90页。

③ 吴伟业：《梅村家藏稿》卷四十九，《续修四库全书》第1396册，第274页。

岁，颇慧黠”的孙女也未遭并流之祸，否则不可能发生“相国命将幼稺归”之事。

二是对陈之遴一家并流盛京的判罚并未立刻严格执行，而是迟延了一年的时间。《清世祖实录》载：

> 顺治十七年……二月……辛丑（十六），刑部奏言：浙江巡抚佟国器将应流徙陈之遴母吴氏引年老病废律，催提五次不解，延缓日期，请交部议。得旨：陈之遴所犯情罪重大，伊母应速行解部流徙，乃催提五次。佟国器徇情延缓，且代为引律，希图宽免，深为可恶。著革职，兵部差员拏解来京，该部究拟具奏。陈之遴母并伊在籍应流家口，该部差员役通行提解来京发遣。①

虽然顺治十五年（1658）四月即下达“并父母兄弟妻子流徙盛京”的圣旨，但在浙江巡抚佟国器的庇佑下，在近两年的时间里刑部反复催提五次，陈之遴的母亲都未动身赴京转徙戍所。顺治十七年（1660）二月，刑部不复忍耐，将佟国器参到顺治面前，此事方有结果。而顺治对此事的批红中有“陈之遴母并伊在籍应流家口，该部差员役通行提解来京发遣”一语，从中可见未按时赴刑部签转流徙的当不止陈之遴母亲一人，其兄弟和在家乡海宁居住的儿子亦应在内。吴伟业《亡女权厝志》也证明了此点：

> 直方右目眇，于律废疾者赎。女时省余东沧，闻之喜曰：“吾为贵家妇，以有此苦。若骨肉幸以完，当僦居父舍旁，纺枲作活也。”未几……女积忧劳久，病咯血，返而就医郡城。余怜其无依，父子尝相守，二女甥四五岁，颇慧黠，长者教之礼佛，祈直方早归。女凝视长吁曰：“汝父不还矣。”余讶问故。曰：“吾舅姑已行，若止一子，以赎论易耳。余株送者尽室在南安坐，无行色，部檄屡不前。事且有

① 《世祖章皇帝实录》卷一三二，《清实录》第3册，第1020页。

变，变则祸重，至渠何以独免乎?”居两月，果有后命。[①]

“居两月，果有后命”即上文《清世祖实录》顺治十七年（1660）二月辛丑所载之事，由此可见刑部题参佟国器一事非虚。而陈之遴亲属的具体赴遣日期，也可据《亡女权厝志》推知。

> 女……卒于庚子（1660，顺治十七年）五月六日。卒前二十四日而直方在京师与诸兄弟竟同遣云。[②]

庚子即顺治十七年（1660），由此年“五月六日”上推“二十四日”即顺治十七年（1660）四月十二，此为陈之遴诸子自刑部签转盛京的出发日期，距刑部请旨已过两个月。而其母亲和兄弟也应是同时出发，《海宁渤海陈氏宗谱》陈之暹大传中载：

> 及庚子（1660，顺治十七年）坐兄素庵公事远谪盛京，公奉太夫人俱行。时太夫人耄耋修途，侍奉加谨。[③]

三是陈之遴的赴遣日期。可以考察此问题的史料主要有三：

甲、根据吴伟业《亡女权厝志》可大致推考陈之遴夫妇的赴遣时间。陈直方之妻有“吾舅姑已行”之语，其讲此话的时间是在“果有后命”的两个月前，“果有后命”发生在顺治十七年（1660）二月辛丑，则陈直方之妻讲此话的时间当在顺治十六年（1659）末。其时陈之遴夫妇已经动身赴戍所，而从行文的语气推断，陈之遴夫妇仅是已经出发，至于到达与否尚未可知。

乙、陈之遴《浮云集》所收诗亦有助于考出陈之遴夫妇的赴遣时间。其卷六所收为五言律诗，自卷首《发京师》起，依次为《齐化门》、《通州》、《白河》、《三河县》、《蓟州》、《玉田县》、《还乡河》、《丰润县》、《永

---

① 吴伟业：《梅村家藏稿》卷四十九，《续修四库全书》第1396册，第274页。

② 同上。

③ 陈赓笙：《海宁渤海陈氏宗谱》，《清代民国名人家谱选刊续编》第75册，第460页。

平府》、《卢龙驿》、《沙河驿》、《抚宁县》、《山海关》、《凄惶岭》、《中前所》、《前屯卫》、《中后所》、《宁远》、《塔山》、《松山》、《大凌河》、《医巫闾山》、《广宁》、《自小合山之黄白旗堡》、《辽河》，然后是《至盛京》。无疑，这些接续在一起的诗题正描绘除了陈之遴自京师至盛京的路线图。《至盛京》一诗开篇即讲“丰镐兴王地，孤臣再谪居”，可见上述诗歌皆作于陈之遴第二次流徙盛京时，我们可从中获取一些有助于推知陈之遴夫妇的此次赴遣时间的线索。《浮云集》卷六《发京师》：

> 颂系俄经岁，长征欲赴边。有生蒙难数，不死奉恩偏。
> 荒陌催班马，疏林乱晚莺。恐增迁客悲，亲友罢离筵。

“颂系”谓有罪入狱不加刑具的宽赦之举，“经岁”谓一年时间，由此可知陈之遴的赴遣时间和其入狱时间相隔一年。因此，只要判定其入狱时间，便可知其赴遣时间。判定其入狱时间的史料如下：

> 狱旬月而后，□全家徙辽左，用流人法。[①]

《清世祖实录》中对陈之遴案的审结过程有记录：

> 顺治十五年……四月……壬辰，吏部等衙门会议陈之遴……贿结犯监吴良辅……拟立决。得上旨：陈之遴……姑免死，著革职，并父母兄弟妻子流徙盛京，家产籍没。[②]

全家用流人法是在顺治十五年（1658）四月壬辰（二十六），则陈之遴的入狱时间在四月壬辰的“旬月”之前。“旬月”有三义：一个月、十天至一个月、十个月。若“旬月”指一个月或十天至一个月，则其当在顺治十

① 吴伟业，《梅村家藏稿》卷四十九，《续修四库全书》第1396册，第274页。

② 《世祖章皇帝实录》卷一一六，《清实录》第3册，第907—908页。

五年（1658）三月二十六日当天或三月二十六日至四月十六日之间的某天下狱。吴良辅案审结也是在顺治十五年（1658）三月甲辰，三月甲辰即三月初七，顺治在这天出上谕，则在三月初七之前吴良辅案已审毕。王之纲、王秉乾是吴良辅直接供出的人物，故顺治要求即行提拏，而吴良辅未供出者，一概免究。陈之遴即在此应免之列，但不知何故，四月二十六日即被会议并审结。从吴良辅案审结的三月初七到陈之遴案入狱的最早假定时间三月二十六日，中间有半个多月。因此，若“旬月”指一个月或十天至一个月，都可与陈之遴的下狱时间相吻合。是则陈之遴的下狱时间可暂定在顺治十五年（1658）三月二十六日至四月十六日之间。陈之遴的入狱时间已明，据其“颂系俄经岁”诗句，由此时间后推一年便是其离京赴遣时间，即顺治十六年（1659）三月二十六日至四月十六日之间。若此时出发，正值春末夏初之间，即使在三月出发，其和“春”有关的日子也仅有数天而已。但其在卷六《发京师》之后，《齐化门》中有“深春草未青”，《白河》有“犹接御沟春”，《玉田县》有“风尘春遽老”，《凄惶岭》有“边草杀春霜”，《大凌河》有“断岸春流急”，是则陈之遴从离开京师直至大凌河时都正值春季，这是在短短数天之内办不到的。因此，我们推断的顺治十六年（1659）三月二十六日至四月十六日之间这一离京赴遣时间有问题。而在翻检《清世祖实录》时，我们发现顺治十六年（1659）有个闰三月，于是陈之遴的离京赴遣时间可暂定在顺治十六年（1659）三月二十六日至闰三月十六日之间。若此时出发，适值深春，正与其诗所记行程中的景色相符。而其到达盛京的时间，也可据《至盛京》中“寒服暄犹着，春花夏始舒”大致推知。从诗句看，其至盛京时应在顺治十六年（1659）立夏之后，当年立夏日为闰三月十五日或十六日。自京师至盛京路程超过1500里，以日行50里计算，马不停蹄也要30天时间，故即使陈之遴三月二十六日出发，其至盛京的时间也当在闰三月二十六日之后。

丙、吴兆骞《秋笳集》所收一首写给陈之遴之子陈堪永的诗明确记录了陈之遴离京赴遣的时间。吴兆骞《忆旧书情寄陈子长一百韵》一诗中间有自注，自注文字中对陈堪永称“子长”，对陈之遴则称“子长尊人素庵先生”。其中一处注文提到“先生与予皆论谪塞外，先生先予行廿日”[①]。据吴兆骞在《上父亲书（三）》中讲，其离京日期为“闰三月初三日”[②]，由此上推二十日，陈之遴的离京时期当在顺治十六年（1659）三月十三日。

“乙”结论的不足之处在于“经岁”一词存在确指和虚指的不确定性，而我们是暂按其确指义来得出结论的。推出“丙”结论的核心依据是“廿日”，此为吴兆骞“离别欲三年”后的回忆结果，当不致记错，并且与“乙”结论仅差13天。综合上述推断，陈之遴离京赴遣的时间或可定在顺治十六年（1659）三月十三日。

四是陈容永缘何不随父母一并离京赴遣。在读吴伟业《亡女权厝志》时，关于陈容永在陈之遴下狱后的行踪一事，我们一直心存疑问。且看吴伟业原文的相关文字：

> 当相国再以他事下请室，家人咸被系，直方在外舍，未就执，得以其身便服省视，涂炭奔走，见者殆不复识。……狱旬月而后，□全家徙辽左，用流人法，不得为前日比，独子妇不在遣中。相国命将幼稚归，寓书余曰：“余子女不少，患难苦辛惟有容儿夫妇耳。”……女归，舟中举（生育）一男，名之曰环志。环，召也。抵家，住空舍中。……直方右目眇，于律废疾者赎。女时省余东沧，闻之喜……未几……女积忧劳久，病咯血，返而就医郡城。余怜其无依，父子尝相守，二女甥四五岁，颇慧黠，长者教之礼佛，祈直方早归。女凝视长吁曰：“汝父不还矣。”余讶问故。曰：“吾舅姑已行，若止一子，以赎论易耳。余株送者尽室在南安坐，无行色。部檄屡不前，事且有变，变则祸重，至渠何以独免乎?”居两月，果有后命……女病已亟，闻之忧且悸，呕血数升，遂以是卒……卒于庚子五月六日。卒前二十四日而直方在京师与诸兄弟竟同遣云。[③]

---

① 吴兆骞:《秋笳集》卷二，第50页。

② 吴兆骞:《归来草堂尺牍》,《秋笳集》附录一，第281页。

③ 吴伟业:《梅村家藏稿》卷四十九，《续修四库全书》第1396册，第274页。

吴良辅案发后，陈之遴在京师被逮，当时举家被系，唯陈容永事发时不在家而得以幸免，并有“便服省视，涂炭奔走”之举，是则顺治十五年（1658）案发时陈容永并未下狱。后来，陈容永有“右目眇，于律废疾者赎”的希望，但最终于顺治十七年（1660）四月十二日“在京师与诸兄弟竟同遣”。陈容永之妻在陈容永赴遣前即称“吾舅姑已行”，则陈容永的赴遣时间要晚于陈之遴夫妇。我们的疑问是，陈容永缘何未随父母一并出发？父母收狱期间，其一直在京城盘桓，还是亦被收狱？据吴兆骞《归来草堂尺牍》中《上父亲书（三）》，从“儿已于闰三月初三日起身”、“儿此去，尚可暂住沈阳”看，此信写于赴宁古塔途中，时间当在顺治十六年（1659）闰三月至四月。在这封家书中，吴兆骞提到：

> 近有可喜者，海宁相公第四子容永者，系甲午科，以坏一目例应收赎，近以部批留京候议定夺，不随素翁出关矣。①

这一记载可以解释陈容永顺治十六年（1659）三月未随父母离京赴遣的原因。陈之遴在顺治十五年（1658）三、四月间下狱时，陈容永并未同时被系。陈之遴四月二十六被判决后，又在京师刑部监狱停留一年之久，直到十六年（1659）三月十四日方离京。这段时间，陈容永当一直随其在狱中。而其母亲当是入狱后不久便被保出，此猜测所据为吴兆骞在《上父亲书（三）》中所言：

> 家眷到京，俱可讨保在外，惟虞山陆夫人收禁，因无人肯保耳。②

吴兆骞当时因科场案与陈之遴父子共居刑部监狱，其所描述颇能反映刑部对犯属女眷的处置方法。陈之遴夫妇离京出关时共有坚永、容永、奋永、堪永四子在世，既然陈容永没有跟随，余者又有尚在海宁老家直至顺治十

---

① 吴兆骞：《归来草堂尺牍》，《秋笳集》附录一，第282页。

② 同上。

七年（1660）方赴遣者，莫非当时只有夫妇二人出关？据吴兆骞《戊午二月十一日寄顾舍人书》：

> 弟以己亥夏出榆关，抵沈水之阳。海昌相公欲留弟共居一年，沈帅不许。濒行时，其令子子长赠我车马衣裘。①

己亥是顺治十六年（1659），子长为陈之遴六子陈堪永，由此可知顺治十六年（1659）三月陈之遴夫妇离京赴遣时只有 21 岁的季子陈堪永跟随。陈堪永在当时的表现也足以令陈之遴欣慰，据《海宁渤海陈氏宗谱》陈堪永大传：

> 公讳堪永，少保公之季子也。性至孝，年十六能以文章中副车，未几少保公缘事谪奉天，全家被遣，严旨峻切，骨肉仓皇无所措，公独镇静，谓：“从亲塞外，生死相依，何患焉？”奋袂为诸子先，少保公颔之。时公已订婚于徐，万里安置，分无还期，竟不敢娶。堂上欲为公置媵侍，公婉辞之。②

明确了陈之遴流徙盛京的几个细节问题，我们仍有一个疑问未能解决。顺治十五年（1658）四月朝廷正式决定陈之遴并父母兄弟妻子流徙盛京，陈之遴也于顺治十六年（1659）三月携妻徐灿和季子陈堪永赴遣，当时除陈容永以坏一目例应收赎而留京待部议定夺之外，在海宁的两个儿子坚永和奋永、母亲、三个弟弟皆应按旨赴遣，但却在浙江巡抚佟国器的庇佑下得以拖延了一年方才动身，并且刑部反复催提五次都未见效，最终佟国器也因此而被缉拿到京等候处置。佟国器缘何冒险庇护陈之遴在海宁的家人？饶芷瑄在其台湾大学硕士学位论文中也曾留意过这一问题，她认为佟国器

---

① 吴兆骞：《秋笳集》卷八，第 264 页。

② 陈赓笙：《海宁渤海陈氏宗谱》，《清代民国名人家谱选刊续编》第 75 册，第 19 页。

是因为与陈之遴弟陈之暹是儿女亲家而冒此风险①，此说颇有道理。

（五）陈之遴卒于盛京的身后事

陈之遴顺治十六年（1659）闰三月底到达盛京戍所后，一直未被放还，直到康熙五年（1666）九月去世。董潮《东皋杂钞》中对陈之遴卒于盛京一事有过传奇般记载，当是清人附会之作，虽知其不足据，聊备于下：

> 革职长流居辽。一日，骑马过山寺，仰见额题曰“素庵”，讶甚。及入门，一一如旧经历，中一室，扃锢已久。启之，见壁上题诗，即己旧作，因恍惚然悟前生是此庵僧也。既归，忽忽不乐而卒。②

陈之遴卒后的第二年，季子陈堪永也卒于盛京戍所，年仅29岁。据《海宁渤海陈氏宗谱》陈之遴大传：

> 初谪盛京，旋即赐环，复有泥公与中使往还者，乃再谪，不复还矣。殁后五年，圣庙谒陵，徐夫人上疏乞归骨，特命家属扶榇以还，时康熙庚戌十月也。③

由此可知，陈之遴死后五年，至康熙十年（1671）十月清圣祖在盛京谒陵时，其妻徐灿上疏乞归，得到准许。《海宁渤海陈氏宗谱》徐灿外传对其顺利得以请归的原因记载如下：

> 晚遭坎壈，从素庵公谪居塞外十二年，卒能哀籲动天，扶榇以还。当时同被谪者例不得还，即家属叩阍悉不准，准者惟徐夫人一疏。夫人还时，宗人逆于境，问夫人何以得此，夫人曰：“君父之

---

① 饶芷瑄：《陈之遴、徐灿夫妇生平及其诗词研究》，台湾大学硕士学位论文，2009年，第47页。

② 董潮：《东皋杂钞》卷三，《丛书集成初编》第2963册，第34页。

③ 陈赓笙：《海宁渤海陈氏宗谱》，《清代民国名人家谱选刊续编》第75册，第457页。

恩，天高地厚，雷霆雨露，无非教也。人疏鸣冤，我独引咎，故荷鉴怜耳。"①

而董潮《东皋杂钞》对徐灿请归成功的原因另有说法：

夫人徐氏尚在戍所，圣祖仁皇帝行边，以囚妇迎驾。上问有子女否，以孤身对。上悯之，罚修一城，放归。家人褚正阳家资百万，籍以竣功，得归老故籍。②

此说不可遽信，然又无他证可靠，姑备于此。

陈之遴此番流徙盛京时共有坚永、容永、奋永、堪永四子随徙，坚永、容永、堪永分别于康熙元年（1662）、四年（1665）、六年（1666）卒于戍所，至徐灿康熙十年（1671）十月扶榇归乡时，以衰年携孤子陈奋永及其孙辈运四棺而归。徐灿卒年不详，据《海宁渤海陈氏宗谱》陈之遴世传所言，其卒后与陈之遴及其原配沈氏合葬海宁高阳山。

① 陈赓笙：《海宁渤海陈氏宗谱》，《清代民国名人家谱选刊续编》第76册，第265页。
② 董潮：《东皋杂钞》卷三，《丛书集成初编》第2963册，第37页。

# 第四章 《浮云集》中的贰臣流人陈之遴

## ——基于《浮云集》的文献研究

对《浮云集》的文献研究属于传统文献学和文学研究的范畴。我们在本章主要解决两个问题：一是通过对《浮云集》文献本体的研究，梳理其成书过程、版本嬗变和传世情况；二是通过对《浮云集》所收诗歌进行系年和文本细读，还原陈之遴自少年至终老不同人生阶段的生命体验，主要探讨其不同于普通贰臣的兴亡之感、亡国之悲和仕路之悔以及其不同于普通流人的盛京流徙心态。

## 第一节 《浮云集》的成书时间与版本问题

陈之遴在《浮云集》卷首有一篇表达其诗学观点的《自序》，在末尾落款"时康熙丙午仲春上浣，素庵老人书于旋吉堂"。据此，则《浮云集》当定稿于康熙五年（1666）二月上旬。陈之遴于康熙五年（1666）九月十八日卒于盛京戍所，则旋吉堂为其在盛京住所的书斋名。今所见十一卷本《浮云集》版心下端刻有"旋吉堂"三字，据此，若《浮云集》为陈之遴生前自刻，则其初刻本当在康熙五年二月至九月之间成书。若《浮云集》是其死后他人所刻，则其初刻时间便存在不确定性。《浮云集》成书后历经翻刻和整理，版本问题较为复杂。

### 一 民国以前对《浮云集》版本情况的记载

(一)《四库全书总目》中的记载

在《四库全书总目》中《别集类存目》部分称"《浮云集》十一卷，

江苏周厚堉家藏本"[①]，修《四库全书》时开始征集图书是在乾隆三十七年(1772)，则这一时间之前已有一个十一卷本的《浮云集》存世。

(二) 陈敬璋《海宁渤海陈氏著录》中的记载

陈敬璋在《海宁渤海陈氏著录》中对陈之遴《浮云集》有如下记载：

> 《浮云集》十二卷，存，四库书目。敬璋案：是集首赋一卷，次诗十卷、末卷则诗余也。[②]

陈敬璋为乾嘉时人，此《海宁渤海陈氏著录》为陈其谦、陈大伦重辑吴昂驹嘉庆刻本，则嘉庆以前这个十二卷本的《浮云集》就已面世。

(三) 民国二十二年时张乃熊和其《浮云集》版本情况的记载

据张乃熊排印本《浮云集》中的跋文，可知民国时《浮云集》有初印本和重校本之说。据陈其谦跋：

> 同邑管君振志，得《浮云集》原刻，独缺诗余一卷，复以海宁图书馆假重校本补录成书……南林张君芹圃（按：张乃熊字）读而喜之……于是重新印行，悉心校勘。[③]

据张乃熊跋：

> 四库存目后列禁书，纵有初印、重校两刊，而流传不广，多所未见……初印本无诗余一卷，据重校本增入。[④]

其所谓原刻即张乃熊所谓初印本，至于初印本和重校本何时成书何人所刻则不得而知。由此两篇跋文可获知初印本无诗余一卷，当为十一卷本；而

---

① 永瑢：《四库全书总目》卷一八一，下册，第1633页。

② 陈敬璋原编，陈其谦、陈大伦辑：《渤海海宁陈氏著录》，清·第九世至第十五世。

③ 陈之遴：《浮云集》陈其谦跋，民国二十二年张乃熊铅印本。

④ 陈之遴：《浮云集》张乃熊跋，民国二十二年张乃熊铅印本。

重校本则有诗余，当为十二卷本。

可以发现，四库馆臣所见本是十一卷本，陈敬璋所见本是十二卷本。至于张乃熊所谓初印本、重印本与四库馆臣所见本和陈敬璋所见本有何关系已不可知。

## 二 《浮云集》传世各本的相关情况

目前所见有三种清代诗集叙录对《浮云集》的版本问题曾进行过考察，现梳理如下：

（一）邓之诚《清诗纪事初编》

邓之诚提到《浮云集》有两个版本，一是“《浮云集》十二卷，有康熙五年陈之遴自序”。因邓之诚未对版本加以说明，我们对其所见该《浮云集》是刻本还是抄本以及成书年代等情况都不能详知，故对我们而言邓之诚此条文字不具有学术考证意义，可以忽略。二是“别有乾隆十年周星兆重刻本，改题《陈素庵诗钞》”。①

（二）袁行云《清人诗集叙录》

袁行云在为《浮云集》撰叙录时依据的是“民国间张乃熊据旋吉堂本重排”本。该本“十二卷”，为“近代排印本”，“凡十二卷。卷一为赋，卷十二为词，首自序。《四库》列为《存目》”。②

（三）柯愈春《清人诗文集总目提要》

柯愈春对《浮云集》的版本考察较细，其称《浮云集》共十二卷，有四个版本。一是“此集又名《陈素庵诗钞》，有康熙五年自序，诗止于康熙三年，末卷为词，康熙间旋吉堂刻，上海图书馆藏抄补本”。二是“国家图书馆藏乾隆十年周星兆修补本”，该本有周星兆序。三是国家图书馆藏“清抄本”，亦有周星兆序。四是“首都图书馆藏民国二十二年莛圃铅印本，乃据康熙间旋吉堂刻本翻印，改易甚多，无周序”③。需要说明的是，柯愈春称国图藏“清抄本”亦有周星兆序，但经检视原书胶片并无此序。

① 邓之诚：《清诗纪事初编》下册，第776页。

② 袁行云：《清人诗集叙录》上册，第62页。

③ 柯愈春：《清人诗文集总目提要》上册，第51页。

此外，我们又检得两个本子。一是从国家图书馆检得的一部四册十一卷刻本，二是华东师范大学藏十一卷刻本，皆馆题康熙间所刻。

将上述对《浮云集》版本问题的考察结论结合起来，这样，就目前所见《浮云集》共有六个本子传世：一是上图藏康熙间旋吉堂刻十二卷本，二是国图藏乾隆十年周星兆刻十二卷本，三是国图藏十二卷清抄本，四是首图藏张乃熊十二卷铅字排印本，五是国图藏十一卷刻本，六是华师藏十一卷刻本。其中国图藏清抄本已收入《四库禁毁书丛刊补编》出版，华师藏十一卷刻本也已收入《四库全书存目丛书》集部出版。

## 三 《浮云集》传世各本之间的关系

柯愈春称上图抄补本为十二卷，但据我们在上图主页古籍搜索的结果，该抄补本并非十二卷，而是十一卷，其中卷七至卷十一为抄补部分。面对这一状况，因为我们未能检视上图原书，所以此处暂不讨论上图抄补本。

（一）卷数和内容

甲、国图刻本、华师刻本是十一卷本，未收录词。

乙、周星兆本、国图抄本、张乃熊本都是十二卷本，末卷为词。

（二）行款

甲、国图刻本、华师刻本、周星兆刻本、国图抄本完全一样，都是半页十一行，行二十一字。

乙、张乃熊本改为半页十四行，行二十七字。

（三）版式

甲、国图刻本、华师刻本、周星兆刻本版心完全一样，自上而下依次为“陈素庵诗钞、单鱼尾、卷数、页码、旋吉堂”。

乙、国图抄本版心自上而下依次为“浮云诗集、卷数、页码”，无“旋吉堂”。

丙、国图刻本、华师刻本、周星兆刻本、国图抄本各卷页码完全一致。

（四）目录页

甲、国图刻本、华师刻本完全一样，首行为“陈素庵先生浮云集目录”，目录内容疏阔，仅注明各卷体裁：“卷之一赋；卷之二四言古诗；卷之三五言古诗……卷之十一七言绝句；卷之十二诗余嗣出”。

乙、周星兆本目录页首行为“浮云集目录”，次行为“海宁陈之遴素庵著，外元孙周星兆衡台校”，目录内容详尽，具体到诗题：“卷之一赋，并蒂樱桃赋、溯风赋……卷之二四言古诗，吴山、高丘……”。

丙、国图抄本目录页除次行无“外元孙周星兆衡台校”字样之外，其余和周星兆本完全一样。

（五）各卷首页

甲、华师刻本、国图刻本、国图抄本各卷卷首首行皆为“浮云集、卷某”，次行皆为“海宁陈之遴素庵著”。

乙、周星兆本各卷卷首首行亦为“浮云集、卷某”，但次行在“海宁陈之遴素庵著”下添加“外元孙周星兆衡台校”。

（六）文字

甲、卷三第十四页华师刻本“间左繁有徒”，国图刻本、国图抄本、周星兆本皆作“间左繁有徒”。

乙、卷八第十页华师刻本、国图刻本“不劳蓬径过求羊”，国图抄本、周星兆本皆作“不劳蓬径过牛羊”。

丙、卷九第七页华师刻本“孰殴黔首散”，国图刻本、国图抄本、周星兆本皆作“孰殴黔首散”。

丁、卷三第十八页华师刻本、国图刻本、周星兆本“游仙与饮洒”，国图抄本作“游仙与饮洒”。

为直观显示上述区别，我们将其列成表格形式：

| 页码、内容<br>版本 | 卷三第十四页<br>间左繁有徒 | 卷八第十页<br>不劳蓬径过求羊 | 卷九第七页<br>孰殴黔首散 | 卷三第十八页<br>游仙与饮洒 |
|---|---|---|---|---|
| 华师刻本 | 间 | 求 | 殴 | 洒 |
| 国图刻本 | 间 | 求 | 殴 | 洒 |
| 国图抄本 | 间 | 牛 | 殴 | 洒 |
| 周星兆本 | 间 | 牛 | 殴 | 洒 |

（七）刻工字迹

甲、华师刻本目录部分与正文部分刻工字迹不一致，国图刻本目录部分与正文部分刻工字迹也不一致。华师刻本、国图刻本目录部分的刻工字迹完全一致，两个本子正文部分的刻工字迹也完全一致。鉴于此，若不是这两个本子存在第（六）条的差别，则完全可判定为出自同一版。

乙、华师刻本、国图刻本正文部分自始至终刻工字体保持一致。

丙、周星兆本目录部分与正文部分刻工字迹不一致。周星兆本卷一至卷九全部、卷十首行、卷十一全部刻工字迹与华师刻本、国图刻本完全一致，但卷十次行以后的部分、卷十二全部不再与华师刻本、国图刻本一致，由横细竖粗的经典宋体字变为偏向略带欧体痕迹的仿宋体。这也正是周星兆本作为修补本的修补部分。

丁、周星兆本各卷卷首次行所的添加“外元孙周星兆衡台校”十个字刻工字迹与同页其他字迹不一致，即使目录卷、卷十以后各卷都同样如此。由此可以断定的是，周星兆本是在一个已有的底版上迳直添刻“外元孙周星兆衡台校”而成，而这个底版前九卷与华师刻本和国图刻本所用底版相同，九卷以后的底版则是周星兆请人补刻。

下面对上述各项的考察和分析进行综合处理：

（一）为何华师刻本、国图刻本、周星兆本行款、页码、各卷首页、版式方面有高度的一致性？

从行款、页码、各卷首页、版式看，华师刻本、国图刻本、周星兆本完全一致，从刻工字迹看，华师刻本、国图刻本与周星兆本的前九卷也完全一致，则华师刻本、国图刻本、周星兆本来自同一块底版。国图抄本除版心内无“旋吉堂”三字，在行款、页码、各卷首页、版式方面与华师刻本、国图刻本、周星兆本都一致，则国图抄本与这三个刻本之间存在三种可能的关系：或前者脱胎于后者，或后者脱胎于前者，或三者脱胎于同一块底版。这就表明，华师刻本、国图刻本、周星兆本、国图抄本极有可能来自同一块底版。

（二）既然华师刻本、国图刻本、周星兆本、国图抄本来自同一块底版，为何在目录页、字迹、版心、文字、卷数等方面存在明显的差异？

《浮云集》是陈之遴在盛京戍所时手自编次，以其当时的经济条件和交游环境不太可能具备刻印条件，因而陈之遴手自编次的这部《浮云集》

当为抄本无疑，康熙十年（1671）其妻徐灿扶柩回乡时把这个抄本带回了海宁。据查义《选佛诗传》："曹倦圃言素庵集名《浮云》，十之一二，非全本也"①。曹倦圃即曹溶，浙江嘉兴人，和陈之遴算是同乡，康熙十三年（1674）后回乡居住直至去世。又据邓之诚《清诗纪事初编》：

> 溶在崇祯时，与龚鼎孳同有声台谏，入清后……又与陈之遴同年相善，其降职正坐党陈也。②

则曹溶必当亲见过徐灿带回海宁的这个自抄本。从曹溶的描述看，这个盛京自抄本的篇幅很大，后来其见到的所谓《浮云集》篇幅只有这个自抄本的十之一二而已，是一个缩略本。而修于康熙十四年（1675）的《海宁县志》有这样的记载：

> 遴少善诗，谪后诗益工，所著有《旋吉堂集》、《浮云集》，诗文数十万言。③

这一记载可佐证曹溶对带回海宁的陈之遴盛京自抄本《浮云集》篇幅的描述。因此，可以肯定今所见各本《浮云集》的祖本都是缩略陈之遴的盛京自抄本而成。曹溶去世是在康熙二十四年（1685），由此，缩略后的《浮云集》无论是刻本还是抄本，其出现当在康熙十年（1671）至康熙二十四年（1685）之间。

明确了今所见各本《浮云集》的祖本都是从陈之遴的盛京自抄本缩略而来，就可解决我们刚刚提出的疑问。

（1）国图刻本、华师刻本、周星兆本前九卷的刻工字迹完全一致，这说明这三个刻本用的是同一块版。国图刻本、华师刻本目录页与正文的刻工字迹不一致；周星兆本目录页与正文的刻工字迹也不一致，这就出现一

---

① 钱中联：《清诗纪事》，第1559页。

② 邓之诚：《清诗纪事初编》下册，第741页。

③ 许三礼：《海宁县志》名臣卷，《中国方志丛书》华中地方第561号，第980页。

块版两种目录的情形，说明它们在用来重新刷印时曾分别重刻过目录页，也就表明华师刻本、周星兆本皆非康熙年间初印本，三者都是重印本。康熙间在刻印部头较小的诗集时不设目录页是常见现象，所以这个康熙间初印本很可能本来就没有目录页，国图刻本和华师刻本与周星兆本的目录页当是它们的重印者在得到康熙间原版后分别增刻而成。

（2）华师刻本、国图刻本、周星兆本、国图抄本目录页书名与各卷卷首书名不一致的问题。华师刻本、国图刻本、周星兆本、国图抄本各卷首页一致，各卷首页首行均为“浮云集卷某”，次行均为“海宁陈之遴素庵著”，此为清代刻书的通例，也是陈之遴盛京自抄本的和康熙间初印本的原貌，同时此也表明陈之遴盛京自抄本的书名为“浮云集”，这也正与其在自序里所言“命之曰浮云”相合。

但这四个本子目录页的书名与各卷卷首的书名不一致，国图刻本、华师刻本目录页书名作“陈素庵先生浮云集”，周星兆本、国图抄本目录页书名作“浮云集”。这种差异说明两点，一是国图刻本与华师刻本关系更近，而周星兆本与国图抄本关系更近；二是国图刻本、华师刻本、周星兆本、国图抄本重印（重抄）时在增刻的目录页中各自进行了不同的命名。

（3）国图刻本、华师刻本、周星兆本、国图抄本在版心书名的差别问题。国图刻本、华师刻本、周星兆本版心书名为“陈素庵诗钞”，而国图抄本版心书名为“浮云诗集”。国图刻本、华师刻本、周星兆本版心书名为“陈素庵诗钞”，是由于国图刻本、华师刻本、周星兆本前九卷用的是同一块版。然而，国图抄本与周星兆本关系更近，二者目录页的书名和内容都完全一致，文字差异也一致[①]，国图抄本甚至可以看成是周星兆本的清样本，又为何版心书名不一样呢？

且看张乃熊在跋文中对其民国时所见《浮云集》初印本和重印本特征的一些细节描述，他站在其活字重排本的视角写了下面这段话：

---

① 按：卷三第十八页作“游仙与饮酒”之“酒”，周星兆本、国图刻本、华师刻本均误作“洒”，唯国图抄木作“酒”，当是抄者随手改正了这 失误。因而“酒”、“洒”的差异并不影响我们对国图抄本与周星兆本关系所作出的判断。

卷三，十页“闾左繁有徒”，初印本“闾”误“间”；卷六，一页“深春草未青”，初印本“未”误“木”……卷八，八页“不劳蓬径过求羊”，重校本竟误改“求羊”作“牛羊”。

再看陈其谦的跋文：

得《浮云集》原刻，独缺诗余一卷，复以海宁图书馆假重校本补录成书。

可见他们所谓初印本是十一卷本，所谓重印本是十二卷本。根据二人的描述，从文字和卷数看国图抄本不具有其所谓初印本的特征，反而与重校本的特征相合，属于重印本系统。同样是在乾隆年间，四库馆臣见到的是十一卷本，而陈敬璋见到的是十二卷本，这就表明在乾隆时《浮云集》就有初印本和重印本的区别，而周星兆本不仅成书于乾隆十年（1745），并且恰恰在文字和卷数上与张乃熊和陈其谦所言重修本的特征完全相合，则张乃熊、陈其谦所谓初印本自然是康熙间刻本，而其所谓重校本就是周星兆本。所以，国图抄本或是从周星兆本抄出，在抄录时将版心题名“陈素庵诗钞”改为“浮云诗集”，并省减了“旋吉堂”三字。

（4）既然国图刻本、华师刻本、周星兆本前九卷用的是同一块版，为何这三个刻本在刻工字迹完全一致的前九卷中文字上又各有差异？如卷三第十四页华师刻本“间”，国图刻本、周星兆本皆作“闾”；卷八第十页华师刻本、国图刻本“求”，周星兆本作“牛”；卷九第七页华师刻本“毆”，国图刻本、周星兆本作“敺”。这说明这三个本子当是先后由同一块版挖改而成，而这块被挖改的版当于康熙十年（1671）至康熙二十四年（1685）间缩略陈之遴盛京抄本而刻成，即康熙间初印版。

（5）国图刻本、华师刻本、周星兆本、国图抄本的文字差异问题。据张乃熊跋：

其重校本改正之字，卷三十页“闾左繁有徒”，初印本“闾”误

"间"；卷六一页"深春草未青"，初印本"未"误"木"。此类均从重校改正。如卷八八页"不劳蓬径过求羊"，重校本竟误改"求羊"作"牛羊"，殊非是，仍从初印。有明知初印、重校两本俱误，如……卷九……五页"孰殴黔首散"，"殴"当作"敺"。

据此，则上述各字在初印本中依次作间、木、求、殴，而在重校本中依次作间、未、牛、殴。且看国图刻本、华师刻本、周星兆本、国图抄本这几处文字的差异：

| 版本＼页码、内容 | 卷三第十四页<br>间左繁有徒 | 卷六第一页<br>深春草木青 | 卷八第十页<br>不劳蓬径过求羊 | 卷九七页<br>孰殴黔首散 |
|---|---|---|---|---|
| 华师刻本 | 间 | 木 | 求 | 殴 |
| 国图刻本 | 间 | 木 | 求 | 敺 |
| 国图抄本 | 间 | 木 | 牛 | 敺 |
| 周星兆本 | 间 | 木 | 牛 | 敺 |

可以发现，与张乃熊所谓初印本相比，华师刻本完全一致，国图刻本有1处相符；国图抄本和周星兆本与所谓重印本完全一致。这就说明华师刻本用的是康熙初印本的版，虽然增刻了目录页，但对康熙初印本原版一字未改；国图刻本用的也是康熙初印本原版，但挖改了明显有误的几个字；周星兆本前九卷、卷十首行和卷十一用的也是康熙初印本原版，但挖改之处要多于国图刻本。周星兆本与张乃熊所谓重校本在文字上完全相符，卷数也一致，则周星兆本当为张乃熊所谓重校本。从文字看，当是华师刻本先出，国图刻本后出，但二者都早于乾隆十年周星兆本；而国图抄本和周星兆本属同一时代，很有可能从周本抄出，抄出时改名浮云诗集以更切近康熙初印本原书名，但不知为何将版心"旋吉堂"删除。

（6）华师刻本、国图刻本、周星兆本、版心书名与目录页书名不一致的问题。

正常情况下版心书名与各卷卷首书名当、目录页书名当一致。华师刻本、国图刻本、周星兆本各卷首的书名"浮云集"为陈之遴盛京自抄本原貌，康熙间初印在缩略盛京自抄本时保留了这一原貌，这三个本子的版心书名“陈素庵诗钞”也是缩略者当时所加。这三个本子的目录页有“陈素庵先生浮云集”和“浮云集”两种书名和两种字迹，这说明康熙间初印本曾被两个不同的人增刻过目录部分，则今所见刻本皆非康熙初印本原貌，但面世时间有先后。

（7）华师刻本、国图刻本、周星兆本、国图抄本的卷数不一致问题

四库馆臣见到的是乾隆三十七年（1772）之前成书的11卷本，乾嘉时陈敬璋见到的是12卷本。周星兆本成书于乾隆十年（1745），又据张乃熊跋：

> 初印本无《诗余》一卷，据重校本增入。

则四库馆臣所见本或为康熙初印本，或为华师刻本，或为国图刻本，陈敬璋所见则是周星兆本无疑。

至此，经过上述综合处理后我们可以给《浮云集》各本的成书先后及过程作出结论：

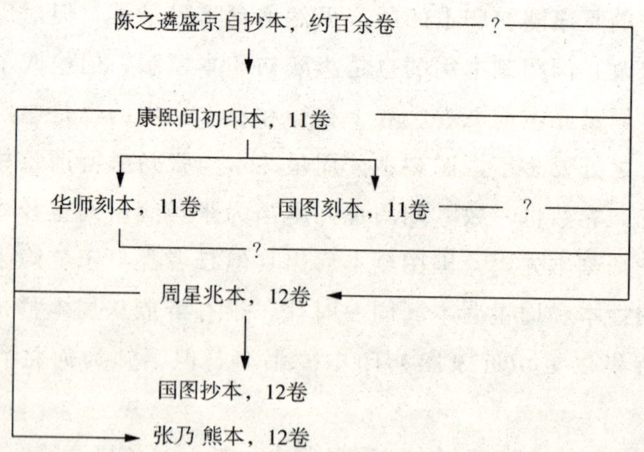


在上述《浮云集》各传世本中，华师刻本和国图刻本是最接近于康熙间初印本原貌的本子，二者正文部分用的都就是康熙间初印本的原版，并各自增刻或重刻了目录页。但华师刻本全书未挖改一字，而国图刻本在校

勘后挖改了个别文字。周星兆本和张乃熊本是校勘重印本，在改正康熙间初印本讹文的同时各自又出现了一些新的讹误，但内容比华师刻本和国图刻本完整，多出了诗余一卷。

## 四 《浮云集》所收诗的时间跨度

今所见《浮云集》有十一卷本和十二卷本，十二卷本多出词一卷。十二卷本又分康熙刻本、康乾之间刻本、乾隆十年刻本、民国刻本和一个清抄本，其中民国刻本较之其他各本多出《竹枝词》两首，是目前所见内容最为完整的版本，也是唯一有校勘记的版本，李兴盛标点本《浮云集》正是以其为底本进行整理。

民国张乃熊刻本《浮云集》是目前所见内容最为完整的版本，从目录的题目数量看，计有赋一卷五篇，四言古诗一卷七首，五言古诗一卷三十六首，七言古诗三十一首，五言律诗一卷七十首，七言律诗两卷一百二十九首，五言排律一卷二十五首，五言绝句一卷五十二首，七言绝句一卷五十八首，诗余一卷九十三首。因存在一题数诗和一题数词的情况，所以从正文看，《浮云集》中共保留了陈之遴的诗歌七百七十余首，词一百余首。诗词数量虽然较多，但这远非陈之遴生前作品的全貌，仅占其诗词总量的一小部分。据陈其谦称：

> 先七世从祖相国素庵公著作甚富，而诗为尤多。按族祖半圭公辑《渤海著录》，《浮云集》外尚有《旋吉堂集》，云佚；《浮云续集》二册……《百一稿》八卷，“百一”云者，存百中之一，公诗之富可知矣。[①]

查“半圭公”陈敬璋《海宁渤海陈氏著录》原文，尚有一语陈其谦未引：

---

① 陈之遴：《浮云集》陈其谦跋，民国二十二年张乃熊铅印本。

惜乎其未刻者散佚而不存也。①

而前面已言，和陈之遴同时代的曹溶谓刻本《浮云集》篇幅仅为陈之遴盛京自抄本的十之一二，据陈其谦、陈大伦在《海宁渤海陈氏著录补遗》载：

《浮云续集》十二卷，见郡志，写本，鳣藏。

则陈之遴盛京自抄本的剩余部分当即此《浮云续集》。可见，今所见《浮云集》所记只是陈之遴一生经历的点滴片段而已，似乎不足以作为研究陈之遴生平的依据。但《浮云集》所收诗词的时间跨度极大，从有明确纪年的诗题来看，最早的一首是五言律诗《戊辰下第作》，作于其崇祯元年（1628）第二次参加会试失败时，最晚的一首是七言绝句《甲辰元夕》，作于康熙三年（1664），可见《浮云集》中的诗词至少覆盖了陈之遴生命的45年。陈之遴万历三十三年（1605）生，康熙五年（1666）卒，享年62岁。无疑，《浮云集》记载了陈之遴自24岁至60岁的生命历程，我们可据以捕捉其青年、中年和老年三个人生阶段的所遇、所感、所思。从诗意判断，《浮云集》中诗歌最早有作于天启末年者，如卷七《漕事杂诗》写的是明末辽东战事和农民起义对朝廷财政和税收的影响。

## 第二节 明朝及南明时期的陈之遴

### 一 出仕前对朝政的关注和对时局的隐忧

万历四十一年（1613）陈之遴9岁时，其父陈祖苞进士及第后任昆山令，并兼摄太仓守，后因忤逆秉政要人而离职乡居数年。陈祖苞天启四年（1624）起为永平推官，天启五年（1625）升兵部职方管山海关事务，不

① 陈敬璋原编，陈其谦、陈大伦辑：《海宁渤海陈氏著录补遗》，清·第九世至第十五世。

久就因得罪魏忠贤而镌官，到崇祯元年（1628）又以都察院右副都御史备兵宁前，后接连丁父母忧，崇祯八年（1635）再次备兵宁远，到崇祯十年以都察院右副都御史巡抚顺天。其间，天启五年（1625）和崇祯八年（1635）陈之遴曾两次赴辽东省视陈祖苞。再考虑到陈之遴自天启五年（1625）至崇祯十年（1637）曾先后五次自海宁赴京师参加春闱，可以看出其在崇祯十年（1637）33岁初次出仕明朝之前已走遍自江南至京师再至辽东的明朝版图。这样的家庭背景和路途亲历使陈之遴对朝政和时局有着异于常人的敏感和关注。

（一）记载了天启年间辽东战事和农民起义对财政和税收的影响

卷七《漕事杂诗》共有8首诗，记录了万历、天启和崇祯前期的漕运情况，现分述如下。

《漕事杂诗》其三：

> 丰穰神庙鲜凶灾，高廪如墉拥蓟台。万斛锦帆嬉道路，九衢玉粒餍舆台。
>
> 护堤节使金籯满，挽粟材官绮席开。一夜辽阳鞞鼓急，大农庚癸日相催。

此诗讲述了万历中兴时代京城的国家赋粮储备十分充足，但后来饷粮的船运工作纰漏很大，粮耗惊人。运粮途中监守自盗情况十分严重，以至于盗粮者在街道上洒落的粮食就可让饿肚子的人吃饱，负责押运的高级官吏个个“金籯满”，即使低级官吏也可以借此大吃大喝。长此以往，导致国家赋粮储备日渐亏空，到万历末年辽东战事爆发时，户部就不得不日日催逼地方官向民间借贷粮食以充军饷。

其四：

> 量沙未饱关东戍……九塞盐官输粟令……
>
> 芳搴湮后征求急，不是皇恩隔九阍。

自天启元年（1621）后金攻陷辽阳、沈阳等地，占领辽东大部分地区后，随着明朝军队大规模向辽东的调遣，辽东饷粮亏缺十分严重，到了官兵人人自危的地步，即使以沙袋充数也不能稳定军心。然而祸不单行，崇祯元年（1628）陕西等地先后大灾，出现了全国性的大饥荒。在这种情形之下，即便农民灾后无产，朝廷也只能急征暴敛。此时尚未出仕的陈之遴站在朝廷的角度宣称灾后急征古来就有，是朝廷的无奈之举，并非皇帝对百姓寡恩。

其五：

书纷白羽东输急，道梗黄巾北上迟。飞挽诸司尽无状，更烦中贵出旌麾。

一方面是辽东急饷，另一方面是道崇祯六年（1633）时陕西农民起义军已以蔓延到河南一带，阻断了自江南至京师的运粮通道。面对这一难题，明廷官吏上下无方，只好遣太监出京监军，督运粮草。

其七：

耰锄何地求遗种，竿木频年长乱风。自是庙堂忧盗寇，非关无意悯农功。

崇祯前期频年的灾害、辽东战事和镇压农民起义的消耗使得明廷对百姓早已搜刮殆尽，即使农民有种地的念头，也无处求得粮种，农民所面临的只有一条死路。而其原因，陈之遴认为是频仍的农民起义战乱所致，并进一步提出朝廷是因为面临内盗外寇双重忧患才无奈将种地农民逼上绝路。

（二）记载了崇祯初裁汰锦衣卫的背景及实际情形

卷四《白靴校尉行》：

长安春昼苍鹰鸷，万人侧目心胆碎。豺形蜂眼四五辈，白靴腾腾半醒醉。

投身初属执金吾，刺奸兼隶中常侍。三寸薄蹏手密封，重瞳夜彻天阊秘。

讙呶昨获关东书，反接朝收岭南使。更有累缚连如鸡，舌挢不敢问何事。

须臾论决钳网间，大者斩戮小编刺。白靴飞扬趾益高，一事一阶酬其劳。

银筝锦瑟日高会，鸣珂结驷驰兰皋。修蛾北里正醉歌，冤魂西市方呼号。

近闻下诏颇汰斥，岂知辇毂皆此曹。舞文罢吏不义奴，探丸恶少椎冢豪。

一朝窜籍名锦衣，马前倏忽罗旌旄。君不见，衣绯横玉印如斗，前年犹曳白靴走。

此诗以亲历者的身份讲述了崇祯初年裁汰锦衣卫的相关情况。从诗中可以看出，崇祯即位前后锦衣卫的职能是以“执金吾”身份护卫皇帝、“刺奸”，由宦官统领。因其直接对皇帝负责，是皇帝的亲信，可以“三寸薄蹏手密封，重瞳夜彻天阊秘，”再加上脱离了官僚系统，因而职权极为特殊，可以直接拘拿审问并处置官员。因其手段狠辣，朝廷和各地官员被锦衣卫反接累缚后甚至不敢询问缘由，只能听其摆布。到天启年间，明廷官僚的生命一度掌握在锦衣卫手中，故陈之遴有“长安春昼苍鹰鸷，万人侧目心胆碎”之说。锦衣卫也因此而飞扬跋扈，醉生梦死，“豺形蜂眼四五辈，白靴腾腾半醒醉”，“银筝锦瑟日高会，鸣珂结驷驰兰皋”。锦衣卫有专断滥杀之权，“须臾论决钳网间，大者斩戮小编刺”，便借此制造冤案，“修蛾北里正醉歌，冤魂西市方呼号”。崇祯即位后，虽然开始“汰斥”锦衣卫，但并未取得改观。不仅如此，情况甚至有所加重，一个重要表现是崇祯时期锦衣卫的构成变得更加恶劣。舞文罢吏、不义奴等品质恶劣之人和探丸恶少、椎冢豪等亡命之徒“一朝窜籍名锦衣”，数年间便可“衣绯横玉印如斗”，崇祯时期锦衣卫的斑斑恶迹由此不难想见。

## 二 崇祯元年（1628）至十年（1637）间五次参加春闱考试的经历和体验

《浮云集》中收录了陈之遴的三首下第诗，皆作于放榜后不久，这三首诗的心绪集期盼、忧虑、紧张和失落、无奈甚至难堪于一体，起伏性很大，因而颇能体现其在科考道路上的苦痛和人生道路上的成长。卷五《戊辰下第作》作于崇祯元年（1628），陈之遴时年24岁。戊辰科进士考试是其第二次参加礼部春闱，从“网罗非独漏，黼黻固多贤”来看，第二次落榜后的之遴并无怨怒之感，毕竟来日方长。而从“此归殊不悲，未许俗人怜”一句，又足见其年轻所导致的气盛、自负、敏感和脆弱。卷五《辛未下第作》作于崇祯四年（1631），时年之遴27岁。“先达持衡当，微长入彀难”，这是之遴第三次入京参加春闱考试，落榜后的之遴依然不怨不怒，将原因归于自己仅具“微长”学识不够，并且已开始感受到通过进士考试“入彀”这条路的难度，三年前的气盛和自负也开始被消磨。“色养三年在，高堂意必欢”，经历过三次失败的之遴，在心理上也开始成熟，此时已开始学会平静地接受现实并消解抑郁、开脱自我。卷六《甲戌下第作》作于崇祯七年（1634），时年之遴30岁。这是陈之遴第四次春闱落第，“穷达亦何有，惟嗟状岁徂”，陈之遴对落第的无奈和对“状岁”的焦灼之感已油然而生。连续经历过四次打击之后，之遴开始痛苦地怀疑自我，这种自我否定使其难以接受，终发出“欲泣元非玉，频投敢谓珠”的感慨。“良朋半腾达，身遇复何殊!”一方面是自己的连续败北，自天启四年（1624）中甲子科乡试后至今已过九年，仍为举人之身，未登仕途；一方面是那些本与自己处于同一起跑线上的“良朋”纷纷“腾达”，身份境遇和自己已然拉开距离，心高自负的陈之遴面对这种“身遇复何（多么）殊”的新的人生对比，其心头的焦灼之痛可以想见。

## 三 崇祯十年（1637）初次出仕时的政治环境和自我处境

崇祯十年（1637）三月中进士后至崇祯十二年（1639）陈祖苞下狱

前，侨居京城西隅时的陈之遴度过了一段美好的时光。卷三《合欢树》所映照的恰为这段时期陈之遴初仕明朝时的心境。其小序云：

> 合欢树，陈子邸中树也。……陈子悦之，作此诗也。

其诗云：

> 秀色擢华滋，叶叶相对生。吐华如朱丝，灼灼照前楹。

此时的陈之遴历经十年时间五次春闱，以榜眼身份入翰林院任编修，正是春风得意马蹄疾之时，而父亲陈祖苞也是方被擢为顺天巡抚。当日生活的闲适、爱情的滋润、心情的轻快自然地闪烁在这些简单的文字之中。其在为妻子徐灿《拙政园诗余》作的序中对这段时光有过追忆，这篇序作于顺治七年（1650）夏至日，现引述如下：

> 丁丑通籍后，侨居都城西隅。书室数楹，颇轩敞。前有古槐垂荫如车盖，后庭广数十步，中作小亭，亭前合欢树一株，青翠扶苏，叶叶相对……余与湘苹觞咏其下，再历寒暑。闲登亭右小丘，望西山云物，朝夕殊态。时史席多暇，出有朋友之乐，入有闺房之娱。①

这段文字是陈之遴十余年之后的追忆，这段生活也是其一生中最美好的回忆，但这并非其初次出仕时的全部感受。

随着对朝廷事务的不断融入和了解，首先映入其眼帘的一个乱象便是边帅与朝中权臣和宦官勾结，大肆贪占军饷。卷三《朝出蓟东门》：

> 朝出蓟东门，车毂蔽衢路。中輂天帑金，榆关饷饥戍。一车载

① 徐灿：《拙政园诗余》陈之遴序。

百镪，百车岂知数。

扬尘浩漫漫，互与数骑遇。云奉大帅令，京师徇公务。

负橐何累累，疑即此金贮。车马互往还，无乃太劳骛。

初入仕路的陈之遴在面对边帅以军饷金贮行贿京师权臣、宦官时，一身书生意气地写出了“车马互往还，无乃太劳骛”这样的讽刺文字。因其初入仕途时满身书生意气，便难以融入当时乱象丛生的明廷，于是甫一做官便生归心。

卷三《杂诗》其一：

天风若轮驰，吹我上紫宫。咫尺帝座间，回惑不敢通。易辙俯洪渎，百川汇其中。孰谓波涛深，修梁如蹇虹。利涉岂无具，裹足量所从。返驾将焉如？庶几秋乔松。

虽然陈之遴的仕路起点较高，但其根本无法顺利融入崇祯朝中央权力的中心，而如果不朝着这个方向努力并靠拢，便会面临“波涛深”的“洪渎”。但在陈之遴看来，还是有路可退，只是暂时没有想好“易辙”后趋向何方，于是才“裹足量所从”。

其二：

有鸟集阿阁，振吭流清音。羽毛辱珍爱，华屋非所任。素素厉修翰，逝将归故林。故林无安柯，逸翮犹见禽。鸱鸮啸高堂，鹯隼盈幽岑。击飞穷天高，嗛潜极渊深。戢翼待嘴剔，至死终如喑。四海莫不然，念此寒我心。仰视浮云驰，回翔以沉吟。

陈之遴认为自己因在“阿阁”“振吭流清音”而“华屋非所任”，无奈之下决定“修翰”“归故林”，但故林也无法安身，因为鸱鸮和鹯隼无所不在无所不及，自己却弱小无奈，只能“戢翼待嘴剔”，更令其绝望的是“四海莫不然，念此寒我心”。

其三：

> 佳人从何来，云自吴越间。皎皎谢膏沐，扬若芬芳兰。但燕赵充后庭，抑蔽不听前。素手理朱琴，闻者乃不欢。筝筑竞繁声，上彻青云端。更弦效其音，洵美非所安。

只要陈之遴愿意，其有机会融入崇祯朝廷，办法便是“更弦效其音”，让“闻者”欢。那样做虽然“洵美”却“非所安”。

尽管对被排斥在崇祯朝廷的中心之外，陈之遴还是对明朝充满情感，这主要体现为其对宦官当政的反思和时政的关心。

卷三《杂诗》其四：

> 揽辔行遨游，乃至城北隅。崇基亘荒阜，云是貂珰居。隆栋摧作薪，奇树为马刍。……公卿拜车尘，庶尹以膝趋。灼若火燎原，触者燔其躯。势极取灭亡，炎鼎亦已渝。小雅刺匪诲，哲后慎厥初。伤哉窦与陈，千载令人嘘。

天启七年（1627）魏忠贤自杀，至此时已十年有余。陈之遴闲暇时骑马经过京城北隅魏忠贤故居，昔日高屋名树今已尽毁，当年魏忠贤势极之时，却是“公卿拜车尘，庶尹以膝趋”、“触者燔其躯”。陈祖苞被魏忠贤矫旨镌官时陈之遴已21岁，对天启年间的宦官当政有着相当的切身体会。

其五：

> 龚君往渤海，天子召问之。言贼是赤子，弄兵于潢池。乱民如乱绳，缓之始可治。天子然其言，得以行胸怀。悉罢捕贼吏，但问其所持。田器为良民，持兵乃拘推。群盗闻教令，解散归畲菑。

龚君为何人不详，但通过此事可见崇祯朝平定河北、山东一带农民起义的手段。崇祯十二年（1639）五月，河南、河北、山东灾害频繁、饥民遍野，爆发起义。陈祖苞该年七月狱中自杀后，陈之遴还上疏请邮符、请孝字号勘劾守制。可见，五月时陈之遴还在正常工作。其职责是掌六曹章奏事，故得以获知龚君此事的来龙去脉。

崇祯十年（1637）三月中进士后，陈之遴度过了既美好又苦闷的两年时间，在其尚未摆脱掉身上的书生气时，崇祯十二年（1639）三月父亲陈祖苞便因墙子口失守一事含冤入狱，到五月时被主政的大学士杨嗣昌以“城陷”罪论处弃市。陈祖苞为表明清白于行刑前一日在狱中饮药自杀，受此牵连，陈之遴也永不叙用。

卷三《四月晦夕作》：

飘风响高柳，烦襟颇萧散。良友五六人，杯酒错欢叹。头须几何时，忽逐青紫换。荣名信可慕，得之或非算。仰视长河倾，鸣鸡又将旦。

这首诗作于崇祯十二年（1639）四、五月间陈祖苞被论罪期间，那一时期的陈之遴经常彻夜不眠。其当时的心境在卷三《久雨》中更为具体：

羁人意昏墨，视天亦复尔。重阴若愁面，十日无一喜。

《杂诗》其八则详细描写了父亲冤死、自己遭禁锢后的处境：

大阳丽中天，回光照葵藿。华阂赫初构，弱躯幸栖托。竭此精卫力，荼荠靡所择。女欢不毕席，去我如振落。观者或太息，群小迭相虐。进乏宫壶援，退鲜林莽乐。

两年前沐浴皇恩高中榜眼后，陈之遴满负理想，在朝廷中竭尽全力而无所挑拣，但崇祯朝廷未等其欢宴毕席便“去我如振落”，这令其颇有怨言。在身遭禁锢后，又遭受了“群小迭相虐”之辱。此时的陈之遴进则缺乏“宫壶援”，退将郁郁寡欢，这个突如其来的结局令“华阂赫初构，弱躯幸栖托”的陈之遴难以接受。

## 四 明亡前乡居期间对时势的观察和担忧

### (一) 对崇祯末年政局的绝望和明朝亡国的预料

崇祯十二年(1639)七月陈之遴扶父柩返乡居住,直至十七年(1644)八月应弘光小朝廷召仕复职翰林院编修。在本书的第一章我们曾考察过这一时期的陈之遴频繁出入佛寺,和名僧多有往来,试图从佛法中解脱出仕而不得的痛苦,《浮云集》卷五也有《伏虎禅师塔》、《真歇禅师院》、《寄汰如上人》、《再谒密云师》等诗可证此点。也许是因为疏离于政治之外,并对崇祯朝廷带着一丝怨恨,又掺杂着几线渴望,远在海宁乡居的陈之遴才得以冷静、客观又带着感情观察了这五年间的社会动荡和朝政混乱。

卷二《乔木》有自注:“乔木,伤乱也。”观其全诗,先回忆了万历年间其幼年时期的社会安宁:“维昔之兴,万方率从。……我生之初,九域维乂……安安耄老,嘻嘻我稚。”但由于天启皇帝“罔宪尔祖”而导致朝中“旦攻夕谋,惟党是亟”,结果“有孳载途……兆民其殚。黄发之老,乃咻乃逐。哀哉拂士,乃构乃戮。”又因为天启皇帝任由“维奄作威”而致使“善人卒戕”。天启时期的党争倾轧和宦官专权是“自坏其栋,夏屋以倾”的行为,但崇祯皇帝竟然“不鉴厥祸”、“罔任匪奸,罔黜匪良”,最终导致“攘攘寇虐”、“盗用殖矣”。一方面是后金兵不断攻城略地,一方面是农民起义军势力不断壮大,可恨的是明朝官兵不仅镇压农民起义军不力,而且与之相互勾结,最终养虎为患:“盗之未繁,师则豢之。盗之既繁,歼我大师。赫赫司马,盗臣之渠。盗以讨盗,惟善之诛。”崇祯皇帝在处理内忧外患时重武臣轻文人,“右彼武人,群授之钺”,结果“匪敌是求,民卒屠割”,最终“人贰其心,语寇则悦。沸彼决河,其何能遏。”武臣既不能安邦定国,又“命彼寺人、率我六军”,结果是宦官领兵比武臣更为荒谬:“输寇以国,覆嘉乃勋”。面对这样的现实,年届四十的陈之遴在痛感自己碌碌无为逐年力衰的同时也自惭无处用力:“我日告陨,憯莫之振”,最后只有一声长叹“呜呼苍天,岂伊异世”,这就已经看到了改朝换代的必然性。

卷二《飞枭》自注："飞枭，刺奸也。"奸人当朝时，"上曰谅矣，孰与诤矣。上曰俞矣，孰与殊矣。赫赫九伐，汝则窃之。岳岳三事，汝则列之。自汝为国，盗日蕃息。汝出帅师，盗祸乃极。"以上陈述了奸臣当国的现象和危害，最后指出奸人既已当道，危害业已造成，想要亡羊补牢却为时已晚，只能静待改朝换代之日的到来："烹尔如麋，我民既痍。磔尔如屑，我国既灭。在昔哲后，知人安民。二者罔念，天命斯迁。"

（二）对平叛将领的否定和对江南局势的担忧

崇祯十三年（1640）至十五年（1642），李自成数次围攻开封，此时陈之遴写下了卷四《花下醉歌》：

> 年年携酒花间酌，喜见花开畏花落。
> 岂知花落开有时，不似朱颜易销铄。
> 异时对酒轻百觚，今饮其半醉欲扶。

在五年的乡居禁锢生活中，极度的痛苦、压抑和焦虑使陈之遴自感精力大不如前。此时中原一带久遭战乱，明朝政权已是岌岌可危。马上就满 40 岁的陈之遴为自己没有用武之地而深深抱憾：

> 丈夫精力信可惜，中原况复皆丘墟。时危自合尚刀槊，弹琴赋诗何为乎？

同时，其又对平叛将领的无能表示了否定：

> 谁言管葛可轻比，致身亦与成规模？江淮宴安势难久，明年还醉花前否？

照目前局势，暂时宴安的江南地区明年便会被起义军攻下，尽管明知这种隐忧的存在，陈之遴也只有无可奈何而已：

一声清啸来长风，落花吹满杯中酒。

（三）目睹了平叛明军对百姓的烧杀掳掠

卷四《荡寇将军歌》：

旌旗蔽天鼓震地，荡寇将军拥兵至。大城聚哭小城走，马前累累缚官吏。

倾储扫境欲未充，步骑四出疾若风。马驼车辇尽金帛，须臾红粉盈军中。

异时群盗曾驿骚，指麾不若将军豪。寸苗尺干扫立尽，纤鳞细翼无一逃。

诏书数下忧师老，金觞翠袖方倾倒。黄巾忽报东方来，将军拔营向西讨。

平叛明军所到之处，对城中金银粮草和女子的骚掠到了“寸苗尺干扫立尽，纤鳞细翼无一逃”的地步，甚至让曾经入城骚掠的农民起义军都自愧不如，而不知情的朝廷却还在为军队因作战疲惫而忧心，殊不知农民军一到，在劫掠百姓时“旌旗蔽天鼓震地”的荡寇军便闻风而逃。

## 五　崇祯十七年（1644）三月亡国后对明亡的反思与批判

陈之遴乡居禁锢期间曾带着感情观察和分析过崇祯末年的政局，并表达了即将亡国的绝望。其将崇祯时期的社会危机归因为皇帝不贤、文臣党争、武臣无能、清兵入侵、农民起义、官盗勾结、宦官当政、军队腐败等多重因素。所以当李自成入京，崇祯亡国这预料中的一天真的到来时，陈之遴并未表现出常人该有的五雷轰顶式的震惊和捶足顿胸般的悲痛，其异常冷静地分析和总结了崇祯亡国的原因。这一分析和总结看似是对卷二《乔木》的再创作，实际上却有着更加理性的超越。《浮云集》卷七《燕京杂诗》是组诗，自题“甲申四月作”，现逐首分析。

其一直接责问崇祯皇帝是亡明罪人：

谁使金瓯终缺陷，赤眉青犊满都城?

其二肯定了崇祯皇帝不像陈后主那般荒废朝政，也不像嬴政那般役民无度，但崇祯最终还是被农民军推翻，落个子散妻离的下场，成为亡国之君。究其原因，则是任用奸臣，朝中的正直人才悉数被逐：

未歌玉树已亡陈，不筑阿房亦覆秦。一旅卒然挥白梃，九州强半著黄巾。求为黔首悲龙种，别有蛾眉辱马尘。痛忆文皇南下日，大廷幽谷尽忠臣。

其三批评了崇祯皇帝的用人不当，指出亡明的农民军战将中不乏原来的明廷“牙爪”，而那些与农民军暗合私通的宦官也正是崇祯的“腹心”：

翻城虎旅元牙爪，揖寇貂珰总腹心。黑眚早从三殿出，黄霾频障九天阴。

其四指出了崇祯时期宦官和外戚平时权高势重，在亡国之际却麻木荒淫：

中人戚里竞豪华，勋爵重封几世家。……忽惊流矢丛丹阙，尚有鸣珂导锦车。

其五认为起源于万历朝的党争是亡国的一个重要原因，朝中权臣忙于党争一是会疏忽国家忧患，二是会导致有才华的忠厚臣僚被赶尽杀绝以致关键时刻无人可用：

神宗中叶久熙康，龙战玄黄在庙堂。从此群公轻国恤，终令剧贼乱天常。

……莫叹簪绅刀俎尽，鼎湖遗憾杳难偿。

其六肯定了崇祯的辛苦兴邦，认为其在最后关头应该南渡而不应自杀，假如崇祯皇帝在李自成入北京时选择移都南京，至少应该可以如南宋偏安江南：

> 烈皇亦是英明后，辛苦兴邦反丧邦。南渡有臣曾死诤，西征无将不生降。鹃枝血洒春宫六，龙驭魂归夜阙双。差幸孝陵弓剑地，寇氛犹自限长江。

其七否定了崇祯所任用的倚重之臣，认为其用人不当是亡国的一个重要原因：

> 腹心未见恢河套，肩背何缘割大宁。

其八从政治制度层面分析了亡国之因，这是此前陈之遴在卷二《乔木》中所不能达到的认识高度。其认为崇祯时大学士尤其是首辅权力过大，其害甚至要大于天启时的宦官：

> 中书罢省启文渊，阁老仍专宰相权。非少萧曹扶汉日，终如牛李乱唐年。
>
> ……行过黄扉长太息，虚将误国恨中涓。

其九感慨了朝廷失去对军队的控制，军中用人不当，最终出现官盗勾结的局面：

> 造膝主臣徒对泣，同心兵贼久输平。犹驰铁券封诸将，虚拟铜车指旧京。

顺治八年（1651）陈名夏读到这组诗时，曾作《读彦升宗伯燕京杂诗》，表达了与陈之遴同样的感受：

眼中谁作帝京诗，宗伯诗成世必传。曾听歌声过戚里，又看金埒候中涓。

倡家跕屣游闲市，奴子横行官长前。几载风烟浑不似，何人骑马不相怜。①

除了批判崇祯皇帝的亡国之举，陈之遴还否定了崇祯杀妻妾女儿后自杀这一做法，对被杀的崇祯妻女表示了同情。卷四《永和宫词》：

冰轮照梦月长圆，玉树承恩花不落。几年金屋未知春，
一夜琼台忽化尘。可怜龙堕乌号日，不及椒风短命人。

至此，我们梳理了《浮云集》中所见陈之遴在明朝的所见、所历、所思、所感，我们不由生发这样的疑问：目睹了自万历末至崇祯时的社会局势，尤其亲历了崇祯朝宫中、朝中、军中的种种几至荒诞的乱象，陈之遴对明朝和对崇祯皇帝本人会有何种感情？从《浮云集》所存当时诗歌来看，陈之遴所关心的是朝纲能否达到公正有序的理想状态，让自己这样的读书人能有机会施展抱负；皇帝能否掌控政权、建立政体、合理用人让国家权力系统正常运转以使天下宴安。陈之遴对上述两点的追求要远远超越其对传统官僚文人的家国意识的坚守。明末的政局和社会让其既悲愤又无奈，既想为朝廷出力又找不到出路，其对明末崇祯政权失望至极，因而其在崇祯朝末年时就可以经过带有感情色彩的理性分析料定明朝必亡，在明朝亡国后其又可以做到不乱方寸地对明亡原因进行分析和对崇祯亡国加以批判。陈之遴对崇祯本人根本就谈不上爱恨，通过《浮云集》，我们从他身上能够看到一些传统士大夫应有的“君臣之义”，但很不全面。陈之遴谈到过自己曾经沐浴皇恩，但其从未强调要因此而为崇祯皇帝鞠躬尽瘁死而后已。正因为此，陈之遴对崇祯的定位和评价相当客观冷静又不失个人情感，以致今天的研究崇祯的学者也几乎没有超出其苑囿。一方面直指崇祯

① 陈名夏：《石云居诗集》卷二，《四库全书存目丛书》集部第201册，第675页。

是亡国之君，并且在亡国之际不该轻言放弃；另一方面又明言崇祯的勤政和进取，认为其亡国属“辛苦兴邦反丧邦”。明乎此，便不难理解清人对其《燕京杂诗》的评价：

素庵相国《燕京杂诗》十二首作于甲申（按：崇祯十七年，1644）四月，苍凉悲壮，不减唐人，所惜者局外快人之语多，故国旧君之感少耳。如“幽燕都会历元明”一，首六句俱叙帝室山河之壮，而终之以“谁使金瓯终缺陷，赤眉青犊满都城”，是俨然以亡国之主责思陵矣。次云“未歌《玉树》已亡陈，不筑阿房亦覆秦”，“已”字、“亦”字言思陵虽绝去声色，焦劳夙夜，亦终必亡也，是隐然谋国之不臧矣。故又云“烈皇亦是英明后，辛苦兴邦反丧邦”（其六）也。他如“翻城虎旅元牙爪，揖寇貂珰总腹心”（其三）、“南渡有臣曾死诤，西征无将不生降”（其六）、“忽惊流矢丛丹阙，尚有鸣珂导锦车”（其四）、“造膝主臣徒对泣，同心兵贼久输平”（其九），言任用非人，驾驭无术，中涓之奸横，戚里之骄奢，共成一败局也。相国在明季以奸臣子（按：董潮未明陈祖苞之死因，故有此说）不叙用，故于其亡也，不无幸心焉。然如诗人忠厚之意何哉？舅氏副宪存斋公曾云：“公诗‘千帐美人歌夜月，四郊残鬼哭秋星’（其七），美人当丧乱之际，对此夜月，岂尽‘歌’者？此一字，即见公富贵之念深矣，欲以‘悲’字易之。”是虽亲者不讳也。①

## 六 出仕南明时的悲抑与失望

崇祯十七年（1644）八月，南明小朝廷复陈之遴翰林院编修原官，陈之遴在自海宁赴南京任职的船行途中遭大风阻滞，写下卷一《遡风赋》，其小序云：

① 董潮：《东皋杂钞》卷三，《丛书集成初编》第2963册，第34页。

> 甲申孟冬，陈子自云间趋姑苏，乘小舟遡泖而西，日下春艤，荒墅宿焉。中夜风大起，群艇抵击，皇遽莫知其向。厥旦戒榜师西行，愕眙而不敢进，告陈子曰："是石尤风也。夫冬日烈烈，飘风发发，其谁曰不然。抑昨顺今逆，消息之数尔。虽然，何其暴也。"余览昔贤行役之篇，其困于石尤者，率多羁宦倦游，阻厄骚愤之士。而肆志逞意，沛乎如鸿毛者无与焉。岂风伯固有所偃蹇耶？感而成赋。

甲申孟冬即崇祯十七年（1644）十月。无疑，陈之遴将当时的自己定位为"羁宦倦游，阻厄骚愤之士"。在这里，我们根本看不出任何亡国之思和悲君之情，其宣泄的是自崇祯十二年（1639）遭禁锢后的一直延续的悲抑情绪。需要指出的是，陈之遴的这种悲抑情绪只关个人心志，无关国家兴亡。

陈之遴崇祯十七年十月至赴南京任职后，不到一个月就升转左春坊左中允兼编修，管理诰敕。并且当月就顺利让朝廷给陈祖苞复职，在一定程度上为父亲恢复了名誉。但其对弘光政权十分失望，卷七《次答湘蘋》：

> 貂玉翩翩笑荷蓑，何曾燕赵有悲歌。毡车飞电妖姬度，羽箭鸣空猎骑过。尘陌怒风旋暮雪，故山家月漾春萝。金戈满眼文章贱，谁向寒机问锦梭。

从这首诗看，陈之遴对弘光政权的失望来自三个方面：一是小朝廷根本就没有亡国悲歌，毫无振兴复国的迹象；二是弘光帝在朝不保夕的战乱情况下居然还想着网罗美女；三是自己没有受到想象中的重用，依然没有为朝廷效力的空间。由此我们也不禁想到，明亡后连弘光小朝廷自身都"貂玉翩翩笑荷蓑，何曾燕赵有悲歌。毡车飞电妖姬度，羽箭鸣空猎骑过"，那么用兴亡之感、故国之思来对明末清初那些选择投诚仕清者进行批评是否缺乏意义？我们以为，批评者的底气和依据不应在于兴亡之感和故国之思这些意识，而应在于是否有通敌叛国的思想和行为，这才是批判贰臣的关键所在。换句话说，贰臣也会有兴亡之感和故国之思，甚至这种情感和意识不会比遗民逊色，但这并不能影响其选择仕清，也不会影响其仕清后继续保持或生发这种情感和意识。因为这种兴亡之感和故国之思的本质只是一种恋旧和悲悯。恋旧是对原有国家权力系统和家园山川的习惯性怀念，悲悯是对一个王朝由兴转衰后在自己眼前坠落式消亡的可怜和同情。因而，对某一个王朝的兴亡之感和故国之思往往是那些已经参与或准备参与国家权力系统的贵族和文人的事情，和普通百姓无关。明王朝安宁时，普通百姓过日子。明王朝暴捐时，普通百姓则揭竿而起。清朝屠杀时，普通百姓抗拒。清朝顺抚时，普通百姓也接受。普通百姓不在乎一个王朝姓什么，也不在乎这个王朝是华夏还是异族，只在乎这个王朝是否“有道”。从这个意义上看，当陈之遴从崇祯朝廷中被疏离到最终脱离出来时，其已经游离于国家权力系统之外，到家资被掠几至破产时，其由上层坠落到底层，除了文人身份，其社会角色与普通百姓并无太大的差异。也许，这就是陈之遴《浮云集》中缺乏兴亡之感和故国之思的深层原因。从这个角度，也可以理解陈之遴选择主动投诚仕清的内在动因。受传统精英意识的支配，陈之遴需要借助参与崇祯朝廷这个国家权力系统来实现自我，但受到了压制和拒绝。当崇祯朝国家权力系统崩溃后，另一个与之结构相同的国家权力系统正在以旧系统的原址为中心不断向四周扩散，于是陈之遴决定“叛国投敌”。以陈之遴的明朝仕宦经历，假如其投清前没有出仕弘光小朝廷，还真未必能戴上“贰臣”这个帽子。

## 第三节 仕清初期的陈之遴

### 一 顺治二年（1645）投诚前的遭遇和心理

顺治元年（1644）五、六月间，海宁乱民劫掠陈之遴家，并焚其父祖之柩，这与海宁士民对陈祖苞案真相的误解有关。这次劫掠，陈之遴家有弟、仆被斩杀，其他家人尚算平安，但家资损失严重，等他顺治二年（1645）闰六月后至十二月之间赴杭州张存仁处投诚时已经到了要遣散家姬的地步。《浮云集》卷十一《遣姬诗》当作于这段时间。据其小序：

> 余翰墨余闲，颇辩珮声钗色；闺房逮下，恒培瑶枝琼草。而国叹铜驼，长辞东观；家残金谷，终窭北门。蝶梦初醒，花丛懒顾。容非处仲，竟师开阁之风；事异季伦，预免坠楼之衅。然白杨未拱，红粉遽空。去若飞花，莫卜飘茵堕溷；情如藕丝，安能槁木寒灰。

从中可见，明亡前乡居期间的陈之遴可谓婢妾成群，这段时间海宁陈氏家资丰厚应该不是问题，但明亡后局面迅速被改变。“国叹铜驼”谓崇祯十七年（1644）四月明亡，“长辞东观”谓顺治二年（1645）五月弘光政权覆亡后离开翰林院。“家残金谷，终窭北门”谓崇祯十七年（1644）五月家资被掠和现在没有俸禄，养家糊口都成了问题。“蝶梦初醒”谓年过四十的自己一事无成，不能再过乡居的日子，要抓住机会出仕有所成就。家道落贫，又蝶梦初醒，自然就懒顾花丛。自己不是王敦，最终却仿其驱赶众婢妾出门。自己不是石崇，却同样在失去原来的社会地位之后已没有能力庇佑身边的婢妾。“白杨未拱”谓时间短暂，家庭的衰败来得太突然。“去若飞花，莫卜飘茵堕溷”谓对被遣婢妾去路的担心，不知将新落好人家还是堕入风尘。

陈之遴初回海宁乡居时，带着父亲冤死、自己被禁锢的悲愤。随着一段时间的游山玩水、读书作诗、纵情酒色和出佛入道，这种悲愤会被渐渐被淡化。但如我们在第一章所考察的，在这五年的乡居时间里，陈之遴屡屡尝试却始终未能放下出仕之心。一面是几经努力都无法割舍的出仕之念，一面是崇祯朝廷的永不叙用之旨，还有一面是年过四十而一事无成的憾恨焦灼，夹在中间的陈之遴在这五年里就如同身处“无间道”。这五年虽然充满悲抑和焦虑，但陈之遴毕竟还接受命运的安排，一年年默默忍受着永远是痛苦的轮回，并且在忍受中还从弘光小朝廷的召还中看到了一丝亮光。等顺治元年（1644）五、六月间的家资被掠、父骨被毁和顺治二年（1645）的破产遣姬等一系列突发性极端事件发生后，陈之遴服从命运安排的忍受力被釜底抽薪，断然决定起身打破这种处境。而崇祯朝后期发展得更加严重的朝政弊端、军队腐败、社会动乱、清兵入侵和对弘光小朝廷希望的破灭，也给了陈之遴以充分的理由去打破目前的处境，于是其“蝶梦初醒”。卷十二《念奴娇·赠友》对“蝶梦初醒”有着更好的诠释：

> 行年四十，乃知三十九年都错。富贵功名如此矣，何必酒阑花落。朱子传经，沈郎制锦，与我年相若。着鞭先我，抚躬多少惭怍。
>
> 惟有紫硖吴郎，恰同年同运，身世同漂泊。击筑鸣琴从此罢，将向柳营连幕。江左人才，山东形胜，杯酒聊商榷。时乎难再，须臾双鬓如鹤。

39年都错，错在对富贵功名的认识。本以为富贵功名是自己读书得来的，殊不知富贵功名是朝廷的衍生物，朝廷可以让一个人得到也可以让一个人失去，得到可以保家立业、自我实现并体面地生存，失去则会使自己丧失家业处处为稻粮所禁锢。富贵功名能够发挥效力的前提是其背后必须有一个强有力的朝廷作为支撑，明亡后弘光小朝廷朝不保夕，还没来得及有多余的力量去衍生富贵功名这些东西就已经灭亡了。现在醒悟了富贵功名不过就是这么回事，局势已经如此，等到什么时候是个尽头呢？身为一甲榜眼，陈之遴当然有极为强烈的属于那个时代的精英意识，朱子和沈郎40岁时已取得足以立身扬名的成就，而自己同样已经40岁却连有所建树的机会都未能获得，只有抚躬惭怍的焦灼，“时乎难再，须臾双鬓如鹤”又给这种焦灼火上浇油。于是，顺治二年（1645）五月清兵入南京后再次回乡居住的陈之遴决定立刻停止“击筑鸣琴”式的乡居生活方式，投向“柳营连幕”的清朝。陈之遴对自己有着充分的自信，“江左人才”投奔清朝后一定会脱颖而出，“山东形胜”。

然而，投清毕竟需要一个过程，有过程就会有等待，有等待就会有悬念，有悬念就会有焦灼。陈之遴在顺治二年（1645）闰六月至十二月前从海宁奔杭州投浙江总督张存仁处，上书投诚。朝廷接到张存仁上报陈之遴投诚的奏疏是在顺治二年（1645）十二月，批复是令其赴京朝见。朝廷批复返回陈之遴处应是除夕之后。在这段等待消息的日子里，陈之遴的心境可以通过卷十二《乙酉除夕》窥见：

回首问今年，何似前年，一年不若一年年。两鬓繁霜三径雪，断送残年。

明日是何年，也算新年，交亲怜我问吾年。愁里不知朝与暮，何况流年。

乙酉是顺治二年（1645），这一年应该是陈之遴一生中最不堪回首的一年。这一年年初，身为弘光小朝廷左春坊左中允的陈之遴向吏部请赠陈祖苞为兵部尚书，遭朝廷拒绝，其为亡父进一步恢复名誉的希望落空。四月，因有把柄在潞王手上，便上谏弘光徙潞王于湖州。其间陈之遴必然会担惊受怕并迈过一些难堪的心理门槛。五月，陈之遴被题请典试福建，由于涉及向礼部贿请典试机会而遭时议，且其所在的左春坊直接遭谴。在此情形下，由于惧怕贿请案会招致政治灾难，其“谋遁”。五月十五日，参加南京迎降多铎的仪式，此后为清兵入海宁作过贡献。南明在职官员现场投降和引敌掠乡这两个举动都需要跨过很高的政治伦理和道德门槛。闰六月，海宁邑人反抗薙发令“逼义”时推举陈之遴主事，陈之遴拒绝后“避去”，这就会将自己置于有家不能回的境地。闰六月后至十二月前，陈之遴从海宁直奔杭州投浙江总督张存仁，正式投诚降清。陈之遴至杭州后当一直在那里等待消息，《乙酉除夕》即作于此时。总的来看，顺治二年（1645）陈之遴面临过数次政治伦理和价值标准的艰难抉择，每一次都会导致巨大的心理变化。突发的极端事件会给人的心理造成巨大冲击，很容易直接改变一个人的政治伦理和价值观，而家资被掠殆尽，父祖之骨被毁恰属这样的极端事件。这一年陈之遴的生存状态恐怕远非“愁里不知朝与暮”所能形容。今年既已如此，和“前年”多么相似。“前年”即上一年，是明亡之年。从“一年不若一年年”看，今年的遭遇给陈之遴造成的冲击要甚于明朝覆亡。显然，陈之遴此时的注意力不在朝廷的遭遇而在个人命运的多舛和心理的煎熬。这就不难理解其所谓“一年不若一年年”是指不能出仕的乡居生活在“断送残年”。从“明日是何年，也算新年”看，陈之遴对前路似乎处在绝望之中，这种绝望是在对清廷消息的漫长等待中产生的。此时的陈之遴已是“家残金谷，终窭北门”，并且已无法再回到海宁原有的生活，走到现在已经没有任何退路，仕清成为唯一出路，而消息又迟迟不至。因为无法看到前路，再加之孤身在杭州，一家老小尚在海宁，陈之遴悬着的心始终不能落地，新年对他来讲就只能“也算新年”。

## 二 顺治三年（1646）夏秋间北上京城途中的兴亡之感

陈之遴对明清的兴替并非没有受到触动，和同时代的文人相比，陈之遴受到的触动可能更深一些，但由于受到触动后的反应方式和思维路径不同，这种触动付诸文字后也就有感性和理性的差别。同样是诗歌，其他人面对明朝覆亡更多地表达了感性的兴亡之感和故国之思，而陈之遴却在理性地分析和总结明朝覆亡的原因。《浮云集》中收录了陈之遴大量反思明亡的诗歌，这些诗歌作于不同的时期，包括明亡初、北上朝见途中，仕清后和流徙辽东后，对明亡的反思几乎贯穿了陈之遴的一生。

明亡之初陈之遴是站在旁观者的角度去反思明亡的。如果仔细体会他作于崇祯十七年（1644）四月卷七《燕京杂诗》的反思文字，会发现里面掺杂着一些感情色彩，不是忧伤，也不是悲悯，更不是感慨，而是批评和抱怨。正因为此，自清初至现在的论者在根据感性文字去评判经历过明清更替的文人对明朝的情感时，陈之遴也就理所当然地被评价为缺乏兴亡之感，这也是事实。《浮云集》中开始体现陈之遴兴亡之感的诗皆作于其顺治三年（1646）夏秋间北上京城朝见的途中。卷五《舟行杂诗》其一记录了南京战乱后的破败：

苇荻有霜色，寒江远溯游。云横天断续，涛浴屿沉浮。
铁马荒陵夕，铜驼废殿秋。石头城下水，谁挽向东流。

其二记录了长期战乱对长江下游农业生产的破坏：

射阳连甓社，泽国旧甘肥。水涨鱼虾少，耕虚黍稻稀。俗柔无战伐，兵久易凋敝。

其三颇能体现陈之遴面对明朝覆亡的兴衰之感：

烬村时有寺，危渡总无桥。所见皆桑海，宁惟叹黍苗。

陈之遴崇祯十二年（1639）之前曾多次行走自杭州至京城的道路，对沿途风物相当熟悉。这次再往京城是在七年之后，这七年里沿途遭遇过农民起义的破坏，更遭受过清兵的洗劫，陈之遴此番所见较之记忆中的情景自是“所见皆桑海”。《黍苗》是宣王时徒役赞美召穆公营治谢邑之功的一首诗歌，“宁惟叹黍苗”表明陈之遴面对战乱后的颓败景象，宁愿永远只赞叹营建之功，而不愿看见这种变迁的出现，他难以接受桑田沧海式的兴亡。而最能体现陈之遴兴亡之感的是《舟行杂诗》其七，这首诗记录的是山东汶水、济水沿岸毫无人烟一片荒芜的景象：

汶济已无民，孤舟强问津。蒿长堪隐骑，狼聚欲邀人。

因久无人烟，昔日热闹的渡口已是“蒿长堪隐骑”，这种荒凉感似乎连狼群都无法承受，所以当陈之遴行至汶水、济水“孤舟强问津”时，听到远处狼群的啸声，居然生发“狼聚欲邀人”的感受。《浮云集》中体现陈之遴兴亡之感的诗歌很少，以他的明朝经历、明亡后政治伦理和价值观的突变和思维方式的理性倾向，也不可能生发太多的兴亡之感和故国之思。尽管如此，沿途景象七年间的前后变化还是深深触动了北上仕清途中的他，进而留下了这首诗歌，这四句诗所蕴含的兴亡之感与清初遗民诗相比，不仅毫不逊色，甚至有超越之处。

## 三 初入清廷时的复杂心境和心理转变

### （一）彷徨痛苦和孤单寂寞

可能受到清廷对投诚汉官新政策的限制，陈之遴顺治三年（1646）进京后并没有立刻获得职务，经历了近半年的空档期后至顺治四年（1647）五月方得官，授职翰林院学士。这就意味着陈之遴进京后有经历了数月的等待，这期间其心境只能用悲苦来形容。卷五《寄湘苹》其一当作于顺治三年（1646）底进京时：

数载流连地，残冬涕泗书。何当芳草陌，云送七香车。

自崇祯十年（1637）至崇祯十二年（1639）陈之遴曾长住京城任职翰林院编修，崇祯十二年（1639）七月扶柩回乡后，重返京城出仕一直是不能割舍的念想。现在重返这个“数载流连地”，按常理至少应该有一些喜悦，但他的心境落实成文字竟是“残冬涕泗书”。由此可见初入京城时陈之遴是相当落寞愁苦的。这种落寞愁苦在《寄湘苹》其二中表现地更加淋漓尽致：

吟就谁欣赏，题笺只寄君。衣寒宽带觉，枕寂远钟闻。
旧邸寻芜径，愁空数雁群。几宵襟绪扰，朦眼梦纷纷。

至于其中原因，一是入京城后没有立刻被清朝的权力系统所接纳，前路的不可预期带来的渺茫感和无助感会给陈之遴带来极大的折磨，这种对前路的彷徨是陈之遴最不能承受的。二是此番入京城时景物虽熟稔，但不可能马上进入或建立一个交游空间，自然会产生由陌生所导致的孤苦之感，此即“吟就谁欣赏，题笺只寄君”所述。三是远离家乡孤身在外的人在孤苦无助时会比任何时候都更加需要家的感觉，而此时其妻徐灿尚在海宁老家，此即“衣寒宽带觉，枕寂远钟闻”所言。四是人在愁苦绝望的时刻会不由自主地回忆从前，这种忆旧在一定程度上可以软化情绪中的郁结。陈之遴最美好的时光是崇祯十年（1637）至崇祯十二年（1639）在京城西隅住所度过的，崇祯十二年（1639）七月父亲蒙冤自杀自己永不叙用时又带着悲愤离开京城西隅住所扶父柩返乡。可以讲，京城西隅住所是陈之遴生命中由喜转悲的一个符号。现在重游旧邸，面对荒芜的院落，他的回忆只会加剧自己的愁苦。此即“旧邸寻芜径，愁空数雁群。几宵襟绪扰，朦眼梦纷纷”所写。

（二）亡国之悲与仕清之愧

前面我们论述了陈之遴《浮云集》中的兴亡之感虽少但深，在《浮云集》中还有一首诗体现的是陈之遴的亡国之悲。这首诗作于顺治四年(1647)五月其在清朝初任翰林院侍读学士时，卷三《杂诗》：

> 猗彼初生葵，敷华迨朝阳。君子昔采择，御轮盛龙光……
> 悃愊不自媚，岂曰谣诼行……高闳倾百六，所天遂沦丧。
> 登车授前绥，乃复遵故房。璇题错金卮，罗帷烂犹张。
> 旧侣四五人，见我各沾裳。气结无一言，刃鏃交肝肠。

前八句讲的是自己在明朝的经历，以“御轮盛龙光”的初生葵自比崇祯十年(1637)高中榜眼后入翰林院为官，从自己受排挤一直讲到崇祯自杀明朝覆亡。后八句讲的是眼前的事情，十年前曾在翰林院为官，现在“登车授前绥，乃复遵故房”，翰林院还是原来的翰林院，看到的却是是“璇题错金卮，罗帷烂犹张”，还残存着李自成入宫后又仓促离开的破败景象。不仅如此，从崇祯算起，历经李自成，到现在短短三年间住进紫禁城的已经是第三位主人。在翰林院，陈之遴见到了数位比他更早投诚的明代同僚，虽然都是叛国投敌的贰臣，但在这个特殊地点故人相逢时，面对此情此景，无不“气结无一言，刃鏃交肝肠”。这就是陈之遴仕清后初入翰林院时的感受。陈之遴仕清时由明朝七品编修迳升四品侍读学士，但其第一天走进翰林院时并无任何喜悦感，反而我们从他身上看到了一股极为浓烈的亡国之悲。这也正是贰臣的复杂之处。

陈之遴的这种亡国之悲也许来得有点晚，但还是持续了一段时间。从作于顺治五年(1648)三月的卷七《戊子上巳》中依然可以感受到其对明朝的悲悯：

> 青绮门东玉溆阴，上除良日此重寻。芙蓉锷沓秦祠废，芍药香消郑水深。
>
> 老去春情长浩荡，兵余风物久沉吟。紫芝绛雪仍多事，更向清流祓道心。

陈之遴原本打算在三月三这天重寻往日的足迹，孰料却目睹了战后京城的破败，顿生故国之心，这对仕清已满一年的他来讲无疑是一种心理折磨，即使服食“紫芝绛雪”这样的仙药内心也难以安宁。

对贰臣来讲，由睹物而生发的亡国之悲毕竟是单向的行为，尚可通过“更向清流祓道心”的方式来克服亡国之悲与投敌叛国之间的矛盾。但故友对仕清行为的劝止和责怪却是双向的互动，要消除由此带来的心理折磨除了自我开脱之外还需要取得友人的谅解才行。陈之遴虽然尝试过但始终无法取得友人的谅解，也就没有办法消除心中隐藏的对投敌叛国的愧疚感。陈之遴仕清后有不少家乡故友曾劝其回头，如卷七《忆故山》：“惭愧双松能念客，每招尘梦返星坛。”再如卷五《寄友》：“莫忆浮沉客，霜颠愧友生。”陈之遴仕清前后剧烈变化的政治伦理和价值标准就像一方涌波的水塘，正当他努力去平复时，故友们的纷纷劝止婉言，又如同一块块石头扔了进去，搅动水面后又直沉水底，彻底打破了他的所有努力，把他的政治伦理和价值标准拉向了遗民的一边。他以“浮沉客”坦承自己是随波逐流的人，即使如此自嘲，也不能祛除惭愧所造成的脸红耳热。

面对故友的劝止和责怪，陈之遴在自嘲和惭愧之后开始对选择仕清心生悔意，如卷三《答宋既庭》：

新雨沐群卉，熏风来徐徐。铿然舍瑶琴，发我良友书。
赠言一何富，粲若琼与琚。不闻相推嘉，但惜尘网拘……
险夷固有命，哲者与乐俱。早聆君子言，岂为钟鼎愚。

宋既庭即宋实颖，苏州人。据《爝火录》：

辛卯之春，宋既庭实颖初入都门，海宁张宁、陈宗伯之遴延之邸中，为王文安公铎践行。[1]

---

① 李天根：《爝火录》卷二十一，第860页。

辛卯是顺治八年（1651），宋实颖与陈之遴在该年之前应早就有所往来。“新雨沐群卉，熏风来徐徐”讲的是自己方沐清朝皇恩，在仕路上正处迎熏风而花开的时节。随着仕路的延展，陈之遴已渐渐走出亡国之悲的投射在其仕清道路上形成的阴影，此时却突然收到宋实颖的来信，信中没有陈之遴习惯并期待的推嘉鼓励，而是看到了“但惜尘网拘”这样婉转的劝止。对此，陈之遴只能用“早聆君子言，岂为钟鼎愚”来表明悔意。

无疑，故友对陈之遴仕清行为的反应会给他造成巨大的心理压力。尤其在其仕清初期处于孤苦无助的彷徨状态又心生亡国之悲时，这样的心理压力会将其推向崩溃的边缘。卷七《冬日感兴》其一：

> 朔风驱叶乱黄沙，宫树喧喧散晓鸦。冠盖幽都仍帝里，霜雪孤宦自天涯。
>
> 南书涕尽山阳笛，北酒心寒塞上笳。不为浮名谁误我，异时春苑悔看花。

“冠盖幽都仍帝里”谓高车来往的北京在明亡清兴后依然是帝都，讲的是亡国之悲。“霜雪孤宦自天涯”讲的是仕清初期无助彷徨的处境和孤苦的心境。“南书涕尽山阳笛”谓南面的来信让自己“涕尽”是因为故友，讲的是家乡故友对自己仕清的劝止行为使自己极为痛苦。“北酒心寒塞上笳”讲仕清后的自己在京城喝酒后心里不暖反寒是因为有亡国之悲。最终，陈之遴被故友和自己一起逼进了政治伦理标准的死胡同：“不为浮名谁误我，异时春苑悔看花。”陈之遴认为自己今天的痛苦处境是追求富贵功名的结果，他后悔当初选择了科考出仕这条人生道路。倘若在明朝时没有把科考出仕作为人生的唯一出路，也不至遭受现在叛明仕清的折磨。这也是陈之遴一生中首次后悔走上仕路，但随着时过境迁，他把这种悔意甩得一干二净。

陈之遴也在想办法试图去缓释这种巨大的心理压力和折磨。卷七《冬日感兴》其二：

昭王宾客满燕台，台满寒芜客再来。秘阁渐瞻金殿远，御沟犹绕玉堂回。

汉庭爱少多终贾，鲁史微文纪定哀。故里莫嗟松菊尽，切云陵阙总寒灰。

他用自己初仕清朝入翰林院修明史时生发的历史兴替之感来回应家乡故友对自己叛国投清的抱怨。明朝自己出仕翰林院时，那里“台燕宾客”，紫禁城内何其热闹，现在却是“台满寒芜”。陈之遴仕清后重入翰林院，景色未变，正所谓“雕栏玉砌应犹在，只是朱颜改”。翻检史书，王朝的末代衰变是不可避免的，一个朝代的陵阙再高，最终也总要化作寒灰。家乡故友要接受改朝换代是人间寻常事，不要再嗟叹明清更替时像自己这样选择仕清的人没有气节。卷五《答赵韫退》：

丧乱嫌身在，文章恃友贤。五湖安敢忆，梦断钓鱼船。

“丧乱嫌身在”讲的是选择了走仕路的文人在遭遇国破后还活着，这本身就是悲哀，因为逢此遭际的文人实在是左右为难。进则叛国仕清，手握富贵功名却要遭受政治伦理和价值标准起伏的巨大折磨。退则回乡隐居，虽心安理得却难免因脱离了国家权力系统而难保家业。陈之遴顺治二年（1645）五月弘光小朝廷覆亡后曾回海宁乡居，却又遭海宁士民推举主持“谋义”抗清，这让他陷入两难境地。并且，在他乡居期间就是这些乡人将陈祖苞毁棺焚骨。现在他用对明末乡居时这一遭遇的后怕来回应家乡故友对自己仕清行为的不认同：“五湖安敢忆，梦断钓鱼船”。

（三）对明亡的反思与追旧

我们将明亡后陈之遴的人生分成明亡时、仕清时和两次流徙辽东时共四个阶段，从《浮云集》看，陈之遴在每一个阶段都曾对明亡的原因进行过反思和总结。陈之遴在顺治四年（1647）五月至顺治五年（1648）八月之间任翰林院侍读学士时曾以副纂修官身份参与修《明史》，从卷九《初入国史院修史，院故玉芝宫也，时所编皆万历事》诗题看，其负责编纂万历部分。因为参与了史料的整理，仕清初期的陈之遴比明亡时要具备更多的条件去反思和总结明亡，所以才出现了卷九《燕京一百韵》这首长达千字的五言律诗。相对于崇祯十七年（1644）四月所作的组诗《燕京杂诗》，除了内容更加具体详细，《燕京一百韵》的基本框架和观点以及冷静的理性思维都无变化。但细读之后会发现里面掺杂的感情色彩已悄然改变：

雄图长泯灭，故老共凄凉……回思定都日，曾拟万年长。

《燕京一百韵》中不见了明亡初期《燕京杂诗》中隐含的批评、指责和抱怨，多出了忧伤、悲悯和感慨。这一变化的出现，自然是世易时移所导致的。崇祯十七年（1644）四月作《燕京杂诗》时，距明亡未足一月，当时的陈之遴心中尚存对崇祯朝廷的悲愤之感，甚至此时的明亡并未影响到他的乡居生活，因为当时战乱尚未延伸到海宁，对他而言所谓亡国，不过是听到李自成进京崇祯皇帝自杀这个消息而已。顺治二年（1645）五月以后，清兵的铁蹄进入南京，并与薙发令一起踏上海宁的土地时，陈之遴才真正知道什么是亡国。顺治三年（1646）北上京城朝见时，目睹了沿途的颓败，陈之遴才渐渐生发兴亡之感。顺治四年（1647）重返翰林院后，目睹了李自成仓促离开后给紫禁城留下的破败和荒芜，陈之遴才生发了亡国之悲。陈之遴的兴亡之感和亡国之悲存在这样一个渐进的过程，所以到他参与修明史后，在写《燕京一百韵》时自然就多出了“雄图长泯灭，故老共凄凉”这样的亡国之悲和“回思定都日，曾拟万年长”这样的憾恨长叹。

正因为陈之遴兴亡之感和亡国之悲的产生经历了上述那样一个渐进的过程，所以其甫入翰林院修史时所作卷九《初入国史院修史，院故玉芝宫也，时所编皆万历事》中虽然已不见了明亡初期《燕京杂诗》中隐含的抱怨，也没有修史后所作《燕京一百韵》中的凄凉，但明亡初期《燕京杂诗》中的那种批评和指责尚在，故徐树丕《识小录》卷四“陈之遴修史诗”条云：

之遴入京即入翰林，其《玉芝宫修史诗》，扬扬新朝显职，竟无一字有黍离之感，而抹杀神宗（万历），至比之周之烈显、汉之成哀，何无礼也。[①]

（四）仕路孤臣的期盼与喜悦

《浮云集》中有几首诗反映的是陈之遴仕清初期仕路处境的变迁。作于顺治四年（1647）的卷七《三月晦日》：

触眼大都无故旧，剩身聊复共婆娑。金堤倦马移时立，玉树残莺背客歌。

“触眼大都无故旧，剩身聊复共婆娑”讲的是明亡后仕清者人数不少，但初入清廷的陈之遴放眼望去却故旧不多，需要重新搭建人际空间。“金堤倦马移时立，玉树残莺背客歌”表明其在新环境中的疲惫和无助，要在这个国家权力系统的中心融入一个新的交往圈子并非易事。

顺治四年（1647）陈名夏为父守丧假满复官，仍任吏部左侍郎兼翰林院侍读学士。陈之遴与陈名夏在这一年里渐走渐近，二人认为通谱兄弟当在此时。到顺治五年（1648）正月时陈之遴在仕清路上已不存在孤身、疲惫和无助的问题，此时萦绕他心中的主要念头是对仕途的美好期盼。卷五《戊子人日》：

蔼蔼元正日，栖栖再世人。不灵齐万物，无力念蒸民。
元节愁淹候，青阳望越旬。却怜河边柳，含意待芳春。

这种期盼在顺治五年（1648）三月时还在延续，卷五《赋得绿杨三月时》：

波暖萍初化，花残鸟尚亲。攀枝方怅望，络绎过雕轮。

① 徐树丕：《识小录》卷四，《笔记小说大观》第40编，第3册，第680页。

到顺治五年（1648）六月，陈名夏成为首任吏部汉尚书后，陈之遴也于八月升任礼部右侍郎兼侍读学士。

仕路的顺畅令陈之遴心情大好，与《戊子人日》相比，在作于顺治六年（1649）的卷五《己丑人日》中已经看不到忧愁和期待：

暖将霜色去，晴发客怀新。黔首犹鼙鼓，应烦帝力均。

因为已经正式融入了清朝这个新的国家权力系统，陈之遴开始身心俱悦地关心这个系统的运转。

## 第四节 顺治亲政后的仕路体验与初次流徙辽东

### 一 顺治八年（1651）二月遭张煊弹劾时的处境

《浮云集》卷四中有一首《坠马行》：

我昔少年二十许，绣袍紫马榆关驰。右手臂刀挟三矢，左援乌号缰青丝。

金鞭小指袅飞电，蚁封曲折矜容姿。悬崖半堕更腾上，一发犹贯双文狸。

自从貂珰逐强项，十万兜牟气摧丧。折弓去马三太息，博带裒衣竖儒状……

龙兴天矫豢渐驯，髀肉恒满春复春。骨柔筋缓壮色尽，霜髭勃勃欺朱唇。

天启五年（1625）陈之遴21岁时，陈祖苞以兵部职方管山海关事务。当时陈之遴初次参加春闱失败，会试结束后策马直奔山海关省父。前八句写的正是陈之遴对26年前自己精湛马术的回忆。陈祖苞管山海关事务后不久，便因救无辜难民得罪魏忠贤，被矫旨镌官，此即“自从貂珰逐强项，十万兜牟气摧丧”所言。通观此诗，除了对游侠般少年时光的回忆和老去力衰堕马的自嘲，并不能看出其他东西。陈名夏《石云居诗集》有一首《闻陈彦升宗伯堕马却寄》曾提及陈之遴京城坠马受伤一事。陈之遴做尚书时间有两段：顺治八年（1651）闰二月至九年二月，顺治十二年（1655）二月至十三年二月。《石云居诗集》中《闻陈彦升宗伯堕马却寄》排在《辛卯除夕（顺治八年）》、《壬辰（顺治九年）元旦》之前，故陈名夏此诗当作于顺治八年（1651）二月陈之遴任礼部尚书之后。陈名夏诗句中有“出门蹇产寻常事，湖海如今气已除”①，从中可见当时陈之遴除了坠马受伤，在仕路上也曾经历过风波。顺治八年（1651）二月陈之遴任礼部尚书，五月张煊以陈之遴升迁过快为由奏劾吏部尚书陈名夏结党行私、铨选不公，并称洪承畴、陈名夏、陈之遴于四月十一日曾在火神庙密议。最终张煊处绞，洪承畴、陈名夏、陈之遴免议。尽管如此，这次事件还是给陈之遴造成了很大影响。陈名夏诗句的双关之意即当指此。

## 二 顺治十一年（1654）三月陈名夏被处绞时的处境

汉臣南北党势力的争斗一直是令顺治极为头疼的问题，顺治十一年（1654）三月南党党首陈名夏被处死，当月北党汉臣就对南党展开了趁热打铁式的追击，几乎到了局面失控的地步，四月顺治为此专门下旨申明不许再借陈名夏亲戚党与进奏。在这不到一个月的时间里，南党汉臣可谓人人自危。陈之遴作为南党二号人物此时自然成为众矢之的，仅王秉乾一人就在一个月内对他连续题参了四次。有题参就要走司法程序，不间断地调查、审问、对质和上疏辩白让陈之遴疲惫不堪。陈之遴并不恐惧，因为从王秉乾的题参看，所题内容或诬妄不实，或缺乏证据。陈之遴由此也就生发了强烈的城池失火殃及池鱼之感，如卷三《青松生高冈》：

> 青松生高冈，孤石相因倚……君子固见之，移以置阶戺……
> 托处非所宜，柯叶忽以改。桃李喜相顾，摧折日可俟。

① 陈名夏：《石云居诗集》卷二，《四库全书存目丛书》集部第201册，第656页。

竞言当剪伐，薪若棘与枳。

再如卷三《杂诗》其二：

苍穹有时坠，况此蕞尔山。烈焰空璠玙，顽石以幸全。
慎守处后箴，所遘乃不然。非必薰与膏，而后罹烧煎。
回车脱修辔，稼圃聊自安。度世如可求，哲者当我先。

经历了这次打击，南党汉臣在朝中已经没有什么力量，陈之遴也就彻底成为了孤臣。卷三《杂诗》其一颇能体现其当时的心境：

少小望艾耆，旷若无年载。羲和不停轨，鬓发忽已改……
故欢复何有，环顾但身在。嗟此黧面翁，夙昔盛荣采。

由顺治发起的这次政治风暴停止后，陈之遴的在国家权力系统中建立起来的交往空间被打破了，于是说出失去了"故欢复何有，环顾但身在"。尽管和陈名夏之间的关系十分微妙，但陈名夏毕竟是他在国家权力系统得以联动的一个重要部件，陈名夏的死令陈之遴在中央权力空间中的处境顿时变得窘困起来，由此他顿时感到了力不从心的衰老。

顺治十一年（1654）上半年南党汉臣的这次灭顶之灾来得太过突然，这使陈之遴对人生的认识变得悲观起来。卷三《杂诗》其四：

大道一何广，尘壒若苦雾。车马驱不息，徒者亦奔骛。颜色异忧喜，衣裳杂霜露。借问此何求，攘攘各有故。百岁同一尽，此日岂能悟。漏下暂归休，蓐食待天曙。

一大清早，霜露未散的街上车马不息，人流匆匆，就如同外出觅食的鼠群。陈之遴看着一张张悲喜不同的脸，知道他们各有奔忙的目的，在奔波中得到则喜，在奔波中失去则忧。天亮出门，天黑归家，夜寐夙兴，日复一日，到底图的是什么？无论今天以何种方式生存，得到什么，又失去什么，最终的结局都是“百岁同一尽”，又何苦如此这般熙攘奔忙呢？

### 三 顺治十二年（1655）末至十三年初生发的强烈归隐之心

度过了陈名夏被处绞后的南党群体性危机，顺治十二年（1655）二月陈之遴从户部尚书任上再次被擢为弘文院大学士，两个月后又加少保兼太子太保，十月还充任武殿试读卷官。到此时其仕路还是一帆风顺，但不知何故，接着便被从中央权力中心疏离出来。卷七《寒夜偶成》其一：

> 澌秋兵气酿奇寒，撼枕终风卧未安。老骨渐须亲兽炭，壮心今合付渔竿。
>
> 穷年案牍题诗少，载道流亡献策难。十万横磨南下急，可怜飞挽遍江干。

“澌秋兵气酿奇寒，撼枕终风卧未安”谓顺治十二年（1655）清定远大将军济度率兵约3万入闽会同驻闽清兵进攻郑成功，郑成功避其所长诱其海战。从“老骨渐须亲兽炭，壮心今合付渔竿”看，陈之遴在此时已经生发隐退之念。至其原因，便是“穷年案牍题诗少，载道流亡献策难”所言，朝外流民塞路，问题已是十分严重，陈之遴作为大学士为此上疏给朝廷，结果竟是“献策难”。显然，他已经遭到了顺治的冷落。从“十万横磨南下急，可怜飞挽遍江干”看，可能是对户部了如指掌的陈之遴知道粮草不够，提出此时不宜再派大军南下兴起大规模战事。其二：

> 虎林明月虎丘山，画舫雕轮往复还。别业几年荒乱后，酒徒强半去人间。
>
> 烽连闽海鲸波恶，纛卧江城羽骑闲。已办荷衣尘梦断，不知何处掩荆关。

陈之遴尘梦已断，连隐居的荷衣都已备好，只是致仕后归向何处还是个问题。想退隐到苏州别业拙政园①，但拙政园已荒乱数年，那里故友也已所剩无几。

顺治十二年（1655）冬陈之遴受到的冷落和遭遇的挫折应非同一般，他对仕路已经绝望，由此而生的退隐之心也异常强烈。卷七《岁暮思归》：

> 枯树啼乌破晓烟，怒风驱雪满台前。投身世路长千折，屈指明春是十年。
>
> 伏腊壶觞随岁减，醉醒词笔畏人传。遂初赋就归何暮，羞抗衰荣见辋川。

陈之遴顺治四年（1647）五月始仕清，到顺治十三年（1656）将满十个年头。“投身世路长千折，屈指明春是十年”表明此诗作于顺治十二年（1655）岁暮，也讲明了这十年的仕清路程布满荆棘艰辛。现在自己年过五十，心力一年年衰减，词笔也衰落得羞于见人。“遂初”谓去官隐居，现在这个年龄才归隐，如何能和当年的王维相比。卷七《望西山有感》：

> 繁霜一瞬移青鬓，古越千年冷碧萝。宦拙久醒金马梦，酒酣时记壁人歌。

“碧萝”谓隐士居所，这些年其妻徐灿早就劝其放弃仕清，致仕回乡归隐。十年来，陈之遴在仕清道路上一方面承受着或隐或现的叛国投敌失去名节的折磨，一方面在汉臣、满臣、皇权之间危机四伏的博弈中起起伏伏，自己也早就知道回乡归隐是最好的解脱途径。但不知何故，直到顺治十三年（1656）正月陈之遴也没有将自己的致仕决心付诸行动。卷十一《偶成》：

---

① 按：据徐珂《清稗类钞》：“拙政园在苏州阊、齐二门间，本大宏寺遗址，明嘉靖中御史王献臣始建斯园，取潘岳‘拙者为政’句命名，文征明为作图记以志其胜，后其子以樗蒱一掷偿里中徐氏。国初，归海宁相国陈之遴。陈宦于京十载未归，图绘咏歌，目未睹园中一树一石，及穷老投荒，穹庐绝域，黄榆白草，父子茕茕，而此园已籍没县官，为驻防将军得矣。”见《清稗类钞》第1册，中华书局1984年版，第203页。

> 簿书扰扰过初春，满眼风波满面尘。却笑年年作归计，十年犹是未归人。

既然顺治十二年（1655）冬以后陈之遴的政治处境如此艰难，其又迟迟不能彻底从中脱离出来，那么灾难的到来便是迟早的事情。顺治十三年（1656）二月，陈之遴便因结党营私、朦胧支饰等事由以原官发盛京地方居住。

## 四 顺治十三年（1656）三月至十月间初次遣戍辽东时的心态

### （一）被流徙盛京后的心境

其一，盼归是陈之遴在盛京最大的念想。尽管有文献称陈之遴此番在盛京期间遇事"犹然大学士"，自己也称"地主多贤辙竞攀"，但流徙盛京的日子其实并不好过，最大的问题是盛京缺医少药。据吴梅村《亡女权厝志》：

> 司农再相，未一岁，用言者谪居沈阳，取最少子从，其二在南，独留直方京师。以绝塞远，馈医药，通音问，居中为调护。……相国疽发背，舍中儿多南下，直方孱然膏梁少年也，从一医一童子出关，踔千里绝迹无人地以省父。

背上发疽，在当时的盛京是没有条件医治的，需要千里迢迢从京师带医生出关[①]。对辽东恶劣自然环境的不适对陈之遴也是很大的折磨，卷七《渡辽河》：

> 气息着髯皆积雪，唾珠脱口即坚冰。总缘寒暑催人老，况复悲欢逐岁增。

① 李兴盛先生曾引用清初东北流人方拱乾和杨宾的记载，称塞外人"病不问医，无医"，"满人病，轻服药而重跳神"。见其《增订东北流人史》，黑龙江人民出版社2008年版，第424页。

因而陈之遴时时都在盼望能早日被放还归京，卷七《至日》：

入夜敝裘惊栗烈，只应京国有阳和。

到了冬至时，一旦起风盛京的剧寒并不是裘衣所能抵御的，此时的陈之遴在盛京生活了已近十个月，开始更加地怀念京城，因为放归才是自己想要的春天和温暖，而决定自己能否放归的权力系统便在京城。顺治十三年（1656）十月顺治下旨着回京入旗，从《至日》看圣旨传到盛京当在冬至之后，因为冬至这天陈之遴尚在盼归。接到圣旨后，陈之遴自是异常兴奋。卷七《初发盛京》：

举家翘首望西还，一日殊恩忽赐环。寓公谢病门常杜，地主多贤辙竞攀。

回到京师后，陈之遴的喜悦丝毫未减。卷七《至京师》：

还朝适际三阳泰，入国欣看万象新。

陈之遴是在顺治十三年（1656）除夕前到达京城。卷七《丙申除夕》：

团圞岁岁不知欢，此夕方欣聚首难。
辽海客归尝险阻，越江书去报平安。
虽非故里亲差近，已入新春夜不寒。

除夕是一年中最为特殊的节日，在流徙盛京放归后的这个除夕之夜，陈之遴体会到了家人团圆的艰辛和对自己的重要性，有亲人在家便在，寒夜便为之不寒，这应该是他此番流徙盛京最大的人生收获。

其二，对自己流徙辽东的结局既悔又恨。卷七《春暮赠郭彦深》其二：

燕子巢成雁未归，北方物候近多违。
春当三月花俱暮，人及中年是非多……
请看鸡树虚名误，莫向青云羡一飞。

这首诗当作于离开京城赴戍所时。“请看鸡树虚名误，莫向青云羡一飞”，陈之遴直言自己对富贵功名的贪慕和不舍造成了今天的结局。卷七《至日》：

十年至日客中过，至日今年恨更多。
澹旭未堪温塞草，薄冰何意泮浑河。
曾经百病怜身在，拟学三空奈晚何。

从“澹旭未堪温塞草，薄冰何意泮浑河”所描写的东北气候看，此诗当作于夏至。自顺治三年（1646）夏秋间离乡北上，至顺治十三年（1656）夏至，也正合“十年至日客中过”。“至日今年恨更多”表明仕清十年来，陈之遴年年有恨，不过今年的恨要多于往年。此恨与卷十一《偶成》：“簿书扰扰过初春，满眼风波满面尘。却笑年年作归计，十年犹是未归人”所指相同，他在恨自己没有尽早从仕清的道路上脱身。

（二）流徙后对明亡的反思

陈之遴自盛京返京师途中，一路上目睹着饱受辽东战争摧残的关外，心情极为复杂，赦还的喜悦被扫得一干二净。他留意到了长期的明清战争对辽东的破坏，卷七《黄白旗堡》：

九边蕃庶推辽左，百里人烟乍有无。

战争已结束了十余年，但曾经蕃庶的辽东地区现在依然“百里人烟乍有无”。卷七《锦州》：

差喜诸屯凋耗后，此方民物稍丰盈。

陈之遴一路上目睹的都是千里凋敝的景象，到了像锦州这样“民物稍丰盈”的地区，才使内心的荒凉感得到一丝缓解。卷七《自杏山至塔山》：

> 塔山松杏乱烽烟，一战精兵尽九边。黔首岂堪频竭泽，赤眉从此遂滔天。
>
> 旌麾北寺专征日，落网东京党锢年。极目霜风斜照里，可怜错绣旧河山。

陈之遴经过杏山和塔山时，想起了崇祯十四年（1641）前后的明清松锦决战。据《清太宗实录》：“是役也，计斩杀敌众五万三千七百八十三，获马七千四百四十匹，甲胄九千三百四十六件。明兵自杏山南至塔山，赴海死者甚众，所弃马匹、甲胄以数万计。海中浮尸漂荡，多如雁鹜。”[①] 松锦大战使明军精锐丧失殆尽，明朝在辽东仅剩下山海关最后一道防线。明清长期战争过度损耗了明朝的财力，这种损耗的最终承受者是农民，频频的“竭泽”逼迫各地农民纷纷起义，最终直入紫禁城，推翻了崇祯朝廷。陈之遴认为边塞兵败、崇祯亡国的罪魁祸首是宦官监军和朝廷党争，他直言这是崇祯的治国决策有误：“极目霜风斜照里，可怜错绣旧河山”。写此诗时距崇祯亡国已过去了13个年头，其仕清也已有10个年头，和他仕清初期反思明亡的诗相比，现在已经看不到忧伤和悲悯，除了一贯的批评和指责，现在又多出了一丝感慨和惋惜，这是陈之遴反思明亡诗歌中新出现的一种情愫。

## 第五节　辽东再遣时期的陈之遴

顺治十五年（1658）三月，与顺治感情极为深厚并倡立内十三衙门的大太监吴良辅因交通内外官员人等作弊纳贿被查处。案发后，四月陈之遴也因贿结吴良辅被查办，最终免死流放盛京。顺治十三年（1656）以原官

---

① 《太宗文皇帝实录》卷五十七，《清实录》第2册，中华书局1985年版，第776页。

至盛京地方居住只是一次惩罚，因为保留了大学士身份和宫衔，故这次流徙盛京与贬谪类似又高于贬谪。顺治十五年（1658）的流放则是仅次于死刑的刑罚，绝非顺治十三年（1656）的流徙可比，不仅削去官爵，籍没家产，而且株连父母兄弟妻子一并流徙。这也是陈之遴仕清后第二次流徙辽东，自顺治十六年（1659）闰三月末到达直至康熙五年（1666）九月离世，陈之遴流寓盛京共计 7 年。在这七年的流寓生涯中，陈之遴经受了身份地位和谋生方式的彻底改变，富贵和贫穷的落差，希望、失望和绝望后的安宁，对辽东的排斥、接受和融入，晚年接连丧子之痛等，这都是他前所未有的生命体验。正是因为这点，陈之遴这一时期所作的诗歌在《浮云集》中不仅在数量上多于其他任何一个生命时段，而且在内容和风格方面也占据了最显眼的位置。

## 一 顺治十五年（1658）因吴良辅案下狱时期的处境、应对和反思

### （一）自陈其冤

卷三《杂感》作于吴良辅案发初期：

> 雀角叹闺媛，贝锦感巷伯。颜氏曾拾塺，屈子乃怀石。
> 荣辱畴避就，吉凶岂惠逆。圣典矜眚灾，往训慎流宅。
> 市虎既已成，笯凤复谁惜。抚序难为心，反躬有余责。
> 授衣惊始寒，伏枕愧良夕。伥伥万事裂，憧憧百忧集。

“雀角”谓狱讼，“贝锦”谓诬陷。《巷伯》是《诗经》里的一首诗，诗义是宦官被谗言所伤。“颜氏曾拾塺”谓因误会而被怀疑，“屈子乃怀石”谓遭受排挤。读到这里，我们发现在陈之遴看来吴良辅是被冤枉的，其案发是由于吴良辅在顺治朝的中央权力空间中遭受排挤所致。“市虎”谓流言，“笯凤”谓拘禁。荣辱可以趋避，吉凶不可预料。虽然谁都知道要慎难防灾，但现在还是流言既成，恐怕连顺治都不会再爱惜已经下狱的吴良辅。吴良辅的下狱让陈之遴震颤不已，他曾向在吴良辅行贿，若朝廷追查起来当然有无法推卸的罪责。顺治十年（1653）就有规定：“在外官员亦不许

与内官互相交结，如有内外交结者，同官觉举，院部察奏，科道纠参，审实一并正法”[1]，陈之遴贿结吴良辅犯的是死罪。想到这一点，他心里突然涌起一阵阵寒意，感到后怕并为之彻夜难眠，甚至陷入绝望，一股强烈的崩溃感从四周向他挤压而来：“伥伥万事裂，憧憧百忧集”。此诗记录了陈之遴在吴良辅案发后的心理状态，我们的疑问是，吴良辅受贿和勾结外官是事实，陈之遴为什么为他喊冤？不止如此，陈之遴向吴良辅行贿也是事实，他也在为自己喊冤。卷三《赠子渊》：

> 所作敢曰冤？情实或颇殊。

自己确实有犯罪行为，当然不敢向皇帝鸣冤，但自己下狱还是有无法言说的内中情实。卷四《古槐行》：

> 百五十年狱市改，古槐葱郁依然在……我来倚树几心恻……
>
> 槐树初浓就羁绁，重阴雕尽未洗雪。

从“百五十年狱市改，古槐葱郁依然在”看，此诗作于陈之遴在刑部大狱中时。“槐树初浓就羁绁，重阴雕尽未洗雪”表明陈之遴自顺治十五年（1658）四月入狱至现在已过数月。需要注意的是“未洗雪”三字，在狱中数月之后陈之遴依然称自己被冤枉的。陈之遴和吴良辅明明都存在犯罪事实，他却一直在喊冤，这种行为的悖谬可以从下面两首诗中找到答案。

卷三《杂诗》：

> 白帝顺时令，非与百卉仇。飘风假其威，恣意相虔刘。
>
> 强干但陨叶，青黄同时休。弱者倍憔悴，柯条不一留。
>
> 回念春花时，枝本自绸缪。群鸟息其阴，欢喜鸣啁啾。

---

① 《世祖章皇帝实录》卷七十六，《清实录》第3册，第602页。

密荫一以秘，翻飞各优游。岂不怀故栖，荣落理不侔。

松柏虽后凋，斧斤终见求。

陈之遴认为吴良辅和自己一干人等被严肃处理，并非顺治有意为之，而是朝中异党“飘风假其威，恣意相虔刘”。这次对手下手太重，“强干但陨叶”，弱者则“柯条不一留”。“松柏虽后凋，斧斤终见求”表明，在案发初期陈之遴并未被牵扯进来，这和我们第三章的考察结论一致。很明显，陈之遴把自己和吴良辅的下狱归因于党争。在他的意识里，自从顺治十年（1653）以内十三衙门的设立为标志的中官势力崛起后，在顺治十五年（1658）前后的政治生态中，外官贿结内官已经成为一种常态，这种行为几乎遍布于所有朝官，甚至连顺治都视若无睹。就如同在顺治朝官场生态中的汉臣谁都清楚结党后果极为严重，顺治也屡屡打击，但朝官却一直没有停止这一现象。了解了顺治朝国家权力系统中的这种政治生态，就不难理解陈之遴当时的心态。既然在外官员与内官互相交结这种严重的犯罪行为是常态，那么按陈之遴的视角来看吴良辅受贿和陈之遴等人行贿自然就只能是顺治朝中央权力斗争的结果。在当时贿结吴良辅的人不可胜数，为何最后被朝廷处理的就这么几个？在这一思维逻辑下，陈之遴当然会喊冤①。

（二）人情冷暖

陈之遴仕清十余年来，任过礼部尚书、户部尚书，兼任过殿试读卷官，还曾两度升任弘文院大学士。一个位至相国的高宦，门生故旧自是不少。顺治十五年（1658）四月入狱后，陈之遴必然会对这些门生故旧充满期待，卷五《初冬》其二：

世事已如此，余生将若何？自惭为德薄，敢忘报恩多？

① 按：郑天挺认为陈之遴或者确有“希冀复任以贿赂吴良辅”之行，“也可能是被人诬陷的”。见郑天挺《清史探微》，独立出版社 1947 年版，第 71 页。

此时表明陈之遴十分渴望获得门生故旧的帮助，但事实和他的期待迥然有别。卷七《感旧》：

古丘残树暮江南，阵阵霜风逼素骖。欲吊左徒非宋玉，最伤太傅是羊昙。

九逵冠盖真如戏，七尺须眉怪尚男。枕上涕痕消不尽，夜来魂梦渡龙潭。

"素骖"是办丧事用的车，首联是回忆崇祯十二年（1639）七月后陈之遴扶父柩回乡下葬时的情景。"左徒"谓屈原，"太傅"谓谢安，羊昙是谢安的外甥，谢安死后羊昙为之悲伤多年。颔联讲的是当年父亲顺天巡抚陈祖苞蒙冤下刑部狱时门生故旧没有施援手者，只有作为亲人的自己四处求人。陈子龙的"幸有旧恩通讼疏，应怜短褐倍蒙茸"曾记录过当时陈之遴既十分无助又狼狈不堪的处境。前两联即为诗题《感旧》之"旧"，颈联和尾联写的是眼前的事情。顺治十五年（1658）此时陈之遴"蒙冤"下刑部狱，也未见门生故旧为之奔走，只有儿子陈容永在重复自己的当年故事。据吴伟业《亡女权厝志》：

当相国再以他事下请室（按：关押官吏的监狱），家人咸被系，直方在外舍，未就执，得以其身便服省视，涂炭奔走，见者殆不复识。[①]

历史在海宁陈家三代人身上上演了同样的剧情。陈之遴认为是海宁陈家一直信奉的仕宦之路造成了今天的悲剧，于是发出"九逵冠盖真如戏"之慨，九逵谓京城大道，冠盖谓仕宦高官。如此剧情，真是人生如戏。面对这样的天公弄人之事，自己作为"七尺须眉"也责怪生子读书求仕这一传统崇尚。颈联所言即诗题《感旧》之"感"。龙潭谓凶险之地。尾联写的是陈之遴难以从吴良辅案中抽身的悲伤和恐惧，在一段时间内曾涕痕不

① 吴伟业：《梅村家藏稿》卷四十九，《续修四库全书》第1396册，第274页。

尽，噩梦不止。

（三）狱中生活

陈之遴顺治十五年（1658）四月下刑部狱，顺治十六年（1659）三月方离开赴盛京戍所，在长达一年的牢狱生活中固然内心经历过种种煎熬，但他在牢狱中有相当大的自由空间，日常生活几乎与平时无异。当时刑部狱中关押着数十名这样的案犯，除了和吴良辅案有牵连者，还有案发于顺治十四年（1657）的南北闱科场案诸犯，如张恂、陆庆曾、张天植、孙旸、方拱乾、吴兆骞等人。且看《浮云集》中所记录的当时的狱中生活场景，卷三《答张稚恭赠〈柱石图〉》：

> 倘忧青天坠，枝柱自有公。

张稚恭即张恂，张恂在狱中还有条件作画，而陈之遴也有闲情作诗和他调笑，现在这种处境正是青天坠，张恂同陷囹圄，如何作枝柱？卷三《四子弈棋诗》：

> 子见好深算，下子动移刻。当其取胜时，往往称败绩。
> 子渊颇疏快，不甚计损益。野战辄自诩，佯死每愚敌……
> 凌晨各求偶，薄暮未肯息。争道少谦让，悔子忽嘲谪。
> 得志如获宝，恋局屡忘食。旁观默乃容，多言见挥斥。

陈之遴等人在狱中可以终日下棋，而且弈者和观者都如此用心，而陈之遴也有心绪作这种类似打油诗的文字博狱友一笑。卷三《赠子渊》对他们这种悠然的刑部大狱生活进行了详细记录：

> 尔我处犴狴，剌剌谈诗书。弈棋复饮酒，燕笑娱斯须。

当然，这是关押在刑部“请室”中的“高端刑事犯”才能享受到的特殊待遇。他们能有如此轻松的心态，应该与朝廷对他们的处理方向有很大的关系，否则不会如此乐观。具体到陈之遴案上，主犯吴良辅的最终结局是免除刑罚到忠悯寺为僧，在当时就可能被顺治保护了起来。在这样的形势下，从犯陈之遴对自己将来的处理结果一定会有乐观的估计。

（四）流徙之悲与仕清之悔

顺治十五年（1658）四月免死革职，籍没家产，并父母兄弟妻子流徙盛京的批红下达之后，直至秋暮时节这一判决也未出现改观的苗头。陈之遴对此的第一反应是对自己命运和结局的悲伤，卷五《秋暮》其一：

> 春色应无分，秋光复遽还。盛衰真转毂，愁病若循环。
> 夙果三生就，余身百虑关。何如黄落叶，犹得点燕山。

人的一生盛衰愁病就像转毂那样不停地循环，自己今天的结局是命中早已注定，自己活着本来就是要遭受“百虑”的煎熬。虽然有这种认识，但这个结局还是在他的意料之外，于是便悲慨不如一片秋日的黄叶。黄叶坠落后至少还留在京城，而自己却要扶老携幼到“涕唾成坚冰”的辽东度过残年。

除了这种对自己的悲哀，陈之遴仕清十余年来第一次明确流露出对仕清的后悔。卷三《赠子渊》：

> 新鬼不知死，且复遨太虚。忽挂榛莽间，乃悟非故居。

“新鬼不知死，且复遨太虚”谓明亡后或者弘光小朝廷覆亡后自己就已随朝廷死去，在这里他将朝廷和个人看成了命运共同体，是典型的传统遗民意识。故国新亡，同时死去的自己也就成为“新鬼”，但这个新鬼当时并不知道自己已经不再是世间的人，又再次到不属于鬼的“太虚”中遨游，直到遭遇了灾难，才醒悟这不是自己该待的地方。显然，这次举家流徙盛京的结局开始让陈之遴对自己当初选择仕清这一做法悔恨不已。卷五《秋暮》其二：

沉湘非得以，蹈海岂徒然？薄命知今日，穷途信昔贤。

助愁通夕雨，催老早寒天。恻恻捐乡国，如何在死前？

此诗作于顺治十五年（1658）入狱后的秋天。屈原沉湘和鲁仲连蹈海都是因为不能接受给灭亡自己故国的秦国作臣民，今天自己走到穷途末路才接受屈原和鲁仲连在面临亡国时的决心和选择。从“恻恻捐乡国，如何在死前”看，陈之遴在痛恨自己为什么在活着时候就捐弃了故国，他在悔恨当初走上叛明投敌这条路。陈之遴此前有过对“叛明仕清”悔意，但这种悔意在落实为诗歌文字时却成了后悔对富贵功名的追求和把读书求仕作为人生的唯一出路。换句话说，从诗歌文字的表象看，此前对陈之遴而言仕明和仕清是一体化的，在他有关追悔出仕的诗中没有表现出明显的仕明和仕清的分野，现在则不同。这是陈之遴这个生命时段出现的一个新现象。这一现象的出现当是顺治把他彻底抛弃，他被从国家权力系统中完全剥离出去所致。当初自己选择仕清时付出那么大的心理代价，经受了那么多政治伦理和和价值观变化的折磨，仕清后又忠心敬业为朝廷作出了巨大的职务贡献，其间还经受了无数次政治风波的烹煎，到最后却落得个如此下场，陈之遴如何能不深恨自己走错仕清这条路。需要指出的是，虽然此时的陈之遴对自己当初的叛明仕清之行表现出了痛恨和追悔，但无关政治伦理，他只是宣泄一种“贤女错嫁无情郎”的愤恨和悔意。

（五）对家人的担忧和对朋友的劝慰

卷五《寄内》：

闻道鱼轩出，城南憩敝庐。他人行入室，数载昔安居。

尘暗春眠榻，编残夜看书。只应共儿女，流涕步前除。

此诗作于顺治十六年（1659）春陈之遴被执行籍没家产时。陈之遴下狱是在顺治十五年（1658）四月，朝廷下达处理结果也是在当月，时值初夏。而其和妻子徐灿离京赴遣是在顺治十六年（1659）三月中旬，则朝廷对其执行籍没家产当在此时间之前，时值春季。诗中有“尘暗春眠榻”，正与籍没家产的时间相合。第三章已考，陈之遴入狱时女眷不需收监，故徐灿得以在家居住。在顺治十六年（1659）春家产被朝廷籍没又尚未动身离京赴遣这段日子，徐灿只能搬出自己的家，另外觅房暂住。陈之遴在狱中得到消息后，写下了此诗。本是贵族妇女的徐灿，现在只能在城南暂住敝庐栖身。自己一家曾经安居的豪宅，现在住进了别人。陈之遴想象得出妻子在这种处境下的生活状态："尘暗春眠榻，编残夜看书。只应共儿女，流涕步前除"，妻子心境的黯然、夜灯下一遍遍翻书试图缓释悲抑情绪的身影和无法抑止的悲伤跃然纸上。

顺治十五年（1658）陈之遴等人在狱中度过了冬至，这天他写下了卷五《冬日书怀同汉槎作》安慰吴兆骞：

> 长空横断雁，故国杳双鱼。谁道颠连久，方今患难初。
> 名污轻性命，身废怨诗书。他日重携手，应连万死余。

顺治十四年（1657）南闱科场案案发后，已考中举人的吴兆骞于顺治十五年（1658）三月衔冤下刑部狱，至十一月二十八日朝廷正式诏谕责四十板，家产籍没入官，父母兄弟妻子并流徙宁古塔[①]。该年冬至是十一月二十七日，此时狱中诸人应早已事先听到消息，而陈之遴流徙辽东的判决在四月就已下达，两人下狱都已超过半年，故其对吴兆骞言"谁道颠连久，方今患难初"。和即将开始的边塞流徙生涯遥遥无期的痛苦相比，这半年多时间所遭受的困顿连"患难"都算不上。真正的患难在后面，二人半年多来在狱中经受了这点小挫折就因为名污而轻性命，因为身废而怨诗书，现在想来真是可笑。时过境迁后二人若能再次相见，那一定是在历经无数次九死一生的磨难之后。

## 二　顺治十六年（1659）三月离京赴遣时的心境

顺治十六年（1659）三月十四日陈之遴和妻徐灿、子陈堪永从京城赴

---

① 李兴盛：《边塞诗人吴兆骞》，第151页。

盛京戍所，在离京时和赴盛京途中，面对送别故旧的不同表现心中所感起伏巨大。

卷三《录别十二首》其八：

> 夙昔好宾客，结交倾汉廷。黄巾若泥沙，珠履纷逢迎。一朝失意去，饮饯如晨星。所亲多不来，所疏乃涕零。默默罢酒去，厚薄心自明。道旁杨柳枝，春秋异枯荣。轩车有时至，众宾复来并。

从前自己居朝为官时，“结交倾汉廷。黄巾若泥沙，珠履纷逢迎”，现在自己镌官赴遣时却是“饮饯如晨星”。毕竟，京城是个极为敏感的政治权力地带，在那样的空间中大张旗鼓地给陈之遴送行需要冒很大的政治风险。更令陈之遴想不到的是“所亲多不来，所疏乃涕零”，他认为该来送别的人却没有来，在为人情炎凉难受的同时也为自己当日交游时因不辨亲疏而薄待了一些人而后悔。面对这样的凄凉场面，陈之遴现在也只有“默默罢酒去，厚薄心自明”，同时他又十分不甘心，想着总有一天自己会像秋去春来的杨柳枝一样重新复起，那时自己又会拥有门庭若市的热闹。

卷三《录别十二首》其九：

> 朝处禁闼间，夕谪遂万里。宾从何寥寥，薄送国门里。驱车遡严风，黄尘暗天起。班荆北原上，伤哉故知己。握手百端集，欲诉还复止。寄言同朝人，黾勉事天子。

在出发时“宾从何寥寥，薄送国门里”，陈之遴对一些故旧没有前来为自己送行颇感凄凉。令他意外的是，有几个故旧竟然比他先行一步，早早来到京郊，在自己的必经之路上等着自己。面对此情此景，陈之遴“握手百端集，欲诉还复止”。在心中涌起一阵阵感动的同时，他也希望故旧们从自己身上汲取教训：“寄言同朝人，黾勉事天子。”

离京时送别场面十分凄清，但在离开那个人多眼杂敏感得让人止步的权力空间之后，赴盛京的途中陈之遴受到了门生故旧的隆重接待，卷三

《录别十二首》其十二：

> 车马何纷纶，乃在渭水阳。供张若云连，樽俎芬以芳。新声荡神志，宾主方乐康。中宴起拜跪，逝将适殊方。期则无岁年，途则万里长。四座听此言，动容各彷徨。宾拜主亦拜，改弦奏哀伤。初赠双纯钩，再赠千金装。将发又何赠，立德垂鸿名。

在不知道陈之遴此行的目的时，这个门生故旧提供了极为铺排的宴席，并赠以一对宝剑。在得知陈之遴的遭遇后，其为之动容彷徨，哀伤相拜，又赠以到辽东御寒的衣物，在分别时又以语言相告慰。此门生故旧为何人已不可考，但从全诗来看，其表现足以驱走陈之遴离开京城时人情炎凉在其心中留下的寒气。

## 三　流徙辽东时期对流放地的排斥和融入

### （一）对流放地的拒绝和排斥

有一类人很难做到随遇而安，对自己日常生存的地理环境和人际环境会抱有相当高的期待，因而每当变换了生存空间时他会有意无意地将新环境和自己长期生活过的空间进行对比。对在京仕宦者来讲，他们曾长期生活的空间一是家乡二是京城。这两个空间可以分别从乡土和理想两个角度满足他们对自己生存环境的不同期待，因而往往会导致出现居家时思京在京时思家这一悖谬生命状态。当他们被迫到家乡和京师之外的第三个空间生存时，自然会把这个新空间的气候、风物等与家乡和京师进行对比。若前者优于后两者，则会欣然接受，甚至发出赞叹之音。若前者劣于后两者，则会从心理上拒绝和排斥，在行为上则表现为对新的生存空间及其自身的抱怨，而自己所要承担的，就是伴随着这一过程的种种愁苦。显然，陈之遴是一个不容易随遇而安的人。

其一，气候、风物和生命体验的对比所带来的愁苦。

一是盛京与京城的对比。卷三《感怀》其一：

四序鲜淹晷，春令行复半。百草未萌蘖，烈风竟宵旦。

出门但荒野，耳目无一换。客岁尚斑鬓，忽若秋霜粲。

陈之遴在顺治十六年（1659）在闰三月底到达盛京，故曰“春令行复半”，虽正值深春，但苦寒之地的盛京仍是“百草未萌蘖，烈风竟宵旦”，打开房门，千里荒野，别无他物。新环境的酷寒和萧条给陈之遴带来极大的不适，在这样的地理和心理空间中生存，人也加速了衰老，去年两鬓不过才斑白，今年就已经满头银霜。卷三《感怀》其十二：

乾坤孰云广，千里异凉暄。彼土未授衣，此邦已号寒。

冉冉届严节，飞雪若旌旃……涕唾成坚冰，未脱口鼻间。

穷冬寡欢悰，况乃罹险患。终风荡我心，震虩何时安。

从“千里异凉暄”看，此诗是将盛京的气候和京城进行对比。“授衣”指九月，京城才是深秋，盛京已经严冬。还没到冬至，早已大雪纷飞。即便是现在的东北地区，尽管气候早已变暖，但到了隆冬时节在外面时间久了也会须髯之间形成冰层，所以350多年前陈之遴的“涕唾成坚冰，未脱口鼻间”绝非诗人的夸张之语。本已身遭险患，现在又处在这种严峻的自然环境中，陈之遴不仅整个冬天都郁郁寡欢，而且户外的严风令他对这个新的生存空间和自己的未来处境充满了恐惧。

二是盛京与海宁的对比。卷三《苦寒》：

燕越亦何远，凉暄遽殊绝。始悟天地狭，所处即羁绁。

况此辽海客，淹留及严节。曝日鲜微温，非风亦肤裂。

驾言陟崇丘，弥望但霜雪。御絺遂忘裘，际寒乃怀热。

辗转尘网中，苦乐固更迭。

从“燕越亦何远，凉暄遽殊绝”看，此诗所言为将盛京气候与家乡海宁对比后的感受。诗中透露出的对盛京地理环境的排斥感和上述两首与京城对比的诗完全相同，但陈之遴已经开始意识到用人生苦乐轮回的道理来抚慰自己。卷三《秋日杂诗》其二：

茫茫野草白，暗暗沙日黄。委此孱然躯，更彼风与霜。
寓形亦何有，犹复怀其乡。吴山八九月，轻裾尚飘扬。
秀岭带清川，乃在几闼旁。桂菊相赠遗，襟袖盈芬芳。
昔欢今则悲，盛衰固相偿。

同样是深秋时节，盛京早已风霜交加，而家乡海宁却是“轻裾尚飘扬”。自己在盛京满眼皆是“茫茫野草白，暗暗沙日黄”，而家乡海宁这个时节正是“秀岭带清川，乃在几闼旁。桂菊相赠遗，襟袖盈芬芳”。同一季节盛京和海宁不同物候的强烈对比，让陈之遴只能试着用“昔欢今则悲，盛衰固相偿”的悲慨来驱走对比后的愁苦。卷三《感怀》其九：

少壮盛亲串，分齐齿亦若。欢宴弥年岁，群居互嘲谑。
悠忽追耆艾，狎者日凋落。韶俊盈我前，老耄非所怿。
尊卑复悬殊，勉强侍酬酢。燕歌与赵舞，情志益辽莫。
寄言世上人，及时早行乐。

从“狎者日凋落”、“韶俊盈我前”看，此诗当作于顺治十七年（1660）陈之遴的兄弟和坚永、容永、奋永三子都到达盛京之后。自己少壮之年居家乡海宁时，每逢佳节欢庆，年纪仿佛的兄弟们“欢宴弥年岁，群居互嘲谑”。现在流徙到盛京，自己和几个弟弟一天天“凋落”，不再有年轻时的轻快心境。身边倒是有四个未及而立之年的儿子，但由于年纪、辈分的隔阂，虽有诗歌酬酢，但再也找不到过去佳节时分的快乐。而对辽东风俗和歌舞的拒绝和排斥，使陈之遴少年不再的落寞感变得更加强烈：“燕歌与赵舞，情志益辽莫”。

三是辽东特有的生命体验。在流徙盛京前，自年少到年老，从海宁至京城，陈之遴经历过数不清的送别场面，但那时或有杨柳堪折，或是前路友人多。现在到了盛京，一则不再拥有从前庞大的交游圈子，鲜有送别的经历，对友人离别也就感触更深；二则盛京一年中有长达半年的时间都是“出门但荒野”、“弥望但霜雪”。对友人离别的珍视和盛京这种特有的地理环境给了陈之遴前所未有的送别体验。卷十一《雪中送客》：

朔风吹雪拥征鞍，送客津亭欲别难。前路最怜回首处，一城烟树白漫漫。

友人带着难别之情孤身上路，在朔风吹雪的冰冷之中在雪地里深一脚浅一脚地走了一段时间之后，寒透衣裘，脸如刀割，此时停身回望盛京，“一城烟树白漫漫”是何等的孤单、不舍、无助和凄凉。只有陈之遴在辽东亲身所历过这种感觉，才能站在友人的视角写出这样的文字。通过这种辽东特有的送别体验，我们也能体会到陈之遴在盛京的不适和悲苦。

其二，生活方式的前后对比与落差。

海宁渤海陈氏在明朝时已是名门望族，尤其到陈祖苞时其家族势力更是达到了在明朝的巅峰。崇祯十二年（1639）陈祖苞出事之前，陈之遴家境的优越自不待言，即使在扶父柩归乡后的致仕时期，其依靠家中田产和积蓄依然过着交游吟咏和妻妾成群的逍遥生活。到崇祯十七年（1644）五月海宁乱民劫掠家资后，其第二年已经被迫遣散家姬，那段时间家境应该出现过艰难，但毕竟田产和房产尚在，家人不至挨饿飘摇。待其顺治四年（1647）五月仕清时，得四品翰林院侍读学士，家境当迅速好转，此后数年间其在仕途上一路上飙升至一品大学士，家境较之在明代时应是有过之而无不及。顺治十三年（1656）二月至十月间虽被发往盛京居住，但毕竟保留原官原衔，家境不至有什么起伏。到顺治十六年（1659）三月赴盛京时，家产被籍没，京城和苏州别业及家中大额金银积蓄和田产一律充公，此时的陈之遴可谓身无长物。顺治十七年（1660）四月陈之遴在海宁老家的三个弟弟和母亲也赴盛京戍所，虽然三个弟弟家中田产财物当时未遭籍没，但到顺治十八年（1661）以“营工”自赎回家时，当应耗尽了全部家财。否则，顺治十八年（1661）颁流犯认修城楼赎罪例之后，陈之遴不至慨叹“倚闾亲老思归切，立壁家贫欲赎难”（卷八《寄清河公》其二）。至此，陈之遴顺治十六年（1659）三月流徙至盛京后，其家境情况可想而知。

一是谋生方式的劳苦。陈之遴初到盛京时生活条件尚可，此说其据有二：

甲、陈之遴到盛京时有钱财解决住所问题。据吴兆骞《上母亲书（二）》：

> 旧年宁古塔迁城觉罗，去旧城六十里，在一片荒野中建造城郭屋宇。凡流人有前程者，皆在东门外。……儿以十月十二日移居新城，以八两买姚琢之年兄所新造屋。琢之年兄共费二十金造成，减价与儿，止取木料原价而已，其情甚厚。旧城一应房屋，悉行拆毁，儿之旧屋，止易八车木柴耳。①

从中可推知陈之遴一家至盛京后解决住所的花费情况，而能够自行解决居住问题则表明其到达盛京后囊中当尚有一定盈余。

乙、陈之遴曾接济过途经盛京赴宁古塔戍所的吴兆骞。据吴兆骞《与计甫草书》：

> 昨岁出塞时，长安诸公哀其穷乏，饷以百金，稍得料理衣资，支离道路。及至沈京，便已告罄，赖陈子长解衣推食，事事周全，挥涕赠金，情款绸悉，既将东发，复赠我鞍马以济崎岖。②

吴兆骞在《戊午二月十一日寄顾舍人书》中也曾提到此事：

> 弟以己亥夏……抵沈水之阳。海昌相公欲留弟共居一年，沈帅不许。濒行时，其令子子长赠我车马衣裘。③

---

① 吴兆骞：《归来草堂尺牍》，《秋笳集》附录一，第295页。

② 吴兆骞：《秋笳集》卷八，第270页。

③ 同上书，第264页。

陈之遴约比吴兆骞早二十余天到达盛京，吴兆骞至盛京时已是身无分文，从陈之遴资助吴兆骞的情况看，其初到盛京时日常生活应不成问题。

流人到戍所后，要自己解决居住和生活问题。或由于亲人相助，或由于遭籍没后家余散银，加之离京时和赴盛京途中的故旧赠送，陈之遴初到戍所时尚不至为生计愁苦，但毕竟一大家子人天长日久就会坐吃山空，不久以后陈之遴就迎来了这一天。卷三《感怀》其八：

去去长殊方，形影自相存。昔御锦与玉，今谋饔与飧。

在盛京生活了一段时间之后，过去锦衣玉食的陈之遴现在每天都要为谋饔飧而伤脑筋。卷四《羊皮半臂行》：

秋高风紧客衣薄，装绵着絮总不温。垂首抱膝坐长叹，笥中故裘无一存。

羊皮蒙茸众所陋，才作半臂少襟袖。上不覆肘下漏骭，仅免胸背朔风透。

时间久了，陈之遴居然“笥中故裘无一存”。从文字看，陈之遴笥中故裘当不止一件。其在盛京一共生活了八个年头，当不至将裘衣穿烂，除了周济吴兆骞，余者当是为生计所迫卖掉了，最后只能穿一块“半臂少襟袖”的破旧羊皮御寒。

陈之遴来到盛京后的谋生方式，一是开荒耕田以自给；二是开馆授徒以贴补。且看《浮云集》中所记录的关于陈之遴开荒力耕的相关情况，卷八《谷日》：

为农学圃真吾事……老惫尚须分五谷。江上水田宜晚稻，食新何日共亲朋。

卷四《逐鹿行》：

龙沙迁客长苦饥，种禾莳黍食其力。

卷三《感怀》其十五：

垂老乃受田，努力事东菑。

再看《浮云集》中所记陈之遴在盛京开馆授徒的一些情形，卷八《答张元岵》：

读书兼得事空王，嘉树重重覆讲堂。

卷八《雨中伤残菊作》：

佳辰草草过重阳，孤馆艰难尔共尝。

卷九《遣兴》：

悔迟时已暮，学浅论徒严。

以上三诗的讲堂、孤馆、论徒严都表明了陈之遴在盛京流寓时曾开馆授徒，这也是清初东北流寓文人补贴生计甚至借以谋生的普遍做法。

一个仕清后曾两度在六部尚书任上升任大学士的相国，竟然沦落至此，陈之遴在谋生的艰辛中不能不对自己的生活方式进行反思。卷四《逐鹿行》：

龙沙迁客长苦饥，种禾莳黍食其力。麋鹿纷来恣吞啖，千百为群逐不得。

不见猛虎蹲崇冈，强弓劲弩潜其旁。熊罴多力亦饮羽，尔何者兽恒披猖。

春狝秋蒐良马逐，寝尔之皮食尔肉。不如窜伏林薮间，但饱野苹庇而族。

当时盛京城外麋鹿成群，经常出没于农田祸害庄稼。陈之遴本已苦饥，于是不胜其烦，遂以麋鹿自比写成此诗。自己当初若不出仕，固然不会获得较高的社会地位，生活也会艰苦，但可保护家人，不至如今日流落飘零到盛京这个酷寒之地受尽苦楚和折磨。卷三《感怀》其十五：

垂老乃受田，努力事东菑。弊裘不掩骭，冷风无时吹。
犊弱犁遽偾，荒秽不复治。少小席素封，安坐甘肉糜。
白粲稍未凿，持匕意不怡。大哉暴天物，虽悔其可追？

“东菑”谓开荒，“弊裘不掩骭”谓无钱置办棉衣御寒。谁能想到，煊赫一时的海宁渤海陈氏家的一代相国不仅在垂老时弱躯耕田，且身处酷寒中而裘不蔽体？“偾”谓仆倒，“犊弱犁遽偾”谓无力耕种的狼狈情形，从中可以看出陈之遴一家在开荒耕田时的万般疲惫和绝望。陈之遴此番至盛京流徙时已年过55岁，四个儿子虽尚20余岁，但终属纨绔人家书生出身，从坚永、容永和堪永都未及30岁而卒于戍所看，皆当是手无缚鸡之力又体弱多病之人，恐怕提犁都有困难。惯拿纸笔的老父和四个弱子在盛京城外赶着弱犊扶犁而耕的柔弱、无助和狼狈不难想见。御寒衣物的缺乏和扶犁开荒时的狼狈让陈之遴习惯性地追忆其流徙前衣食无忧的华贵生活。“素封”谓无爵位俸禄而富有，陈之遴自小家境无比优越，米饭偶有糙粒便觉难以入口，回想过去饮宴无数曾浪费过多少玉盘珍馐，现在饥寒交迫的盛京流徙生活让他对自己过去的奢费无比悔恨。卷十一《郊外看杏花》其二中也体现了这种流徙前后生活方式的对比所营造的心境：

江南花事烂如霞，满眼名花不当花。今日低回芳树下，把杯愁杀日将斜。

生存空间和谋生方式的改变不止发生在陈之遴自己和他的家庭身上，其三个弟弟和母亲同样受此牵连。卷九《遣兴》：

> 累众煎膏火，心分问米盐……
>
> 潦倒穷途果，迂疏众论佥。

虽然陈之遴对自己连累家人受此磨难而心存愧疚，但亲人们在被盛京流徙生活折磨到绝望和崩溃的临界点时难免会发出埋怨之声，以宣泄心中积聚的巨大痛苦和压抑。正在苦难中难以自拔的陈之遴对此只能痛苦无奈地默默承受。

在盛京这种饥寒交迫的艰苦生活方式让陈之遴对剧烈跌宕的人生有了全新的体会，卷九《春暮》：

> 远谪芝颜槁，贫居粝食甘。

二是交游匮乏所造成的寂寥和孤独。

一个不可否认的事实是，直到今天交游饮宴仍是中国甚至是世界范围内仕宦者生活中一个极为重要的构成部分，在明末清初的社会环境中交游饮宴当然是陈之遴流徙盛京前重要的生活方式之一。交游饮宴的主要内容一般包括饮酒、歌舞、作诗、书法、绘画、弈棋，而对于已经出仕为朝中显宦并结成利益集团者，又会涉及讨论政治、交流讯息、密谋对策等。交游饮宴可以把一个人带进一个专属的社会空间，进到这个空间里的人除了一般都具有一定的经济基础之外，还要具有共同的知识积累、相当的智力水平、相似的审美取向和相近的价值追求，因而可以纵情饮酒，较量诗赋，同乐共苦，同进共退以致相互谐谑，其所带来的各种快乐、轻松、利益和群体归属感是有亲人陪伴的家庭生活无法代偿的，所以交游饮宴已经成了陈之遴这个社会层次的文人生命的一部分，一旦脱离这种生活方式，会给他带来极大的不适和孤独感。即使顺治十五年（1658）四月至顺治十六年（1659）三月在刑部大狱中这段时间，前途未卜的陈之遴和狱中诸人也未中断过这种生活方式。等流徙到盛京之后，陈之遴一夜之间失去了原有生活中交游饮宴的社会空间和经济条件，于是失去群体归属感之后的他始终有一种强烈的寂寥感。卷九《感怀》：

> 食贫疏酒馔，垂老恃芝苓……狎俗差无迕，吟诗只自听。

因为失去了原有的经济条件，现在的陈之遴已无力摆酒设宴呼朋引伴。"狎"谓迎合，虽然自己已经尽量适应和接受周边的人群，但双方在文化、心理、知识、志趣和心境方面的差异过于悬殊，即使偶有"野老羹葵昨日邀"（卷八《杪冬感兴》其三）这种蔬食淡饭式的邻里茶酒相聚，其吟诗后也难寻共鸣者，只能寂寞地"自听"。此点可以解释为什么陈之遴在盛京戍所时身边有身为清初绝代女词人和女画家的妻子徐灿相伴，其诗中仍频频出现"寂寥"、"孤客"这些字眼，如卷八《秋尽日作》：

> 晚岁驱车再度辽，冻云衰草倍萧萧……寒风又送清秋去，肯剩黄花伴寂寥。

卷十一《风雨》：

> 何须风雨侵孤客，满鬓霜华已自寒。

（二）对流徙命运的反思

通观《浮云集》中陈之遴在盛京对流徙命运的反思之作，根据思考角度大致可将其分为两类：一是将流徙原因归于他人；二是从自我身上寻找遭流徙的原因。

其一，将自己的流徙命运归咎于异党、同党和顺治皇帝，并由此而引发怨愤之情。

甲、对异党的怨愤。卷三《感怀》其一：

哲人皆集菀，耄及昧长算。善恶异祥殃，徒为画工谩。同患怀古人，庶几释疑叹。

卷三《感怀》其六：

猛虎负峻嵎，雄虺当险路。啮人性则然，非必仇与怒……

此处以“画工”和“猛虎”来比喻顺治朝党争中的异党，陈之遴认为是他们的污蔑和啮人之性造成了自己今天的结局。

乙、对同党的怨愤。卷三《感怀》其六：

反戈报知己，下石酬所附。多恩必府怨，施者诚自娱。

陈之遴认为自己顺治十五年（1658）四月因贿结吴良辅下狱后，那些和自己处于同一个利益空间的故旧不仅没有积极营救，反而有人对自己反戈相报，趁机将自己从南党汉臣在朝廷的权力空间中挤压出去。而在自己遭难时那些曾依附于自己的门生也没有知恩图报，反而多有落井下石者。在陈之遴看来，这些门生故旧也是导致自己流徙苦难的一个重要原因。

丙、对顺治皇帝的怨愤。卷三《感怀》其三：

不寐迨丙夜，揽衣步前庭……悄焉我心恻，慷慨年平生。
所志卒未展，徒与忧患并。一身为前车，举世鉴其倾。
刈若当门兰，飘若流水萍。

卷十一《宫怨》其一：

已自君心厌纨扇，帘前犹未起西风。

其二：

秋老不知伤寂寞，入宫元未识君主。

以上三诗对顺治的怨愤尚属隐约婉转，认为顺治在处置自己时“刈若当门兰”才造成今天“飘若流水萍”的流徙苦痛，而顺治之所以如此则是其对自己不再欣赏和重视。到了卷三《秋日杂诗》其一，陈之遴直接对顺治彻底抛弃自己的做法表示了谴责：

援琴奏清商，木叶应声坠。一身如飞鸿，兔毕乃羁滞。

在这里陈之遴明言自己之所以遭此流徙之灾，是因为顺治皇帝无情的鸟尽弓藏、兔死狗烹。陈之遴认为顺治对吴良辅案件的处理结果严重地伤害了自己，卷十一《四时闺怨》其三：

那知紫塞三冬雪，未抵兰闺一夜霜。

其四：

茱萸锦被重重护，不暖离心一寸冰。

其二，将自己的流徙命运归咎于自身，由此引发追悔之恨。

甲、对自己选择仕路的追悔。卷三《感怀》其二：

飞鸿西北翔，乘风势弥迅。磻缴一以发，铩羽不及瞬……

天地广且博，胡为自屯吝。悔往固莫追，乐今颇无忿。

天地广博，人生有那么多出路可选，自己偏偏执着于仕路，从仕明到仕清二十余年来在遇到波折时也曾想过归隐，但总是对仕路难以割舍，直到今天“磻缴一以发，铩羽不及瞬”，才幡然醒悟，只能追恨自己“自屯吝”。卷八《雪夜》：

薄酒强支今夜雪，异时轻别故山梅……廿载客踪长踯躅，未游龙塞已多哀。

自崇祯十年（1637）初次出仕至顺治十四年（1657）在京师入旗居住这二十年，陈之遴的仕路起伏正所谓“廿载客踪长踯躅”。陈之遴认为自己顺治十五年（1658）吴良辅案发后被流徙盛京这一命运，其实早在二十年前自己坚定地走上仕路时就已经决定了。卷八《春日杂感》其三：

少壮虚声艺苑中，献书曾诣建章宫。

木天不拟推词伯，沙碛何缘作塞翁。

“木天”谓翰林院。自己在明朝初次出仕翰林院编修时曾御前献文，仕清后仍任职翰林院侍读学士，假如自己没在翰林院中脱颖而出位至尚书、相国，就不会出现今天的下场。卷八《读故人诗有感》：

雨窗零涕诵遗编，痛忆春风并辔年。尚有文章悬日月，岂无灵爽在山川。

千秋遗恨华亭鹤，五夜哀啼蜀国鹃。惭愧九京应念我，白头如雪滞重边。

据南朝宋刘义庆《世说新语·尤悔》：

陆平原河桥败，为卢志所谗，被诛，临刑叹曰：“欲闻华亭鹤唳，可复得乎？”①

由于陆机在吴亡入洛之前经常和其弟陆云游于位于华亭的别业中，后世遂以“华亭鹤唳”来感慨悔入仕途。实际上，这个典故中也隐含着冤情，故

① 徐震堮：《世说新语校笺》，第479页。

陈之遴接着又用蜀鹃哀啼之典。但从该典的文本看，陆机所悔究竟是入仕还是入洛存在很大的不确定性，这个问题关系到陈之遴此诗是在追悔入仕还是在追悔仕清，因而不得不解决。古诗自唐以后便形成了自己特定的语义系统，在这个语义系统中对词语和典故的理解早在唐诗中就被固定化了，所以我们在读清诗时往往会在众多词汇上看到唐诗的影子。检视李白《行路难》诗之三：

陆机雄才岂自保？李斯税驾苦不早。华亭鹤唳讵可闻？上蔡苍鹰何足道！

王琦注引《太平御览》曰：

《史记》曰："李斯临刑，思牵黄犬，臂苍鹰，出上蔡东门，不可得矣。"考今本《史记·李斯传》中无"臂苍鹰"字，而李白诗中屡用其事，当另有所本。[①]

由此，在李白此诗中陆机和李斯是同命同运之人，则在古诗的语义系统中"华亭鹤唳"当是感慨悔入仕途，而非感慨后悔出仕异朝。因而陈之遴此处所悔仍是自己选择了入仕之路。

在《浮云集》卷十二中有两首《蝶恋花》词排在《蝶恋花·丙申元夜》之后，当作于顺治十六年（1659）赴盛京途中，同样表达了对自己选择仕路的追悔："富贵他生休更堕，儿时便向蒲团坐"，"回首故园心胆堕，都缘误向黄扉坐"。

乙、对自己为人处世不当的追悔。卷九《遣兴》：

乐事随年去，浮荣与祸兼。于今方憬悟，失玩地山谦。

---

① 瞿蜕园、朱金城：《李白集校注》，第242—243页。

“地山谦”是命理之学中的一个概念，指《周易》中的谦卦，讲的是谦虚卑退之意。陈之遴精于命理之学，故将这个寻常文人用不到的词汇引入诗歌中。此处陈之遴将流徙盛京的命运归咎于自己在仕路上不知进退。顺着这种“自反”逻辑，陈之遴在思考自己遭流徙的原因时开始借助于自己的命理学知识，将其归咎于自己的命运。卷三《秋日杂诗》其六：

穷达命在天，少壮了不信。携策干荣名，道路屡颠困。
棘茂兰必锄，何待仇与衅。方舟覆洪波，胥溺不及瞬。
永怀身世艰，万矢集方寸。

回想自己从仕明到仕清二十余年仕路的艰辛，从父亲蒙冤而亡、自己遭永不叙用、遭海宁乱民劫掠家资、亡父因被误解而遭乡人剖棺毁骨、出仕弘光朝廷时的险恶、投诚降清时的内心煎熬、仕清初期的政治伦理和价值标准的起伏、仕清后的数不尽的党争和惊恐一直到今天举家流徙辽东的凄惨，这一幕幕在脑海中闪过之后，陈之遴“万矢集方寸”。自己今天“方舟覆洪波，胥溺不及瞬”的下场，正是从前不肯接受“穷达命在天”而奋力出仕所致。而由于已经甘心“认命”，陈之遴在卷十一《宫词》其二中甚至开始不再怨恨将自己置于绝地的最终决定者顺治皇帝：

纨扇凉飔感弃捐，当时怀袖久流连。自怜妾命秋云薄，不是君王雨露偏。

到了这里，我们有必要总结一下关于陈之遴对自己走上仕路的追悔问题。

在整个《浮云集》中，陈之遴对仕路的追悔鲜明地出现在其生命的三个时段：一是顺治四年（1647）仕清初期，二是顺治十五年（1658）因吴良辅案下狱期间，三是顺治十六年（1659）赴盛京戍所以后的数年间。在前面考察顺治十五年（1658）陈之遴因吴良辅案身处刑部大狱期间的心理状态时，我们对其前两个时段的仕路追悔曾进行过比较，得出的结论是陈之遴在第一个阶段悔的是叛明仕清，但在文字表现上悔的却是对富贵功名的追求和把读书求仕作为人生的唯一出路，在第二个阶段则明言悔的是自己走上叛明仕清这条道路。通过上文的论述，我们不难发现陈之遴在第三个阶段与第一个阶段的仕路之悔在文字表象上相同，悔的依然是对科考出仕这一人生道路的选择和坚持，并未将自己对命运的追悔指向自己当年对“叛明仕清”这一政治伦理的突破。

表面上看，第一个时段和第三个时段追悔仕路的指向是一样的，但实际上还是存在指向真假的区别。陈之遴在仕清初期的追悔主要是家乡故友对自己仕清的宛转劝止和直接指责所致，此时陈之遴虽然在文字上将自己对仕清的追悔与对仕路的追悔合二为一，但这只是他不敢直面问题而安慰自我的结果，毕竟此时他还没有迈过横亘于心中的叛明仕清这道极不光彩的门槛，此时在他对仕路的追悔的表面下掩盖着叛明仕清的煎熬。其流徙盛京数年后对仕清追悔与对仕路追悔的合二为一则是一种很自然的行为，其中原因可以这样解释：在仕清初期突破传统的政治伦理标准固然需要一个痛苦的过程，但一旦迈过这道门槛，随着十余年仕清道路上的事易时移，仕清就和仕明一样习惯性地成为了一种生活方式，尤其当陈之遴逐步发现清朝政权的运行模式同于明朝，给自己提供了相同甚至更好的生存空间，并且国家权力系统正在按照他固有的理想状态来塑造社会时，不仅叛国投敌，就连华夷之辨这一根深蒂固的政治伦理标准都会让位。当陈之遴在仕清道路上达到这种状态，仕明和仕清之间也就不再存在着一道难以跨越的门槛。

那么，陈之遴顺治十五年（1658）下狱期间对自己仕路的追悔同样是发生在仕清十余年后，为何其又对自己的叛明仕清表示悔恨？陈之遴这一时段对仕路的追悔是自己在朝官贿结中官的政治常态中遭遇了“冤屈”所致，既然大家都在贿结吴良辅，为何偏偏处理我，而且处理得这么重？这种强烈的不平感让陈之遴十分后悔当初叛明仕清，需要注意的是这一时段陈之遴后悔“叛明仕清”悔的是当初不该给清朝朝廷出力，含有“出力不讨好”之怨和“鸟尽弓藏”之悲，与事关贰臣的政治伦理无关。

总的看来，陈之遴在仕清初期曾经后悔过“叛明仕清”，但其试图用仕明和仕清的一体化来掩盖自己对传统政治伦理的突破，因而从表面上看他并未对“叛明仕清”表示过后悔。陈之遴在顺治十五年（1658）下狱期间后悔的也是“叛明仕清”，但此番悔的是“贤女错嫁无情郎”，无关贰臣心曲。流徙辽东数年后陈之遴再也没有表现出对叛明仕清的后悔，因为随着陈之遴清朝仕路的延展，仕清早已经成了他的一种生活方式，和仕明不再有区别。

在三个生命时段中追悔指向的不同可以反映出陈之遴不同时期政治伦理标准的起伏变化：对仕清初期的陈之遴而言，仕明和仕清存在明显的分野，仕清是叛国投敌行为。对顺治十五年（1658）下狱时期和流徙辽东数年以后的陈之遴而言，出仕只是一种生活方式而已，因而仕明和仕清是一体化的。从陈之遴身上即可足见“贰臣心曲”的个体化差异是多么的复杂，当我们试图用“清初贰臣的群体特征”去观察个体时确该慎之又慎。

（三）对明亡的反思

《浮云集》中陈之遴反思明亡的诗歌集中分布于四个时期：一是崇祯十七年（1644）明亡初；二是顺治四年（1647）仕清初；三是顺治十三年（1656）二月至十月以原官发盛京居住期间；四是顺治十六年（1659）闰三月后长期流徙盛京期间。

前面已有分析，前三个时期陈之遴所分析和总结的明亡原因大同小异，区别在于在反思时个人情感的变化。陈之遴在明亡初的反思诗歌中隐含的感情较为单一，即对崇祯朝廷及崇祯皇帝本人的强烈批评、指责和抱怨。这一现象到了仕清初期的反思诗歌中就消失了，而代之以兴亡之感和亡国之悲以及些许亡国的憾恨。等到了顺治十三年（1656）以原官发盛京居住期间，其反思诗歌中又不见了对明朝亡国的忧伤、悲悯和憾恨，而是在批评和指责之外另有一些感慨和惋惜。那第个四时期陈之遴反思明亡的诗歌又有什么特点呢？

卷三《感怀》其十：

驱马涉荒碛，暮及古战场。颓景照枯骨，积若丘与冈。
昔岂好凶危，受命争封疆。上将丧其元，青简存虚名。
部曲累千万，灰没无一扬。厉阶良有由，覆军在庙堂。

去去不忍顾，恻怆摧肝肠。

卷三《感怀》其十一：

东京失乾纲，阉竖秉钧轴……黄巾起多方，赤社互已屋。

木蠹虫乃生，燎原孰能扑……名城既屠刈，戈铤迫穷谷。

我生不后先，伤哉际百六。

卷三《秋日杂诗》其三：

黄巾昔纵横，屠脍无愚贤。华阙尽燔烧，万室无一完。

中原榛莽积，江海扬狂澜。扰攘匪山泽，生自闱禁间。

至今当秋风，凛若戈与铤。

以上三首诗在悲凉地记录了明朝覆亡的原因之后，最终的笔触随着思维将视角落到了陈之遴自己身上，可以从中看出明朝亡国本身和亡国原因中的一些事件与陈之遴个人之间的关系。这一反思视角的转变在卷八《秋日感旧》其四中体现得最为直接：

乾坤十载失清宁，珥笔空惭侍禁廷。阃外彤弓频锡命，殿中玉几尚横经。

除名敢负孤心赤，忧国初移两鬓青。宵旰岂应逢板荡，久倾炎鼎自桓灵。

这首诗最能体现流徙盛京一段时间之后的陈之遴内心深处对明朝的感情。“珥笔”谓翰林院，首联和颔联写的是崇祯十年（1637）任翰林院编修时，面临战乱自己身为文臣没有机会像武将那样为朝廷出力，他为此感到惭愧和心急。即便崇祯十二年（1639）自己因父亲冤案被除去名籍永不录用乡居时，仍然因为忧国而“初移两鬓青”。这都是陈之遴当时心境的真实记录，但其在流徙到盛京以前在反思明亡时从未这样将自己融入进去，并且现在的陈之遴在反思明亡时对崇祯已经没有丝毫抱怨和批评。“宵旰”谓崇祯皇帝起早贪黑勤于政事，陈之遴提出明朝的覆亡是夙因所致，勤奋的崇祯皇帝不应为此负责，这和其从前对崇祯的直接指责形成了鲜明对比。

这一时期陈之遴反思明亡的诗歌多达数十首，我们不可能一一罗列至此，但从上面所引几首诗歌已经可以看出，和前三个时期相比，除了为崇祯被视为亡国之君一事进行正名，陈之遴对明亡原因的总结在内容和情感方面都没有突破和变化，但值得注意的是这一时期陈之遴在思考明亡时的视角明显发生了转变。前三个时期的反思，陈之遴一直都是站在旁观者的角度在思考和叙述，因此清人曾经这样评价他反思明亡的诗歌：

> 素庵相国《燕京杂诗》十二首作于甲申四月，苍凉悲壮，不减唐人，所惜者局外快人之语多，故国旧君之感少耳。

陈之遴此时的反思明亡诗是否“苍凉悲壮，不减唐人”还有待商榷，但“局外快人之语”算是抓住了他在反思明亡时以旁观者身份出现这一要害。到了第四个时期，陈之遴开始把明亡和自己联系在一起，在这一反思视角下明朝和自己成了命运共同体。当陈之遴被流徙盛京并且对重新出仕绝望之后，其不再属于清朝这个新的国家权力系统，成为了一个脱离了国家权力空间的“裸人”，此时曾经伴随他长大成人的故国自然会重新占据他的内心，他对明亡的反思也因此而发生了上述变化。另外，陈之遴在盛京对明亡的反思所引发的的悲凉对他本已愁苦不堪的内心无疑会雪上加霜。

至此，我们可以对《浮云集》中所见陈之遴的兴亡之感和亡国之悲进行一番总结。

通常认为陈之遴缺乏兴亡之感或没有亡国之悲。《浮云集》中体现兴亡之感和亡国之悲的诗歌固然不多，但我们发现陈之遴的兴亡之感和亡国之悲有三个特点：一是随着生命阅历的变化，其兴亡之感和亡国之悲存在一个渐进的过程，从冷眼旁观的无，到极度悲凉的有和极为浓烈的悲，最后到把自己与明朝视为命运共同体。二是其兴亡之感和亡国之悲呈现出“虽少但深”的特征，与清初遗民诗相比，陈之遴诗歌中的悲凉并不逊色甚至有超越之处。三是其兴亡之感和亡国之悲呈现出“虽少但久”的特征，直到生命的最后一个时期，陈之遴在盛京戍所仍在反思明亡并为之感慨惋惜。这也正是贰臣流人兴亡之感和亡国之悲的复杂之处。

（四）对流徙之痛解脱路径的寻找和尝试

陈之遴的盛京流徙之痛远非前面所述，除了谋生方式的转变带给他的苦楚、对流徙命运的反思带来的怨愤、对明亡的反思所带来的悲凉，《浮云集》中还隐藏着一种仇恨。卷九《辛丑中秋对月戏为险韵》其二：

> 朗朗寒空镜，萧萧久客衫。鉴怀秋更怯，追旧恨难芟。

卷十一《秋塞杂诗·秋雨》：

> 四野秋阴上碧空，飘摇毳帐满霜风。那知千古边庭恨，都到潇潇暮雨中。

陈之遴追旧所生之恨为何恨？潇潇暮雨所引出的边庭恨又是何恨？从其人生经历和其对明亡的反思来看，此“恨”的内容应包括与父亲陈祖苞冤死有关的家恨，与农民军兴起、清兵入侵和明朝灭亡有关的国恨，对朝中异党和同党以及顺治皇帝的怨恨和对掌控人生失败的自恨。

卷八《有感》：

> 曾守庚申仇未绝，已周甲子道无闻。漫言词笔堪千古，满楮空华更误君。

“庚申”也是一个命理学概念，又称“占禄“，男子占禄可拥有高官厚禄。陈之遴曾“占禄”却“仇未绝”，则此仇当是其在明朝和清朝出仕期间的仇。“已周甲子道无闻”表明此诗作于康熙三年（1664）七月其60岁生日之后，时已流徙盛京5年，距其离世还有两年时间，是则此“仇”是陈之遴至死都未能释怀的。此“仇”与以上两诗之“恨”当是含义相同。

除了仇恨，在离世的前几年陈之遴还在盛京两度经历了老年丧子之痛。康熙元年（1662）陈之遴58岁，当年四月年仅27岁的儿子陈坚永卒于戍所。康熙四年（1665）八月，61岁的陈之遴又失去了年仅29岁的四子陈容永。卷三《秋日杂诗》其八：

> 生世逾中年，少乐自多悲。良朋接踵没，骨肉亦崩离。
> 亲串存二三，又复非心知。独歌无欢声，独饮无甘卮。
> 平生适情事，年往安可追？欲从赤松游，凡才将见嗤。

从“生世逾中年”看，此诗当作于康熙元年（1662）陈之遴58岁时失去陈坚永之后。这一时期的陈之遴多悲孤苦，而“欲从赤松游，凡才将见嗤”又表明其虽然有过尝试但最终毫无办法解脱这种悲苦。

陈之遴在盛京对流徙苦痛的应对和解脱，可谓尝试了多种方法。

一是入佛。卷三《感怀》其七：

> 吾将适空门，度世非所事。

卷九《春暮》：

> 终焉依贝叶，天外一茅庵。

卷九《挽徐霞城年伯》：

> 近来羁远域，颇亦托禅林。

其妻徐灿《拙政园诗集》卷上也有《和素庵写〈金刚经〉作》：

朝朝探般若，尘念醒心头。渐解经中义，浑忘塞上秋。[1]

二是作诗读史。通过作诗遣怀排解心中积郁自不必说，至其通过读书来解脱流徙苦痛一事，有二证：

甲、卷三《秋日杂诗》其七：

素书聊解忧，晨颂夕已忘。

通过读书固然可以暂时遗忘眼前，但书中文字被陈之遴看作是“满楮空华更误君”，并且晨颂夕忘，似乎效果不大。

乙、据吴兆骞《上母亲书（六）》：

今春蒙陈相公夫人自沈阳以一马载《纪事本末》相赠，纸扎精妙，对之如逢故友，目下而正批阅此书也。[2]

此信写于康熙九年（1670），时陈之遴已去世3年。由此可见陈之遴赴盛京时应携带了不少图书，因而也就具备日日读书解忧的条件。

三是入道。卷八《癸卯元旦》：

璇题珠缀焕层霄，此日龙墀散早朝。
忽向尘中淹岁月，更来天外混渔樵……
云路重寻应未远，紫桃花下玉虹桥。

此诗作于康熙二年（1663）59岁时，而从徐灿作于康熙三年（1664）的《素庵六十初度》看，陈之遴在生命的最后几年里对道家理论十分沉迷，他应该从中找到了解脱了悲痛的契合点：

① 徐灿：《拙政园诗集》卷上。
② 吴兆骞：《归来草堂尺牍》，《秋笳集》附录一，第305页。

游戏尘寰六十秋，几回荣辱总浮沤。偶耽翰墨仍无著，独信神仙必可求。

可惜的是，此时他能在世间停留的时间还只剩下两年。

（五）对流放地的接受和融入

陈之遴顺治十六年（1659）闰三月底抵达盛京戍所后，对盛京的地理环境和风物民俗表现出强烈的排斥和拒绝，盛京生活与京城和家乡生活在气候、风物、生命体验和生活方式等方面的巨大落差使他陷入巨大的艰辛和愁苦，对流徙命运的反思又引发了他对同僚、顺治和自己的怨愤，在辽东不同以往的反思明亡也在无形中让他感到悲凉。当陈之遴在盛京被悲苦和绝望逼近崩溃的临界点时，他也寻找和尝试了种种方式来试图摆脱它们，但直到生命结束的前几年才方见成效。如此看来，陈之遴在盛京七年多的流徙生涯中，至少有五年多的时间在经受着精神的煎熬。人在遭受折磨和挫折时，往往会强烈盼望逃离这种自己失去了驾驭能力的生存方式，反向寻找解脱；如果身处异乡则又会前所未有地不自觉地频频思乡或回忆从前。陈之遴在盛京戍所承受煎熬时，其所谓反向寻找解脱就是对放归的期盼，与此同时他也对家乡和京城日思夜想，因为家乡是他的港湾，而京城有他所认为的美好。

为直观显现陈之遴在盛京放归期望的心绪变化和对京城和家乡的思念情况，我们对《浮云集》中的相关诗歌进行了系年，系年时主要依据三点：一是根据有明显时间标志的诗题或诗句进行推算；二是通过将诗意和陈之遴行年事迹相结合进行推算；三是根据《浮云集》中诗歌的排列顺序进行推定。

其一，在流放地放归期望的心绪变化情况。

顺治十六年（1659）：

卷三《至日》：

昔我滞此邦，风霜正交加。今我再谪居，温如吴山阿。
凉燠岂有恒，谁谓天心遐？

卷十一《至日甚暖》：

葭灰飞处一阳生，顿减重裘旅病轻。应是汉宫春色动，乍分余寒到龙城。

卷三《冬杪》：

援琴操南音，达者谓踢蹐。旋归譬黄鹄，拼飞偶西适。

卷三《感怀》其二十：

生还志愿毕，倦游久知止。拥彗扫阡域，登堂奉菽水。薄田虽污莱，荷蓑事耘耔。

顺治十七年（1660）：
卷八《寄怀吴子汉槎》其一：

已度重关更出边，江东才子独颠连。流年转眼人三十，故国伤心路八千……

金鸡莫道无消息，只在天心一转圜。

卷三《秋日杂诗》其七：

冉冉云南驰，汤汤水西向。奋飞附阳鸟，翅若不足仗。

其三：

君恩圆缺如明月，再照长门不可知。

顺治十八年（1661）：

卷八《秋日感怀》其八：

生计不堪筹倒橐，归装还拟絜征裘。

康熙元年（1662）：

卷八《杪冬感兴》其二：

乘风破浪非无兴，渤海茫茫冻不流。

卷十一《秋塞杂诗·秋风》：

如冰铁衣难更着，今秋吹送旅人归。

卷八《寄子渊》：

更我嘉客愁悬榻，谁向衰龄问鼓刀。闻道卜居殊适意，恰逢春色到东皋。

卷八《壬寅除夕》：

越西燕北总人间，谁道萍踪限汉关。紫塞乍逢春色早，白云长共客心闲。

康熙二年（1663）：

卷四《春雪篇》：

长安二月春初好，舒红衺绿青楼道……此时见雪还相忆，此际看春转自惊……

冷霰先欺玄菟城，阳和不到黄花戍。夜雪金垆共夕香，春游莫向天涯路。

卷十一《郊外看杏花》其一：

岭头残雪洒苍苔，寂寞芜城燕未来。何意数枝红杏色，春风还向逐臣开。

卷八《春日杂感》其七：

出处当时颇泰然，闲情何地不流连。药炉火活松风里，茗碗香生谷雨前。

康熙三年（1664）：
卷十一《甲辰元夕》：

朦胧斜月照松寮，检罢丹经转寂寥。沈水半炉相向坐，不知人世是灯宵。

通过对上述诗歌的系年不难看出陈之遴在流放地放归期望的心绪变化：顺治十六年（1659）和顺治十七年（1660）时陈之遴对自己的赦免放归充满了信心；从顺治十八年（1661）开始对放归出现了失望情绪；到康熙元年（1662）和康熙二年（1663）时尽管失望和希望两种情绪混杂着出现，但从康熙元年（1662）底开始他已经试图让自己的心绪安宁下来，表现出放弃的端倪，这表明他已开始对放归感到了绝望；到了康熙三年（1664）底已周甲子的陈之遴彻底断绝了放归的念想，进入了“独信神仙必可求”的入道状态，看似心境走向了宁静的状态，实则充满对人生无奈和被命运摧毁的悲情。

其二，在流放地对京城和家乡的思念。

顺治十六年（1659）：

卷十一《有感》：

极天荒碛满黄埃，终岁吴山少燕来。万里悲风斜日里，谁人能上望乡台。

卷十一《有感》：

吴山故园无旧栖，燕山昔游成荒蹊。可怜玄菟城边水，日夜南流还向西。

顺治十七年（1660）：

卷八《寄怀吴子汉槎》其二：

黄花不异乡关色，那得持杯共尔看。

卷八《秋日偶成》其一：

吟诗每共哀箫咽，伴老空怜短剑留。昨上荒原醉萸菊，萧森满目故园秋。

卷十一《友人席上作》：

莫唱吴门新越调，座中南客旅怀多。

顺治十八年（1661）：

卷九《春暮》：

序移惊塞外，游美忆江南。

卷八《白蝴蝶》：

素质自伤漂堕久，几时重上苑梅枝。

卷八《再咏白蝴蝶》：

乡园万里花丛杳，栩栩徒伤梦里身。

卷八《秋日感怀》其二：

龙城夜半闻芦管，犹道芳堤玉笛声。

卷八《元夕感旧》：

十载凤城行乐地，尔时追旧已难胜。

康熙元年（1662）：
卷三《送周端臣西还》其一：

双鹄堕幽崖，三岁相因依。一鹄奋翮去，其一犹羁栖……
子今振修羽，行将集兰池。我欲附子去，翅若不得随。
我欲与子言，气结无一辞。

其二：

孟夏春卉繁，百草亦已芽……去去辞旧京，欣欣指神都。
亲戚见子还，觞豆纷星罗。朋友见子还，劳苦相咏歌。
振珮趋未央，豸冠何峨峨。

其八：

巑岏古戍倚层丘，冰雪长凝万古愁。天接燕台劳北望，水趋辽海羡西流。

卷八《初春大风》：

但挟浮尘长蔽日，不吹客梦暂还家。

卷八《秋日杂书》其一：

几曲在吴江无恙在，明年应剪芰荷裳。

其六：

衣裳朔气终难御，弦管南音未易逢。

康熙二年（1663）：
卷八《寒食日》：

他乡饧粥终何味，回首江城动楚吟。

卷八《忆梅花》：

惟应白首羁人梦，重到江城皓月边。

卷八《寄清河公》其二：

他日秋节共追欢，黄菊红萸满意看。一自清斋皈极乐，久无尘梦到长安。

倚闾亲老思归切，立壁家贫欲赎难。何幸故人千里外，几裁尺素劝加餐。

卷八《寄陆鸣五》：

万里归心乡月冷，一天愁望岭云多。

卷八《癸卯五日》：

小圃葵榴无恙在，旅魂昨夜到西吴。

康熙三年（1664）：
卷八《再赋闰七夕》：

闰月七日夜气凉，黄龙塞下已陨霜……帝京瓜果更高会，击鼓吹笙欢未央。

通过以上诗歌系年可以发现，陈之遴在盛京流徙时对京城和家乡的思念心绪呈现出如下特点：一是对回京与回乡的思念相互交织，这一现象一直持续到康熙三年（1664)。思念京城既是对曾经的人生的追忆，也是对重回京城的中央权力空间抱有期望，思念家乡则是对逃离辽东这一恶劣生存环境充满渴望。由此亦可见，直到康熙三年（1664）陈之遴都未彻底中断其重返京城权力空间的梦想，至少他还在惦念那种生活状态。二是初到盛京戍所时陈之遴的思京和思乡情绪尚不十分强烈，此与其当时对放归充满信心有关。但越到后来越思念越严重，尤以顺治十八年（1661)、康熙元年（1662）和康熙二年（1663）为甚。这一现象的出现当与顺治十八年（1661）清廷颁布流犯认修城楼赎罪例[①]有

① 李兴盛：《增订东北流人史》，第478页。

关。此例颁布后，母亲和三个弟弟以及周端臣等友人先后赎归。卷三《送周端臣西还》“振珮趋未央，豸冠何峨峨”表明周端臣西还入京后又重入朝廷到御史台做官，这不能不刺激陈之遴。从卷八《寄清河公》其二“倚闾亲老思归切，立壁家贫欲赎难”看，三个弟弟自赎后已倾家荡产，无力再赎归陈之遴。以上两个因素都会增强陈之遴对京城和家乡的思念情绪。三是到康熙三年（1664）时，陈之遴在盛京戍所对京城和家乡的思念情绪骤然减少，这表明此时其对朝廷的放归已经开始绝望。

其三，对流放地风物的接受与欣赏。

辽东特有的边塞风光和民俗人情绝非一无可取，陈之遴之所以排斥和拒绝辽东，只是因为当时他难以接受自己被流徙的结局。其在顺治十六年（1659）初到盛京时自己也坦承了这一点，卷三《感怀》其十七：

> 涸鱼怀故渊，羁鸟悲故林。异方岂尽恶，非我夙所耽。梦想见越江，仿佛登吴岑。

辽东也有山有水，地理环境并非“尽恶”，自己见“辽河”而想“越”江，登“辽山”而思“吴岑”都是由于此地“非我夙所耽”。

很快，辽东边塞冬猎场面的壮观刺激和猎后割鲜豪饮的痛快便吸引了他。且看陈之遴顺治十六年（1659）所作与此相关的几首代表性诗歌：

卷十一《即事》：

> 千里彤云暗不开，雪花如掌没荒台。纷纷铁骑捎狐兔，昨日辽河大猎回。

卷十一《出猎歌》其一：

> 旌麾八部蔽霜空，万马奔腾喜逆风。高雁数行惊不定，半天霹雳起雕弓。

其二：

四山组练合如云，虓虎骁腾独逸群。千骑弯弧谁敢发，首功常让大将军。

其三：

割鲜争奋鹏鹈刀，乳酒三巡杀气豪。

除了亲眼目睹并体验过盛京将军带领旗兵大规模冬猎场面的恢弘壮阔，顺治十六年（1659）陈之遴还在盛京城外近距离观看过猎户射虎，并应邀品尝虎肉。卷四《射虎行》：

木叶惊飞北风烈，群虎眈眈出深雪。咆哮未入城市间，蠢尔不知人可啮。

拟金大叫辄奔逸，但攫畜兽窜其穴。山间健儿能控弦，弟出虎后兄虎前。

譬如用兵错奇正，只轮匹骑何由旋。大黄未发目无虎，射罢一笑神恬然。

所乘两马亦腾达，视若犬豕恣蹴踏。邀我升堂进虎肉，熊掌豻肩递烹割。

辽东地区在明末时尚算富庶，但作为明末长达30余年的明清战争的主战场，清初辽东一带已是“军民尽窜，数百里无人烟”，“沃野千里，有土无人”，随着顺治元年（1644）迁都北京后满人大举出关，辽东人口更是锐减。[①]当时的盛京一片荒凉，人烟稀少，曾有虎进城掠食牲畜，但并不啮人，城内居民敲锣击盆便可将虎赶走。有一对猎户兄弟各骑一马出城射

① 李兴盛：《增订东北流人史》，第179页。

虎，巧妙配合周旋之间便将虎射死。他们类同兵法的猎技和面临猛兽时的恬然令陈之遴大为折服，这表明清初盛京一带的猛悍、智慧而热情的民风已经被陈之遴欣然接受。

陈之遴对辽东的接受还表现在他对当地事务的关心和辽左贫人的同情。顺治十六年（1659）所作卷四《采参行》：

> 春秋撷取献所司，上供御药次颁赐。辽左贫人竞偷采，弱者徒步强者骑。
>
> 官府法令颇严峻，乃有巨猾董其事。今年解网不穷究，明年群出势弥炽。
>
> 榆关守将职讥察，大车小车过如戏。吾闻古者弛山泽，惠此小民事亦易。
>
> 不然税若盐与茶，长使大官擅其利。

此诗记录了顺治时期“参禁”之后辽东地区官府对盗采和私运行为监管松懈及自身腐败的情况。从“辽左贫人竞偷采，弱者徒步强者骑”可见盗采队伍的规模。从“官府法令颇严峻，乃有巨猾董其事”可见盗采的背后是官府的腐败渎职和八旗子弟的主导。“榆关守将职讥察，大车小车过如戏”写的则是盗采的人参经黑市贸易后私运入关的场景。从此诗的最后四句看，陈之遴站在了和朝廷相反的立场，开始以“小民”的心态和立场看待盗采人参及其衍生的官僚体系腐败，认为这种腐败的存在虽然被“大官擅其利”，但毕竟可以惠及盗采人参的辽左贫人。

上述陈之遴对辽东的欣赏和接受还是无意识的，到了顺治十八年（1661）他已经有意识地刻意使自己融入这个新的生存空间。卷九《感怀》：

> 狎俗差无迕，吟诗只自听。

“狎”谓迎合，陈之遴在主动使自己去接受辽俗，并且颇见成效，到了

“差无迕”的程度。随着这种心态下的努力，陈之遴渐渐融入了最初所排斥和拒绝的辽东大地，连他自己都意识到了这种心理变化。且看作于顺治十八年（1661）的以下数诗。

卷八《寄怀吴子汉槎》其二：

藜藿充盘短褐完，殊方风俗渐相安。

卷九《挽徐霞城年伯》：

客况安辽俗，乡心寄月吟。

卷八《秋日感怀》其一：

三载樵渔长混迹，九秋霜露独思家。……醉眼不惊乡土异，依然篱菊放黄华。

卷八《秋日杂书》其二：

久滞竟忘乡是客，暂归宁计梦非真。

到了康熙元年（1662），陈之遴已经开始享受融入辽东后心境中的轻快感。卷八《秋日杂书》其五：

试语篱花应信我，野人何处不徜徉。

卷十一《秋塞杂诗·秋月》：

阴山瀚海几淹留，看惯寒光更不愁。

卷十一《对菊》：

> 金风连夕扫边尘，野净天空客兴新。犹有黄花伴尊酒，秋光元不薄羁人。

卷八《春暮有感》：

> 年年春暮不知春，苦忆他年碧海滨。是处林泉皆满意，有时风雨亦宜人。

可以看出，最晚到康熙元年（1662）时陈之遴已经从民俗风物到文化心理全方位地接纳了作为自己流徙地点的盛京。

自顺治十六年（1659）至康熙三年（1664）在盛京成所五年多的痛苦煎熬中，一方面陈之遴对京城和家乡有着无尽的思念，另一方面遥遥无期的盼归期待让他的心绪陷入从希望到失望，从失望再到希望，最后又回到失望的恶性循环，最终他对放归的期盼变成了绝望。绝望之后，陈之遴的心境也就随着无奈而走向了安宁。伴随着由期盼后的心焦到绝望后的安宁这一过程，陈之遴对盛京也渐渐敞开了心怀，不再拒绝和排斥，反而一步步地接受并融入了这个新的生存空间。陈之遴对辽东生存空间的融入经历了从无意识的欣赏到有意识的接受，再到融入后的享受这样一个过程。但需要注意的是，尽管陈之遴已经可以从辽东这个生存空间中获得愉悦感，但这种愉悦感和其在盛京成所年多的痛苦煎熬相比只能算是流徙生活中的“插曲”而已。

（六）年衰时促与心志磨灭的煎熬

古人以40岁、50岁为中年，而以60岁之后为老年。陈之遴也受这一观念的支配，其54岁时称自己中年，如卷七《春暮赠郭彦深》其二：“春当三月花俱暮，人及中年是非多”。其58岁时还称自己为中年，如卷三《秋日杂诗》其八：“生世逾中年，少乐自多悲”。这样，“已周甲子”便成了陈之遴心中的一道槛。和今天那些临近退休年龄的人相类似，在陈之遴越逼近60岁时，“已周甲子”这个代表衰老的文化符号就越跳出来逼迫他，时时给他以衰老的提醒。陈之遴顺治十六年（1659）初到盛京时，年方55岁，那时的他并没有什么衰老感。从顺治十八年（1661）他57岁开始，陈之遴的衰老感一下子变得强烈起来。顺治十八年（1661）作卷九《春暮》：

芳节春再难，流光老倍贪。

康熙元年（1662）作卷三《秋日杂诗》其七：

时序不长煗，人生不长壮。以此迟暮年，而际摇落况。开匣揽清镜，旦旦易容状。

康熙二年（1663）作卷十一《石园看芍药》：

异时飞鞚走湖干，夹路名花满意看。今日绿杨枝上鸟，笑人衰鬓强盘桓。

康熙三年（1664）作卷十一《春尽桃花未发》：

边庭时序渐清和，红蕊犹含自丰神。寄语花神须速发，人间春色已无多。

陈之遴不仅心中的衰老感日甚一日，而且突然而至的衰老让他惊慌失措，卷八《闰七夕》：

老大长惊去日多，两逢佳节且高歌。

卷八《杪冬感兴》其六：

一自北游成梦境，偶逢南客爱乡音。
风沙急送愁中日，齿发深惊岁暮心。
耿耿壮怀销未尽，欲挥长铗拨层阴。

从“耿耿壮怀销未尽，欲挥长铗拨层阴”看，这种惊慌是在意识到自己年老力衰时日无多之后仍想有所作为这一欲望所致。

卷八《冬夜》和《杪冬感兴》其六为同时之作，诗中除了《杪冬感兴》其六中面对衰老时惊慌失措的情绪，还表现出盛年已过无所作为的焦虑：

风雪孤城戍鼓迟，平生心事一灯知。相韩家世羞先烈，入洛声名误盛时。

万卷读残今若此，百年过半欲何为。近来入梦多尘境，白石青松岂易期。

“相韩家世羞先烈”谓有张良一样“五代相韩”的家世和地位，却未能作出无愧于父祖的功绩。“入洛声名误盛时”谓有陆机一样名动京城的才华却未能成就人生，结果耽误了自己的青春年华。自己“万卷读残”，现在却是一名被困辽东的流犯，即使不想再愧对祖先功业和辜负自己的才华，但已年近六十年老力衰又能做些什么呢？卷八《杪冬感兴》其一：“乘风破浪非无兴，渤海茫茫冻不流”也表达了与卷八《冬夜》和《杪冬感兴》其六同样的情绪，表现的是陈之遴虽有老骥伏枥之思却没有机会施展手脚的无可奈何。从这些接连出现的诗歌可见确如“近来入梦多尘境”所言，在意识到自己的衰老之后人生无所建树的遗憾和焦虑时常侵袭陈之遴。“白石青松岂易期”则表明盛年已过无所作为的焦虑使陈之遴的情绪身欲定而心不止。古代文人以功业大小为自我评价标准所导致的这种事业性焦虑对晚年时期的陈之遴是一种无法克服的折磨，他陷入了深深的自我否定。卷九《感怀》：

绝域淹经岁，残春迫暮龄。……耽眠书数废，畏客户常扃。

陈之遴一度通过连续的睡眠来抗拒这种焦虑，焦虑可以暂时缓解，但并没能将其从自我否定中解脱出来，这使他严重缺乏自信，以致出现了一定程度的心理障碍，开始害怕见到外人，此即“耽眠书数废，畏客户常扃”所言。

陈之遴在流徙盛京的七年中经历了一个对流放地的排斥和融入过程，在这个过程中他一直处在因流徙前后气候、风物、生命体验、生活方式的对比而产生的落差所带来的愁苦中，同时又充满对朝中异党、同党、顺治皇帝的怨愤和对自己过往人生的追悔，令人生悲的是他直至垂暮也没有找到解脱流徙之痛的有效路径。陈之遴在流放地对京城和家乡的思念以及盼归之心当然可以理解，但不可理解的是“万卷读残”的他在放归无望的暮年时竟然还在“耿耿壮怀销未尽，欲挥长铗拨层阴”，并由此因暮光易逝而陷入了对时间的惊慌和恐惧，因平生“壮心”未厌而陷入了对人生的自我否定，最终使自己陷入不可自拔的焦灼，承受年衰时促与心志磨灭的煎熬。在盛京戍所陈之遴曾有孙辈五人先后出生，我们从《浮云集》中没有看到他的相关记录。年薄暮年时心思还未从“烈士壮心”转到到天伦之乐和家人团圆上，也许这就是陈之遴在盛京戍所的悲剧所在，也是其人到暮年的悲剧所在。赋一七律来反思和总结陈之遴这段长达七年的悲凉人生体验，以其作为本书的结尾：

已周甲子即知命，莫向秋中岁暮惊。

追往壮心长自信，含饴笑外看平生。

# 参考文献


陈之遴：《浮云集》，《四库全书存目丛书》本，齐鲁书社1997年版。

陈之遴：《浮云集》，国家图书馆藏康熙间刻本。

陈之遴：《浮云集》，周星兆乾隆十年卷修补本。

陈之遴：《浮云集》，国家图书馆藏抄本，《四库禁毁书丛刊补编》本，北京出版社2005年版。

陈之遴：《浮云集》，民国二十二年张乃熊铅字排印本。

陈之遴、徐灿：《浮云集·拙政园诗余·拙政园诗集》，李兴盛校点，黑龙江大学出版社2010年版。

陈之遴：《陈素庵稿》，清康熙三十八年（1699）可仪堂刻本。

徐灿：《拙政园诗余》，上海博古斋民国壬戌年（1922）影印《拜经楼丛书》本。

黄道周：《黄漳浦集》，《丛书集成三编》本，（台北）新文丰出版公司1997年版。

黄道周：《咏业近集》，《续修四库全书》本，上海古籍出版社2002年版。

黄道周：《明诚堂诗集》，《续修四库全书》本，上海古籍出版社2002年版。

黄道周：《黄漳浦文集》，道光十年陈寿祺编刻本，王文径校点，悉尼：国际华文出版社2006年版。

吴骞：《拙政园诗余附录》，上海博古斋民国壬戌年（1922）影印《拜经楼丛书》本。

徐灿：《拙政园诗集》，嘉庆八年吴骞刻本。

陈名夏：《石云居诗集》，《四库全书存目丛书》本，齐鲁书社1997年版。

陈名夏：《石云居文集》，《四库全书存目丛书补编》本，齐鲁书社1998年版。

陈名夏:《依水园文集》,《四库全书存目丛书补编》本,齐鲁书社 1998 年版。

吴伟业:《梅村家藏稿》,《续修四库全书》本,上海古籍出版社 2002 年版。

陈子龙:《湘真阁稿》,《续修四库全书》本,上海古籍出版社 2002 年版。

吴兆骞:《秋笳集》,麻守中校点,上海古籍出版社 2009 年版。

谈迁:《海昌外志》,《中国方志丛书》本,(台北)成文出版社有限公司 1983 年版。

谈迁:《国榷》,中华书局 1958 年版。

谈迁:《枣林杂俎》,《笔记小说大观》本,江苏广陵古籍刻印社 1983 年版。

谈迁:《北游录》,汪北平校点,中华书局 1960 年版。

黄宗羲:《南雷文定前集》,《续修四库全书》本,上海古籍出版社 2002 年版。

黄宗羲:《明文海》,《文渊阁四库全书》本,(台北)台湾商务印书馆 1988 年版。

王一元:《辽左见闻录》,国图藏清抄本。

计六奇:《明季南略》,任道斌、魏德良校点,中华书局 1984 年版。

顾炎武:《圣安本纪》,《台湾文献史料丛刊》本,(台北)大通书局 1984 年版。

李因:《竹笑轩吟草》,周书田校点,辽宁教育出版社 2003 年版。

祁彪佳:《甲乙日历》,《台湾文献史料丛刊》本,(台北)大通书局 1987 年版。

金之俊:《金文通公集》,《续修四库全书》本,上海古籍出版社 2002 年版。

李清:《三垣笔记》,顾思校点,中华书局 1982 年版。

林时对:《荷牐丛谈》,《台湾文献史料丛刊》本,(台北)大通书局 1987 年版。

陈赓笙:《海宁渤海陈氏宗谱》,《清代民国名人家谱选刊续编》本,北京燕山出版社 2006 年版。

许三礼:《海宁县志》,《中国方志丛书》本,(台北)成文出版社有限公司 1983 年版。

战鲁村:《海宁州志》,《中国方志丛书》本,(台北)成文出版社有限公司 1983 年版。

周春：《海昌胜览》，《中国方志丛书》本，（台北）成文出版社有限公司1983年版。

董潮：《东皋杂钞》，《丛书集成初编》本，商务印书馆1936年版。

贺长龄：《皇朝经世文编》，道光七年刻本。

陈其元：《庸闲斋笔记》，《丛书集成三编》本，（台北）新文丰出版公司1997年版。

王先谦：《东华录》，光绪间撷华书局本。

杨钟羲：《雪桥诗话续集》，刘承干校点，北京古籍出版社1991年版。

《明实录》，（台北）台湾"中央研究院"历史语言研究所1962年版。

《清实录》，中华书局1985年版。

张廷玉：《明史》，中华书局1974年版。

赵尔巽：《清史稿》，中华书局1977年版。

李逊之：《崇祯朝野纪》，《台湾文献史料丛刊》本，（台北）大通书局1984年版。

王世德：《崇祯遗录》，《中国野史集成》本，巴蜀书社1993年版。

李天根：《爝火录》，仓修良、魏德良校点，浙江古籍出版社1986年版。

佚名：《偏安排日事迹》，《台湾文献史料丛刊》本，（台北）大通书局1987年版。

朱长祚：《玉镜新谭》，仇正伟校点，中华书局1989年版。

徐树丕：《识小录》，《笔记小说大观》本，（台北）新兴书局1985年版。

文秉：《烈皇小识》，《中国历史研究资料丛书》本，上海书店1982年版。

超宣：《百痴禅师语录》，清刻本。

隆琦：《费隐禅师语录》，清刻本。

真朴：《天童弘觉忞禅师北游集》，清刻本。

陈鼎：《东林列传》，《文渊阁四库全书》本，（台北）台湾商务印书馆1986年版。

陆世仪：《复社纪略》，《续修四库全书》本，上海古籍出版社2002年版。

方苞：《望溪先生文集》，《续修四库全书》本，上海古籍出版社2002年版。

阎湘蕙：《明鼎甲征信录》，《明代传记丛刊》本，（台北）明文书局1991

年版。

金堡:《岭海焚余》，民国张钧衡:《适园丛书》本。

王树枏、吴廷燮、金毓黼:《奉天通志》，《东北文史丛书》编辑委员会点校本，沈阳古旧书店 1934 年版。

唐执玉、田易:《畿辅通志》，《文渊阁四库全书》本，(台北) 台湾商务印书馆 1986 年版。

陈鸿寿、史炳:《嘉庆溧阳县志》，《中国地方志集成》本，江苏古籍出版社 1991 年版。

龚嘉儁、李榕:《杭州府志》，《中国方志丛书》本，(台北) 成文出版社 1974 年版。

云江女史:《宦海钟》，中国文联出版社 1999 年版。

包仪:《易原就正》，《文渊阁四库全书》本，(台北) 台湾商务印书馆 1984 年版。

永瑢:《四库全书总目》，中华书局 1965 年版。

徐鼒:《小腆纪年》，中华书局 1957 年版。

徐鼒:《小腆纪传》，中华书局 1958 年版。

西亭凌雪:《南天痕》，《台湾文献史料丛刊》本，(台北) 大通书局 1987 年版。

李清:《三垣笔记》，中华书局 1982 年版。

王曾祥:《静便斋集》，《四库全书存目丛书》本，齐鲁书社 1997 年版。

缪荃孙:《艺风堂杂抄》，杨璐校点，中华书局 2010 年版。

裘毓麐:《清代轶闻》，《中华文史丛书》本，(台北) 华文书局股份有限公司 1969 年版。

《清史列传》(十)，《清代传记丛刊》本，(台北) 明文书局 1986 年版。

李玉棻:《瓯钵罗室书画过目考》，《清代传记丛刊》本，(台北) 明文书局 1986 年版。

徐珂:《清稗类钞》第 1 册，中华书局 1984 年版。

陈敬璋原编，陈其谦、陈大伦辑:《海宁渤海陈氏著录》，同治间活字本。

中国历史档案馆:《清代档案史料丛编》，中华书局 1990 年版。

国立中央研究院历史语言研究所：《明清史料》丙编，商务印书馆 1936 年版。
国立中央研究院历史语言研究所：《明清史料》己编，中华书局 1987 年版。
张伟仁：《明清档案》，（台北）联经出版事业公司 1986 年版。
钱实甫：《大学士年表》，中华书局 1980 年版。
孟森：《清初三大疑案考实》，巴蜀书社 2002 年版。
孟森：《明清史讲义》，中华书局 1981 年版。
谢国桢：《增订晚明史籍考》，上海古籍出版社 1981 年版。
谢国桢：《明末清初的学风》，人民出版社 1982 年版。
陈垣：《陈垣学术论文集》第一集，中华书局 1980 年版。
邓之诚：《清诗纪事初编》，中华书局 1965 年版。
王思治：《清代人物传稿》上编第一卷，中华书局 1984 年版。
何龄修、张捷夫：《清代人物传稿》上编第二卷，中华书局 1986 年版。
钱海岳：《南明史》，中华书局 2006 年版。
刘衍文：《雕虫诗话》，《民国诗话丛编》第 6 册，上海书店 2002 年版。
袁行云：《清人诗集叙录》，文化艺术出版社 1994 年版。
柯愈春：《清人诗文集总目提要》，北京古籍出版社 2001 年版。
朱保炯：《明清进士题名碑录索引》，上海古籍出版社 1980 年版。
郑天挺：《清史探微》，独立出版社 1947 年版。
徐震堮：《世说新语校笺》，中华书局 1984 年版。
瞿蜕园、朱金城：《李白集校注》，上海古籍出版社 1980 年版。
雷梦痕：《清代各省禁书汇考》，书目文献出版社 1989 年版。
黄裳：《来燕榭读书记》，辽宁教育出版社 2001 年版。
张玉兴：《清代东北流人诗选注》，辽沈书社 1988 年版。
李兴盛：《东北流人史》，黑龙江人民出版社 1990 年版。
李兴盛：《增订东北流人史》，黑龙江人民出版社 2008 年版。
李兴盛：《边塞诗人吴兆骞》，黑龙江人民出版社 1986 年版。
杨海英：《洪承畴与明清易代研究》，商务印书馆 2006 年版。
侯真平：《黄道周纪年著述书画考》，厦门大学出版社 1995 年版。
马大勇：《清初庙堂诗歌集群研究》，吉林人民出版社 2007 年版。

白一瑾：《清初贰臣士人心态与文学研究》，天津人民出版社 2010 年版。

张书才：《冯铨被劾案》，《历史档案》1981 年第 4 期。

陈东林：《顺治皇帝枭斩“黄膘李三”》，《紫禁城》1987 年第 4 期。

朱端强：《清顺治朝〈明史〉修纂史事考论》，《云南民族大学学报》（哲学社会科学版）2006 年第 5 期。

武玉梅：《顺治朝官修〈明史〉新考》，《史学史研究》2010 年第 3 期。

刘丽：《陈之遴其人其诗》，《甘肃社会科学》2008 年第 1 期。

谢正光：《新君旧主与遗臣》，《中国社会科学》2009 年第 3 期。

饶芷瑄：《陈之遴、徐灿夫妇生平及其诗词研究》，（台北）台湾大学硕士学位论文，2009 年。

# 附录一　陈之遴其他著述简考

陈之遴一生著述颇丰，其著作有为目录书所著录者，亦有散落未知者，下面分别进行梳理。

## 一　目录书所著录者

陈敬璋《海宁渤海陈氏著录》对陈之遴的著作有如下记载：

> 《旋吉堂集》佚，通志。
>
> 《浮云集》十二卷，存，四库书目。敬璋案：是集首赋一卷，次诗十卷、末卷则诗余也。
>
> 《百一稿》八卷，存，写本，下同。敬璋案：此亦公之诗稿，仅选百之一，故曰百一。然已得八卷而《浮云集》不与焉，则公诗可谓富矣，惜乎未刻者皆散佚而不存也。
>
> 《命理要言》十卷补遗一卷，存。敬璋案：是书前四卷为公自撰，尽辟邪说，独标正论，以求不悖乎礼。第五卷以下节取名家之说近于正者，稍稍订补而疏解之。是虽为艺术之一端，不足以见公之学。然本正大之理发为明通之论，固已度越诸家，卓然可传，非谈星家所能及矣。①

陈其谦、陈大伦在《补遗》中又对陈之遴的著作有所补充：

---

① 陈敬璋原编，陈其谦、陈大伦辑：《海宁渤海陈氏著录》之“清·第九世至第十五世”。

《命理要旨》六卷，写本，向藏胡上舍尔荣家。胡上舍

《素庵外纪》，见莱孝《谁园诗集》自注。

《浮云续集》十二卷，见郡志，写本，鱣藏。[①]

上面所提到陈之遴的7种著作中，我们已对《浮云集》进行过详细分析，故此处仅对其他6种加以简要考述。

（一）《旋吉堂集》

《旋吉堂集》今已亡佚，卷数不详，但有数种清代文献曾提到过这个集子。康熙《海宁县志》："遴少善诗，谪后诗益工，所著有《旋吉堂集》、《浮云集》，诗文数十万言"。[②] 乾隆四十年修《海宁州志》："旋吉堂集、浮云集，俱陈之遴著"。[③] 李玉棻《瓯钵罗室书画过目考》："陈之遴，著《旋吉堂诗》、《浮云集》"[④]。从排序看，各家在叙述时都将其列在《浮云集》之前，可见《旋吉堂集》面世当早于《浮云集》；而陈敬璋《海宁渤海陈氏著录》作为专业的目录书，其在著录文献时有着明显的版本意识，若是抄本则会注明"写本"，由此著录特征去看，《旋吉堂集》当为刻本。以上两点就让我们想到崇祯末年黄道周为陈之遴作诗序一事，据陈之遴为黄道周《易象正》所作"序述"：

陈彦升之遴曰：先生壬午（按：崇祯十五年，1642）五月过临安（按：杭州），将适江楚（按：武昌），时诸门人皆送至京口（按：镇江），惟孟长民从至九江。之遴知先生雅喜独坐，又方理《易象正》，不欲与众周旋，仅遣一苍头事先生，恳得《象正》完本，与朱美之朝夕讨论。及在留都（按：南京）过楚，苍头仅持美之尊人墓志铭及之遴诗序耳。[⑤]

① 陈敬璋原编，陈其谦、陈大伦辑：《海宁渤海陈氏著录》之"补遗"。
② 许三礼：《海宁县志》名臣，《中国方志丛书》华中地方第561号，第980页。
③ 战鲁村：《海宁州志》，《中国方志丛书》华中地方第591号，第1916页。
④ 李玉棻：《瓯钵罗室书画过目考》，《清代传记丛刊》第74册，第281页。
⑤ 黄道周：《易象正》序述，《文渊阁四库全书》第35册，第128页。

当时黄道周为陈之遴所作诗序已经完成，并且通过陈之遴派遣的家仆带回了其手中，因而我们怀疑黄道周此诗序即为《旋吉堂集》所作。若此，则《旋吉堂集》或当刻于崇祯十五年（1642）。

（二）《百一稿》

陈敬璋既称“《百一稿》八卷，存，写本”，则此书在乾嘉之间尚可见。陈敬璋按语：“此亦公之诗稿，仅选百之一，故曰百一。然已得八卷而《浮云集》不与焉，则公诗可谓富矣，惜乎未刻者皆散佚而不存也”，据此按语可知两点：一是《百一稿》全本不止八卷；二是陈敬璋所见八卷本《百一稿》与十二卷本的《浮云集》无重复者。需要注意的是，十二卷本的《浮云集》是陈之遴盛京自抄本的缩略本，篇幅只有盛京自抄本的十之一二，则《百一稿》所收诗与陈之遴盛京自抄本《浮云集》被缩略后剩余的那“十之八九”有无关联？

（三）《浮云续集》

陈敬璋称《浮云续集》“十二卷，见郡志，写本，鱣藏”，陈鱣和陈敬璋都是乾嘉时人，故陈敬璋可能见过这个集子。集名既叫《浮云续集》，我们自然会联想到《浮云集》。这样，我们对《浮云续集》就产生了和《百一稿》同样的疑问，但它与陈之遴盛京自抄本《浮云集》被缩略后剩余的那“十之八九”有关系的可能性更大。

（四）《素庵外纪》

此书已不可考。

（五）《命理要言》

此书现在有传世本，名为《命理约言》，常见版本有二：

一是韦千里选辑《精选命理约言》4卷铅印本。该本由香港上海印书馆1935年印行，有袁书珊、蒋善滢、韦千里序，古越荆花馆主（陈其业）跋。1980年重印时无袁书珊序、古越荆花馆主（陈其业）跋。

二是《子平精粹》丛书第5册郑同校点本。该本由华龄出版社2010年出版，袁书珊、蒋善滢、韦千里、古越荆花馆主（陈其业）等人的序跋完整，应据1935年版排版重印而成。

上述序跋中袁书珊序最有价值，现逐录如下：

丁巳夏月，珊因事赴金阊，走谒张师敬甫，得见精抄本子平约言一册，著者为陈素庵先生，讳之遴，字彦升，素庵其别号也……就其书凡例、目录观之，全书当为十卷。此一册，仅两卷也……《命理约言》原书十卷凡例：

卷之一上：方圆无穷，必因规矩，术家谂悉，初学未详，作起例三十六则。

卷之一下：分别义类，纲举目张，选为韵言，用便诵悉，作赋二十篇。

卷之二上：干支阴阳，穷精析理，神煞纷错，择焉贵精，作论二十四篇。

卷之二下：推测多端，厥理繁赜，约略立式，变通在人，作法一十四篇。

卷之三上：正变殊俗，精当则同，穿凿支离，姑舍勿取，作法二十篇。

卷之三下：周亲荣悴，终世穷通，其式不齐，要归立命，作法一十四篇

卷之四上：往读所垂，致用恐泥，谬说尤伙，辟之廓如，作法二十四篇。

卷之四下：探索剩义，考论旧闻，有见辄书，厥类难析，作杂论四十则。

卷之五、六、七：命家撰者，玉石杂陈，精者全钞，次乃节取，篡旧书上三卷。

卷之八、九、十：微言快论，二家较优，哲士引伸，岂云小补，篡旧书下三卷。

陈敬璋在按语中称："是书前四卷为公自撰，尽辟邪说，独标正论，以求不悖乎礼。第五卷以下节取名家之说近于正者，稍稍订补而疏解之"，此说正与袁书珊提供的这份"《命理约言》原书十卷凡例"相合。另外，由此序可知《命理约言》原本为10卷，我们今天所见本只有4卷，所存4

卷分别是原本的卷之一下、卷之二上、卷之二下和卷之四下。

据袁书珊、蒋善滢、韦千里、古越荆花馆主（陈其业）等人的序跋，还可考知《命理约言》曾有多个版本流传：张敬甫家藏本、金松涛家藏本、宣仲策家藏、袁书珊抄本、蒋善滢抄本。虽然上述各本无一是足本，但若能搜罗齐备便可还原《命理约言》原本10卷的面貌。

据刘衍文《雕虫诗话》：

论《三命通会》者，惟清初陈之遴素庵相国所著之《命理约言》最善，其卷四《杂论》有云："张逸叟楠著《命理正宗》，颇能区分条晰，亦病笔拙词芜。惟万进士民英著《三命通会》，区分条析，文理朗顺，而意在蒐采，义无确一，贵多而不贵精，能博而不能约，然较诸术家，则胜远矣。"素庵相国与吴梅村诗伯为儿女亲家，皆擅子平。行家之言，自非门外所能及。实则《三命通会》一书，仅是命学中之类书，互相抵牾之处，在在皆是。任何一造，皆可推之为大富大贵，亦可断之为极穷极贱，在其书中俱可得其根据，所以素庵相国谓其义无确一也，而提要竟称其采撮精要，大误而特误矣。①

由此可见，陈敬璋对《命理约言》的评价绝非对先人的溢美之词：

虽为艺术之一端，不足以见公之学。然本正大之理发为明通之论，固已度越诸家，卓然可传，非谈星家所能及矣。②

董潮在《东皋杂钞》中载：

（陈之遴）素善子平，遂索其二女干支，归舟推之，则皆贵，惟长女微带桃花星，因纳其次，即夫人也……相国既仕本朝，一日，过

① 刘衍文：《雕虫诗话》卷三，《民国诗话丛编》第6册，第521页。
② 陈敬璋原编，陈其谦、陈大伦辑：《海宁渤海陈氏著录》之"清·第九世至第十五世"。

> 良乡，邂逅一妓，其貌宛与夫人相似。询之，则涕泣自言姓氏并遭乱失身故，即徐翁长女也。因赎归，携至京师。后归一满洲武臣，其人后至八座，女亦为命妇焉。[①]

现在看来，即便这段故事是董潮编造，其称陈之遴“素善子平”还是有根据的。

（六）《命理要旨》

此书已不可考。

## 二　散落未知者

（一）《陈素庵稿》

乾隆四十年修《海宁州志》载：

> 顺治初召为侍读学士，历礼部尚书。时文运肇启，之遴为制义数十篇，以程式多士。[②]

周春《海昌胜览》也载：

> 国初陈素庵相国之遴，程式多士，风气聿开。[③]

陈之遴任职礼部尚书时“程式多士”的数十篇制义现在仍存世，即《陈素庵稿》中所收录的文章。《陈素庵稿》约刻于康熙年间，现在有三个本子：清康熙三十八年（1699）可仪堂刻本，康熙间步月楼、令德堂合印本，乾隆三年文盛堂、怀德堂合印本。

《陈素庵稿》卷首为俞长城跋：

① 董潮：《东皋杂钞》卷三，《丛书集成初编》第2963册，第34页。

② 战鲁村：《海宁州志》文苑，《中国方志丛书》华中地方第591号，第1512页。

③ 周春：《海昌胜览》卷十六，《中国方志丛书》华中地方第508号，第743页。

文章瘦硬为难，瘦硬非外强中干之谓也。播扬糠粃，沙汰瓦石，而精彩见焉。是以初明之文，不见可喜，而文遂峻绝。虽然，风尚古朴则瘦硬易，风尚靡丽则瘦硬难。明文至于崇祯丁丑，夸多斗靡，涂面饰貌，盖不见文之真面目。素庵先生洗尽铅华，独留素质，非有特立之才，何能振拔如是？丙戌、丁亥，草昧未开，素庵作为宦稿，程式天下，老洁无枝，海内向风，复返先型。考其文章，固可与王宗贯、岳蒙泉并传矣。

（二）《滴天髓辑要》

此书为陈之遴所辑，目前有三种版本：

1. 东海乐吾氏校印《滴天髓辑要》，上海乾乾书社 1936 年印行，内题“海昌陈之遴素庵氏辑”，有陈之遴自序：

滴天髓之书，乃一知命者所作，托于诚意伯刘基。其书穷干支之情，通阴阳之变，不拘格局，不用神煞，但从命理推求，愈入愈微，愈微愈显，诚此道之专精，术家之拔萃也。世俗狃于子平诸旧书，或谓其高远无当，不知干支八字。数也，有理焉。言数则必有难通，言理则无所不贯。学者得是书而详味熟玩之，命之理晓然于心，用以推数，安有执一而不全，臆断而罔验者乎？但命名未雅，其论次亦颇参错，且间有不达意者，余故厘正其篇目，而辞句则少点定之，然非有改于旧观，故仍其名。嗟夫！高识渺论如此，何灭于诚意杂撰，而顾附托名以求传后世。世之怀才而不得自见若是君者，可胜道哉！

顺治戊戌（顺治十五年，1658）春二月望日素庵老人书

2. 徐乐吾《滴天髓补注》所附本，香港上海印书馆 1980 年印行。

3. 中州古籍出版社 1999 年排印本。

（三）《御定资政要览》后序

此书常见本为四库全书本，卷首顺治《御制资政要览序》落款为“顺治十二年（1655）正月吉日（按：初一）”，则《御定资政要览》当成书于

该年。卷首题有“大学士吕宫等恭纂”，因作序者多达16人，故专设“后序”1卷。陈之遴序的落款是“光禄大夫、太子太保、内翰林弘文院大学士臣陈之遴谨撰”。

（四）《百姓足》节文

四库全书本《四书讲义困勉录》卷十五“百姓足”：

> 百姓足之时，无论赋额，毕登而寇盗不作，物价不腾，抑且家给人乐，无戾气以干天谴，而什一安得不有余。……百姓不足之时，无论箕敛，不应而寇盗费其半，物价踊其半，且民穷财尽，聚众怨以召凶荒，而什一安得不告匮。……先王裕民多术，而要不出于薄赋。什一，其迹耳。蠲租之诏岁下，补助之恩时及，一且贷其强半矣。……今日瘠民多术，而要莫惨于加赋。什二，亦其名耳。吏以巧取为贤，民以称贷救死，十且征其三四矣。

（五）碑刻文字

1.《两浙文宗李公学政碑记》

文为陈之遴所撰，字为周继芳书，记载了李际期任浙江提学道时的政绩，现存杭州碑林，字迹多有漫漶者。

2.《敕建东岳天齐仁圣大帝庙大供会碑记》，该碑勒于顺治十二年（1655），傅以渐撰写碑文，陈之遴行书抄录，龚鼎孳题写篆额，现存北京市朝阳区东岳庙。

（六）佚诗一首

《四库全书》本徐釚《词苑丛谈》卷五第15页：

> 余旧属谢彬画枫江渔父图，海宁陈彦升题云：“梦里一峰青，依稀西洞庭。平生爱林屋，未得隐秋屏。白鹭自高下，梅花相杳冥。君家住何处，招手且虹亭。”盖予号虹亭，故云。同题者：王士祯、施闰章、彭孙遹、严绳孙、李念慈、冯溥、成容若、严映榴。

此题画诗为传世本《浮云集》所不载。

（七）《圣恩录》

顺治十一年（1654）四月初十山东道监察御史上王秉乾上《题为陈之遴刊书谤讪朝政本》，参陈之遴在京城编印分发《圣恩录》一书不下千余本，其中内容有心怀叵测、谤讪圣上之处。① 实际上，《圣恩录》一书的内容是顺治九年（1652）五月阿拉善弹劾陈之遴一案中的五个奏本及顺治批红，包括阿拉善参本一个、陈之遴辩本两个、陈之遴谢恩求去本一个、陈之遴因求去未准谢恩本一个。陈之遴本人对《圣恩录》描述如下：

> 顺治九年五月都察院参我一本，我辩二本，刑部审明都察院不实，将都察院满汉各官俱议革衔门，罚银，将我议降级罚俸。具本题复，俱蒙皇上宽宥。我又上一本谢恩求去，蒙皇上温旨留用。我感激皇上厚恩，将前后五个本并圣旨刻成一书，名曰《圣恩录》，作一序文内开：“感圣恩者一，感圣恩者二，感圣恩者三，感圣恩者四，感圣恩者五。后有戒友自责之语，说国家有道，当尽其才智，不可像我愚蠢。”②

（八）陈之遴行书手迹一幅

见于李兴盛《东北流人史》第146页（黑龙江人民出版社1990年版）。

（九）《海宁渤海陈氏宗谱》二修本

《海宁渤海陈氏宗谱》凡七修，今所见本为十五世孙陈赓笙主持修纂的第七次重修本，成书于民国戊午年（1918）。据今本《海宁渤海陈氏宗谱》各序的落款时间，只能推知另五次的编修时间，依次为崇祯六年（1633）、乾隆八年（1743）、嘉庆十年（1805）、道光己亥（1839）、光绪十七年（1891）。据崇祯六年（1633）陈祖苞序：

① 《王秉乾题为陈之遴刊书谤讪朝政本》，《清代档案史料丛编》第13辑，第257—258、248页。

② 《刘正宗等题为王秉乾所参陈之遴诸款皆虚本》，《清代档案史料丛编》第13辑，第257—258页。

吾宗家谱传自宋世，嘉靖间霍邱公曾一修辑，所佚尚多。万历间太常公踵作，义例仅述迁祖以来，而亦未竟。祖苞不敏，窃念辑而不精，精而不普，其失兹大，乃率长子之遴蒐讨历代史册，编订临安、山阴、钱塘、义门诸宗谱，于是统系章明较著矣。

可见，在陈祖苞之前《海宁渤海陈氏宗谱》已经修过两次，其中一次并未成书。这样看来，迄今为止《海宁渤海陈氏宗谱》实际共修过七次，陈祖苞所修为第二次。从“乃率长子之遴蒐讨历代史册”看，在《海宁渤海陈氏宗谱》二修本成书过程中，陈之遴当发挥过相当重要的作用。陈祖苞落款时间是“崇祯六年（1633）岁次癸酉十一月长至”，是时陈祖苞当在海宁为母守制，陈之遴年29岁，在家等待崇祯七年（1634）的春闱。

（十）揭帖奏疏类

1. 顺治十二年《满洲兵民生计疏》，见贺长龄《皇朝经世文编》卷三十五，户政十“八旗生计”条，道光七年刻本。

2. 顺治八年三月六日《礼部尚书陈之遴奏谢升任》，见张伟仁《明清档案》，第12册B6783，（台北）联经出版事业公司1986年。

3. 顺治九年五月十三日《大学士陈之遴奏为恭陈被参诸款始末本》，见中央历史档案馆编《清代档案史料丛编》第13辑，中华书局1980年版，第123页。

4. 顺治九年五月十三日《大学士陈之遴奏为再陈被参诸款始末本》，见中央历史档案馆编《清代档案史料丛编》第13辑，中华书局1990年版，第123页。

5. 顺治十年四月二十三日《户部尚书陈之遴揭帖》，见国立中央研究院历史语言研究所编《明清史料》丙编第四本，商务印书馆1936年版，第339页。

6. 顺治十年四月二十七日《户部尚书陈之遴揭帖》，见国立中央研究院历史语言研究所编《明清史料》丙编第四本，商务印书馆1936年版，第340页。

7. 顺治十一年三月二十四日《户部尚书陈之遴为遵旨陈明被参诸事

本》，见中央历史档案馆编《清代档案史料丛编》第13辑，中华书局1990年版，第222页。

8. 顺治十一年四月初四日《户部尚书陈之遴奏为详陈被参诸款实情并请敕部对质本》，见中央历史档案馆编《清代档案史料丛编》第13辑，中华书局1990年版，第238—241页。

9. 顺治十一年四月初四日《户部尚书陈之遴奏为恭陈下悃并请重加罪黜本》，见中央历史档案馆编《清代档案史料丛编》第13辑，中华书局1990年版，第241页。

# 附录二 陈之遴年表

万历三十三年（1605），乙巳，1岁

七月二十七日生于海宁。

万历三十五年（1607），丁未，3岁

二弟陈之暹生，年甫四岁过继给二叔陈祖莱，后陈祖莱夫妇皆亡，约崇祯十七年时归家奉养生母。陈之遴共兄弟五人，三弟之遵、四弟之迈，五弟之逖。

万历三十七年（1609），已酉，5岁

父陈祖苞举于乡。

万历四十年（1612），壬子，8岁

海宁建镇海塔。

万历四十一年（1613），癸丑，9岁

父陈祖苞、伯父陈元晖同登进士第。陈祖苞及第后任昆山令，不久后兼摄太仓守。陈元晖及第后为翰林院庶吉士。

万历四十四年（1616），丙辰，12岁

父陈祖苞因忤逆秉政要人，辞任太仓守离职乡居。

伯父陈元晖授翰林院编修。

万历四十六年（1618），戊午，14岁

三弟陈之遵生。

万历四十七年（1620），庚申，16岁

四弟陈之迈生。

天启元年（1621），辛酉，17岁

后金攻陷辽阳、沈阳等地，占领辽东大部分地区。

该年，太监魏忠贤被委以大权。

天启二年（1622），壬戌，18岁

九月，子陈苍永生，字云舒。陈之遴共二妻二侧室，育六子三女。元配仁和沈氏，生长女和子苍永。继室苏州徐灿，生子坚永、容永、奋永、堪永。侧室朱氏生次女。侧室徐氏生三女。容永之前尚有一子，不能确定生母，亦不能确定是否长于苍永或坚永，当早夭。

天启三年（1623），癸亥，19岁

伯父陈元晖出为湖广参政。

天启四年（1624），甲子，20岁

举于乡，座师陈子壮。

父陈祖苞起永平推官，领经略辖下事。

东林党人攻击魏忠贤失败，魏忠贤专权。

天启五年（1625），乙丑，21岁

初次参加春闱失败。

父陈祖苞升兵部职方，管山海关事务，为救无辜难民而得罪魏忠贤，魏忠贤矫旨镌其官。

伯父陈元晖因病免归。

或在该年春闱后，或在崇祯元年（1628）春闱落第后曾赴辽东省父。

天启六年（1626），丙寅，22岁

正月，努尔哈赤攻宁远，因袁崇焕固守不克而归。

八月，努尔哈赤身亡，皇太极继位。

天启七年（1627），丁卯，23岁

五弟陈之逖生。

十一月，魏忠贤死。裁撤各处监军太监，禁太监擅离京城和干预政务。

十二月，会推阁臣，枚选钱龙锡等六人。

该年或明年，向继室徐灿父母请婚。

崇祯元年（1628），戊辰，24岁

第二次参加春闱失败。作《戊辰下第作》。父陈祖苞起为兵部武库，旋补职方，又擢都察院右副都御史备兵宁前，寻迁参政。或于春闱落第后向徐灿家请婚。

五月，祖父陈与相卒，卒年八十四。

七月，崇祯召对袁崇焕，袁崇焕提出五年复辽计划。

八月，崇祯定制每日在文华殿与辅臣共理朝政。

十一月，会推阁臣，温体仁、周延儒与东林党剧烈冲突。

该年，陕西等地大灾，陕西爆发大规模农民起义。此后全国大范围大饥荒。

崇祯二年（1629），己巳，25岁

十月，后金军首次入塞致京师受胁，袁崇焕回兵入卫京师被逮。

十二月，周延儒入阁。

该年，“复社”在吴江举行首次集会。

崇祯三年（1630），庚午，26岁

春，陕西三边总督杨鹤对农民军剿抚并用，部分农民军流至山西。

五月，后金军回师辽东。

六月，温体仁入阁。

秋，黄道周主持浙江乡试，陈之遴当初次与之相识。

十二月，加派“辽饷”153万余两，合原加派数目共计680万余两。

该年，东林党辅臣韩爌等相继罢去，钱龙锡被逮治后遭遣戍。

崇祯四年（1631），辛未，27岁

正月，祖母王淑人卒，卒年八十一。赈济陕西灾民，定议对农民军实行以抚为主的政策。

第三次参加春闱失败。作《辛未下第作》。

八月，伯父陈元晖就家拜山东左参政。

九月，陕西三边总督杨鹤因召抚政策失败被逮，陕西、山西农民起义势头更烈。复遣太监出京监军，并总理户、工两部钱粮。

十月，后金军攻下辽东前线重镇大凌河。

十一月，伯父陈元晖卒。

闰十一月，登州游击孔有德叛乱，骚掠山东各地。

崇祯五年（1632），壬申，28岁

六、七月间黄道周游苏杭并创建大涤书院，陈之遴与之有所接触。

十一月，作《先太史小祥感赋》。

崇祯六年（1633），癸酉，29岁

六月，罢周延儒，温体仁替为首辅。

十一月，大批陕西农民军渡黄河入河南。

该年，协助父亲陈祖苞修《海宁渤海陈氏宗谱》。

崇祯七年（1634），甲戌，30岁

正月，陈奇瑜任五省总督，总领围剿河南、陕西农民军。

春，第四次参加春闱失败。作《甲戌下第作》。

七月，后金军第二次入塞，骚掠宣府、大同一带。

八月，撤内监监军、监部。

十一月，五省总督陈奇瑜以剿抚无效被逮，洪承畴替之。

崇祯八年（1635），乙亥，31 岁

正月，农民军攻占凤阳并掘皇陵。于是调集各省精兵 7 万余对农民军进行中原会剿。

八月，以卢象升为总理，与洪承畴分剿东南、西北农民军。

该年，陈祖苞备兵宁远，陈之遴十一月自海宁赴辽东省父，途经京师。至京师后，适逢陈子壮下狱，遂淹留京师为之奔走，直至四月末陈子壮出狱。

崇祯九年（1636），丙子，32 岁

正月，子陈坚永生，字柔嘉，后过继给四弟陈之迈为嗣。农民军主力高迎祥等部转。

战于河南、安徽、四川、陕西等地。

四月，皇太极建国号大清，称帝，改元崇德。

五月，陈之遴至宁远陈祖苞处。

七月，清兵第三次入塞，骚掠京畿地区，九月始返。农民军首领高迎祥在陕西作战失利被俘。

该年，陈之暹主持修葺镇海塔。

该年，作《登榆关望海楼》。

崇祯十年（1637），丁丑，33 岁

三月，杨嗣昌任兵部尚书，提出“十面张网”征剿农民军作战战略。

春，会试时成为黄道周的房试门生，殿试高中一甲榜眼，任翰林院编修，侨居京城西隅。

闰四月，加派“剿饷”280 万两。熊文灿主理“十面张网”会战。

六月，罢温体仁首辅。

七月底前后按“常规”请假回乡省亲祭祖，去信邀请百痴禅师到杭州皇岗太平寺讲法布道，以偿祖父之愿。途中作《舟行半山道中，望昔年读书处》。

八月，四子陈容永生，字直方，娶吴伟业女。

该年，父陈祖苞以都察院右副都御史巡抚顺天。

该年于京城作《合欢树》、《朝出蓟东门》，于家乡海宁一带作《上巳日作》、《杂诗》二首。

## 崇祯十一年（1638），戊寅，34岁

六月，程国祥、杨嗣昌等5人入阁，杨嗣昌仍兼兵部尚书。黄道周论杨嗣昌夺情。黄道周初上夺情疏时，状元刘同升、探花赵士春拟鼎甲三人联名，陈之遴辞不预。黄道周因论夺情遭阁臣拟以“朋串挠乱”之罪，建议“降级调用”之时，刘、赵二人又上疏救之，陈之遴默不作声。

七月，召对时黄道周与崇祯帝激辩。

九月，五子陈奋永生，字撝谦，号寄斋，一品荫生，娶吕宫女。清兵第四次入塞，骚掠畿南至山东等地。

冬，清兵临宁远城，因陈祖苞守备甚严而撤，清兵破墙子口入关，陈祖苞驰援未及。

十二月，卢象升在河北与清兵激战时身亡。

该年，农民军张献忠等部相继受抚；李自成部在陕西接连失利，此后潜伏于四川、陕西、湖北交界山区。农民起义陷入低潮。

该年于京城作《杂诗》八首、《四月晦夕作》、《久雨》、《淫雨》。

## 崇祯十二年（1639），己卯，35岁

正月，清兵攻陷济南，掳德王。

三月，清兵还师。朝廷逮失事文武诸臣巡抚、总兵、内监等三十余人。陈祖苞因墙子口失守一事含冤入狱。兵科都给事中张缙彦言失

事五案，其中以“青山口续入”罪顺天巡抚陈祖苞，崇祯是之。

五月初一，大学士杨嗣昌奏失事五案，以“城陷”罪论陈祖苞，崇祯从之。张献忠等在湖北谷城、房县一带再度起义。

六月，加派“练饷”730多万两。

七月八日，陈之遴奉父命向刑部狱中杂进毒药，陈祖苞狱中饮鸩而卒。会试房师黄道周得知此事后在情理上难以接受此举，去书信以“弑父”责之。因黄道周当时已颇有声望，故此事很快传开，遂致外界有陈之遴“弑父”之说。陈之遴例请邮符并请孝字号勘合守制，得旨永不叙用，扶陈祖苞柩回乡。七月，农民军在湖北房县一带大败左良玉。

八月，以杨嗣昌为督师，主持围剿农民军。

九月，四弟陈之迈卒，卒年二十。作《伤季弟》。盖此时将陈坚永过继给陈之迈为嗣。

十一月，六子陈堪永生，字子长。

## 崇祯十三年（1640），庚辰，36岁

二月，张献忠农民军受到重创。

六月，罢首辅薛国观。

秋，张献忠等进入四川。

该年，费隐禅师化缘至海宁，受到陈之遴兄弟善待，留其在青山禅院讲法，两三年内仍有书信往来。《复海昌榜眼彦升陈居士（讳之遴）》表明，陈之遴虽经棒喝，但无法割舍仕进之念。

## 崇祯十四年（1641），辛巳，37岁

正月，李自成蓄势再起，攻克洛阳杀福王。

二月，张献忠出四川后攻克襄阳杀襄王。李自成攻开封。

三月，杨嗣昌惊怖自杀，丁启睿替之督师。

春，清兵围锦州，朝廷调集13万大军出山海关救援。

八月，明清松锦决战，明军主力大部被歼，蓟辽总督洪承畴困守松山、锦州等四城。

九月，李自成部聚歼明军数万，杀陕西总督傅宗龙。周延儒主持阁务，东林势力得以复兴。

十二月，李自成再围开封。

崇祯十五年（1642），壬午，38岁

正月，黄道周离京赴四川酉阳戍所，途中曾至浙江，其中四月十五日左右，陈之遴等人与之相聚，陈之遴曾与同人一起陪同黄道周游灵隐峰。作《等莲花峰次黄夫子韵》。明朝以马绍愉为特使，同清朝进行谈判。

二月，李自成大败明军，杀陕西总督汪乔年。

三月至四月，清兵相继攻陷松山、锦州等地，洪承畴被俘后降清。

五月，黄道周离浙时陈之遴派一家仆跟随至南京，家仆返浙时带回黄道周为陈之遴诗集所作序。该月作《送别夫子》。李自成第三次攻开封。

七月，崇祯谕兵部尚书陈新甲密图对清和谈，陈新甲不慎将此事泄露，亦因此被杀。

十月一日黄道周接旨免戍还职，十月上旬又闻有旨催任但久未下达，于是返乡，并于当月行抵浙江并停留至十一月。其间，黄道周将《易象正》定稿交付陈之遴，由其出资刊刻。此外，陈之遴与黄道周等人雅集之际又举行了为倪鸿宝母祝寿的活动。李自成在河南郏县大败明陕西总督孙传庭部。

十一月，清兵第五次入塞骚掠，直入山东，掳掠人口三十六万。

该年，子陈苍永卒，卒年二十一。

该年，作《金陵旧宫》。

崇祯十六年（1643），癸未，39 岁

年初，李自成在襄阳建立政权。

二月起，京师瘟疫。

三月，左良玉部变乱。

四月，清兵出塞去。

五月，张献忠部克武昌杀楚王，建立“大西”政权。周延儒罢。

八月，皇太极病故，福临继位，改明年为顺治元年。

九月，李自成在河南郏县再败明督师孙传庭。

十月，李自成攻克潼关，孙传庭战死。农民军相继攻战西安及陕西全省。

十二月，赐周延儒自尽。

崇祯十七年（1644），甲申，40 岁

正月初一，李自成在西安建国号“大顺”称帝，向北京进军。

二月和四月间，在海宁与祁彪佳等人颇有诗酒集会。

三月，李自成部兵临北京城下。十八日夜崇祯在宫中屠杀妻妾、女儿。十九日凌晨，崇祯自缢于禁苑煤山，明朝灭亡。

四月，作《燕京杂诗》十二首。

明亡，黄道周作《查毅斋将还钱塘，寄怀其弟伊璜并示彦升、康流诸友》向浙东陈之遴等门生表达抗清期望。作《答彦升、卧子、有仆并诸友》向陈之遴等人道明自己的出仕抗清之意。作《腊日再寄彦升、卧子》勉励陈之遴、陈子龙等浙东年青进士。

五月二十日，乱民掠陈之遴家资，杀其弟、仆，并焚其父祖之柩。

八月，陈之遴复官翰林院编修。

十月，作《遡风赋》。顺治在北京郊天地，举行登基大典。

十一月，陈之遴升转左春坊左中允兼编修，同刘正宗管理诰敕。由其所请，朝廷十一月二十五日复陈祖苞原官。

## 顺治二年、弘光元年（1645），乙酉，41岁

陈之遴向吏部请赠陈祖苞为兵部尚书，三月，朝廷不允吏部请赠。

四月，上谏徙潞王于湖州。

五月，陈之遴被礼部题请典试福建，由于涉及向礼部贿请典试机会而遭时议，且其所在的左春坊直接遭谴。在此情形下，由于惧怕贿请案会招致政治灾难，其"谋遁"。

五月十五日，参加南京迎降多铎的仪式。此后为清兵入海宁作过贡献。

闰六月，在海宁遭邑人"逼义"时"避去"。黄道周在闰六月二十七日的《谕浙东士民诏》中对陈之遴在乡人举义中的表现进行点名批评。

闰六月后至十二月前，陈之遴从海宁直奔杭州投浙江总督张存仁，正式投诚降清，接旨赴京朝见。

作《念奴娇·赠友》、《浪淘沙·乙酉除夕》。

## 顺治三年（1646），丙戌，42岁

夏秋间北上京城朝见。北上途中先谒见了其"督学师"、正受命招抚江南的洪承畴，有史料称其劝洪承畴"掘孝陵"以"泄尽明朝秀气"，"坏明朝气脉"，使明朝"不再中兴"。

十月前后至北京，闲居半年。约此时作《冬日感兴》四首。

## 顺治四年（1647），丁亥，43岁

五月，由明朝七品编修迳升四品内翰林秘书院侍读学士，充任《明史》副纂修官，入玉芝宫修史。作《初入国史院修史，院故玉芝宫也，时所编皆万历事》。

该年作《丁亥冬至》。

顺治五年（1648），戊子，44 岁

正月，作《戊子人日》。

三月，作《戊子上巳》。

八月，升为礼部右侍郎，兼内翰林秘书院侍读学士。作数十篇“制义”“程式多士”，并建议增加乡试名额和贡生名额。

顺治六年（1649），己丑，45 岁

正月，作《己丑人日》。

十月，以恩诏升都察院右都御史，但照旧管事，仍任礼部右侍郎兼内翰林秘书院侍读学士。

顺治七年（1650），庚寅，46 岁

作《庚寅清明》。

陈之遴于夏至日为妻徐灿《拙政园诗余》作序。

顺治八年（1651），辛卯，47 岁

闰二月，升为礼部尚书。

五月，张煊以陈之遴升迁过快为由奏劾吏部尚书陈名夏结党行私、铨选不公，并称洪承畴、陈名夏、陈之遴于四月十一日曾在火神庙密议。最终张煊处绞，洪承畴、陈名夏、陈之遴免议。

八月乙卯，以加上皇太后尊号覃恩加太子太保衔。

该年，子陈坚永中顺天乡试，年十六。子陈容永顺天乡试“在副榜前列”，年十五。张叔泰等上疏建议循顺治五年乡试副榜举人“谒选最者以推官用，次知县，次州郡参佐”这一先例，礼部尚书陈之遴以陈容永在榜而引嫌未定。

该年，定鼎初期的清廷在因革厘定礼乐制度方面多由陈之遴主持。

年末重审张煊劾陈名夏案，在审洪承畴、陈名夏等时陈之遴被看守。最终发陈名夏正黄旗汉军下同闲散官随朝，洪承畴仍留原任。

该年，寄一缄于苏之富人，盛赞顺治勤政爱民，精明恭俭，估计二三年内天下太平可致。

顺治九年（1652），壬辰，48岁

二月，陈之遴擢任内翰林弘文院大学士，金之俊作《贺大宗伯素庵陈公大拜序》。

三月，与希福、范文程、额色黑、洪承畴、宁完我等大学士和各级朝臣被任命为殿试读卷官。

五月，都察院承政阿拉善上《阿拉善等题为请将陈之遴革职本》，参陈之遴任职礼部时的两条罪状：一是越职参与火神庙聚谋甄别御使，二是其所撰多尔衮"称宗号帝诏文"内有僭越之语，并以多尔衮为"恩主"。顺治阅后，批红"著交与吏部"。陈之遴未候部议，于五月十三日、十四日连上两道奏本为自己辩白。后该案由吏部转至刑部，刑部主持了阿拉善与陈之遴的对质。最终结果是六月初六日宣布阿拉善参款俱虚，其与陈之遴各照旧供职。

九月，陈之遴与洪承畴以天灾人祸寇警为由谏阻顺治"圣躬远幸"接待喇嘛。

十二月，京师大猾黄膘李三案审结。除夕日，顺治宴内大臣、大学士、汉尚书、侍卫于中和殿，赐大学士洪承畴、陈名夏、陈之遴，尚书高尔俨、胡世安、金之俊、李化熙、张凤翔貂镶朝服各一袭。

该年，陈之遴在大学士任上起用谏臣，"密请"裁汰兵将以纾国用。

顺治十年（1653），癸巳，49岁

正月，顺治问陈之遴廷臣为何不敢举发黄膘李三，陈之遴因回奏之言瞻顾利害而遭训斥。和硕郑亲王济尔哈朗等奏，会审李应试案时陈之遴因担心遭报复而默无一言，认为其不堪任大学士。

二月，陈之遴就吉尔哈朗所奏上疏认罪，顺治以陈之遴既知悔过，著调用以观其自新，于是以太子太保调户部尚书。至是，陈之遴失去大学士一职。

四月，重议任珍案时陈名夏、陈之遴、金之俊等涉嫌结党、欺君被议处死，最终各削去宫衔二级，罚俸一年，仍供原职。是月，顺治赐宴大学士洪承畴、范文程、冯铨、额色黑、宁完我、陈名夏，尚书陈之遴、金之俊、王永吉、胡世安、李化熙、刘昌，左都御史徐起元，曰："若不能尽孝于生前，而欲尽孝于殁后，朕不以为孝也。"

十月，子坚永、容永、奋永、堪永辑录母徐灿词作成《拙政园诗余初集》，并付梓。

## 顺治十一年（1654），甲午，50岁

二月，去年四月因重议任珍案被降处，该月复原衔。

三月，陈名夏被处绞。巡视北城、山东道监察御史王秉乾在一个月的时间内连上四本题参陈之遴，主要参款有与陈名夏通谱，任礼部侍郎和尚书时袒护陈名夏之子贿卖乡试试题，任户部尚书时违规护佑同乡严我公、受门属王瑛贿赂而授其"肥差"、为给"邪党"张缙彦谋利而妄题请敕记功，任大学士时审李应试一案得通州高中军银三千两、刊书谤讪朝政等等。最终，王秉乾所参俱系玄虚无影之言，陈之遴免议。

四月，数天内连上两个揭帖，奉旨解决地方官在征粮时通过对百姓"明加暗派"的方式中饱私囊这一弊端和漕粮频年挂欠问题。

该年，四子陈容永中顺天举人，年十八。六子陈堪永中副榜，年十六。

顺治十二年（1655），乙未，51岁

正月，提出若满洲官员犯罪，不宜革除世职。又提出解决满洲兵民“年来穷苦日甚”问题。

二月，陈之遴在户部尚书任上升为内翰林弘文院大学士。充任大学士后，有意援引北方籍汉臣。

四月，加少保兼太子太保。

十月，充武殿试读卷官。

该年作《岁暮思归》。

顺治十三年（1656），丙申，52岁

二月戊辰，陈之遴获赐《汉字表忠录》一部。接着，吏部尚书王永吉、户部尚书戴明说轻出朱世德之罪因事涉结党而致使顺治盛怒，怒火顺势引燃到陈之遴身上。都察院左副都御史魏裔介、户科都给事中王祯、广东道监察御史焦毓瑞等人纷纷上书劾奏陈之遴。最终陈之遴因结党营私、朦胧支饰等事由以原官发盛京地方居住。时六子陈堪永随行，四子陈容永留京师家中，陈坚永和五子陈奋永在海宁。

十月，著回京入旗。途中作《浮云集》卷七《初发盛京》至《至京师》三十余首诗。

该年作七律《至日》、《丙申除夕》、《感旧》。

顺治十五年（1658），戊戌，54岁

三月，内监吴良辅等交通内外官员案发。

四月，陈之遴因吴良辅案下狱，当时举家被系，唯四子陈容永事发时不在家而得以幸免，遂便服省视，涂炭奔走。最终陈之遴免死革职并父母兄弟妻子流徙盛京，家产籍没。此时，狱中有案发于去年的南北闱科场案诸犯张恂、陆庆曾、张天植、孙旸、方拱乾、吴兆骞等人，陈之遴在狱中与之有诗歌书画往来。

顺治十六年（1659），已亥，55岁

三月十四日，离京赴遣。四子陈容永以坏一目例应收赎，以部批留京候议定夺而未随陈之遴赴遣。

闰三月二十六日之后到达盛京。

顺治十七年（1660），庚子，56岁

正月，作《庚子元夕》。

二月，刑部奏言：浙江巡抚佟国器将应流徙陈之遴母吴氏引年老病废律，催提五次不解，延缓日期，请交部议。得旨：陈之遴母并伊在籍应流家口，该部差员役通行提解来京发遣。

四月十二日，陈之遴诸子、二弟陈之暹、三弟陈之遵、五弟陈之遂并母亲等人自刑部出发赴遣。

该年作七律《寄怀吴子汉槎》、《悼剩公》、《送剩公入塔》。

顺治十八年（1661），辛丑，57岁

遇营工恩例，二弟陈之暹、三弟陈之遵、五弟陈之遂奉母南归，后母以寿终于家。

作《辛丑中秋对月戏为险韵》。

康熙元年（1662），壬寅，58岁

四月，作《送周端臣西还》。子陈坚永卒，卒年二十七。

作《壬寅除夕》、《立春》。

康熙二年（1663），癸卯，59岁

作《癸卯中秋雨》、《癸卯元旦》、《癸卯五日》。

康熙三年（1664），甲辰，60岁

作《甲辰元夕》。

康熙四年（1665），乙巳，61岁

七月，妻徐灿作《素庵六十初度》、《同素庵游安平泉，时以初度礼佛山寺，次东坡原题韵》。苗君稷作《祝素庵老居士六十初度》、《和素庵居士自寿原韵》。

八月，四子陈容永卒，卒年二十九。

作七律《雪夜》。

康熙五年（1666），丙午，62岁

二月，作《浮云集》自序于旋吉堂。

九月十八日，卒。苗君稷作《挽素庵相公》（二首）。

康熙六年（1667），丁未

五月，六子陈堪永卒于盛京，卒年二十九。

康熙十年（1671），庚戌

十月，康熙在盛京谒陵时，妻徐灿乞归骨海宁获许，家属扶榇以还，陈坚永、陈容永、陈堪永骨随归。

康熙三十年（1691），辛未

正月，五子陈奋永卒，卒年五十四。

康熙三十一年（1692），壬申

妻徐灿尚健在，卒年不详。徐灿卒后与陈之遴合葬海宁高阳山。

# 后 记

在本书研究和写作的过程中，有时与其说研究陈之遴，不如说研究我自己。陈之遴40岁时写下："朱子传经，沈郎制锦，与我年相若。着鞭先我，抚躬多少惭怍……时乎难再，须臾双鬓如鹤。"我已过而立数年，方能静下心来做点学问。此时身边的同年友人已不乏艳压群芳者，心中便难免涌起阵阵陈之遴所经受的那种焦灼。在本书的第四章，我们曾谈到"已周甲子"在传统意识中是一个代表衰老的符号，陈之遴在迫近这个符号的那几年里曾对时光产生过深深的恐惧感。在我的生存空间中35岁该如何，40岁该如何也早已固化为一个文化符号。现在这个符号已经迫近，我能深深地体会陈之遴对时光的那种忧惧。

本书对陈之遴的研究有两个遗憾，一是限于精力和篇幅没有充分地搜检其亲友之作以为辅证；二是限于精力和史料没有考察吴伟业仕清和陈之遴的关系。陈之遴流寓生涯的生命体验有一点我们在书中也没有展开论述，即进入一个新的生存空间之后，原有生存空间的社会结构和社会关系是带不进来的，尤其是家乡亲人的远离会使其在盛京这个新的生存空间里更加珍视友情，这也造就了陈之遴"最怜前路回首处，一城烟树白漫漫"那样足以超越唐人的离别诗。

本书是我博士学位论文的一部分，当初选题是关于清初东北流人诗群及诗歌文献的研究，在确定选题时我因缺乏学术自信而犹疑不决，李德山师的高度肯定对我起到了主心骨般的支撑作用，他觉得清代东北流人诗歌文献研究可以作为未来几届学生的选题，遂产生了一届接一届最后形成规模的念头。现在关于清代东北流人的文史和文献研究在师门已渐有发端。国内流人研究的拓荒者和奠基人李兴盛先生对我颇有鼓励，提出将我的流人研究成果纳入其项目下的出版计划，未料世事多变，李兴盛先生自己未完成的出版计划也不得不搁置。为了我的一篇流人研究成果能面世，李兴盛先生还曾以古稀之年为之奔走。张学松教授主持的广东省雷州文化研究基地致力于流寓文人与文学研究，将本书列入基地的出版计划，其奖掖后学之心自不待言。

在本书为赶出版时间而加紧写作的最后两个月里，我十分愧对还不满6岁的女儿。每次她兴冲冲地推门而入我写作的房间时，总会被我婉言送出，若恰逢我正为一个疑惑而烦闷，则会连同她的小伙伴一起厉声呵斥出去。到后来，每当她想进入这个房间时，眼神里就多了一丝犹豫、小心和试探。现在想来，真是罪过。将这段惭愧记在此处，待她长发及腰时对我这段日子压力和艰辛的体谅或可抹去此事在她心灵中的印痕。

本书是我的第一本学术专著，现在时值秋暮，出版之年将适逢父亲刘润本先生60岁生日，以此书作为给他的礼物。

2013年10月17日记于湛江赤坎翠堤湾寓所